दलित यथार्थ और हिन्दी कविता

दलित यथार्थ और हिन्दी कविता

दीपक कुमार पाण्डेय

लोकभारती प्रकाशन

लोकभारती प्रकाशन
पहली मंजिल, दरबारी बिल्डिंग, महात्मा गाँधी मार्ग
प्रयागराज-211 001

वेबसाइट : www.lokbhartiprakashan.com
ईमेल : info@lokbhartiprakashan.com

शाखाएँ : 1-बी, नेताजी सुभाष मार्ग, दरियागंज
नयी दिल्ली-110 002
अशोक राजपथ, साइंस कॉलेज के सामने
पटना-800 006
36-ए, शेक्सपियर सरणी
कोलकाता-700 017

प्रथम संस्करण : 2021

आस्था पेपर कन्वर्टर
प्रयागराज द्वारा मुद्रित

DALIT YATHARTH AUR HINDI KAVITA
by : Dr. Deepak Kumar Pandey

ISBN : 978-93-89742-71-8

मूल्य : ₹ 550

अनुक्रमणिका

दो शब्द

डॉ. दीपक कुमार पाण्डेय द्वारा लिखित पुस्तक "दलित यथार्थ और हिन्दी कविता" अत्यन्त शोधपूर्ण एवं ज्ञानवर्धक है। इसमें आधुनिक हिन्दी के दलित और ग़ैर दलित कवियों द्वारा लिखित दलित सम्बन्धी कविताओं का तुलनात्मक अध्ययन किया गया है। इस विषय के अत्यन्त जटिल प्रश्नों जैसे स्वानुभूति एवं सहानुभूति का प्रश्न, दलित एवं ग़ैर दलित की साहित्यिक वैचारिकी प्रतिरोध एवं कला के छल का द्वन्द्व जैसे सैद्धान्तिक प्रश्नों पर विचार किया गया है। इसमें दलित एवं ग़ैर दलित कवियों द्वारा दलित सम्बन्धी कविताओं के फॉर्म एवं कॉन्टेन्ट के निर्मिति की प्रक्रिया को समझने की कोशिश की गई है। यह एक प्रकार से साहित्य में पर-काया प्रवेश प्रक्रिया को भी समझने की कोशिश है। इसमें चयनित कवि एवं उनके उद्धरण अत्यन्त प्रसांगिक है।

यह पुस्तक साहित्य एवं संस्कृति के अध्येताओं, छात्रों एवं शोधार्थियों के लिए अत्यन्त प्रासांगिक है। इसे जरूर पढ़े।

—**बद्री नारायण**

भूमिका

बीसवीं सदी के लोकतान्त्रिक उभारों ने हाशियेकृत बेजुबान दलित, स्त्री और अल्पसंख्यक समुदाय को अपने अधिकारों और आत्मसम्मान के लिए आगे आने का अवसर प्रदान किया। इन उभारों ने न केवल समाज, धर्म, संस्कृति और राजनीति को प्रभावित किया अपितु साहित्य और कला के पैराडाइम भी बदल डाले। फलस्वरूप बीसवीं सदी के उत्तरार्द्ध में साहित्य जगत में दलित एवं स्त्री विमर्श की शुरुआत हुई। दोनों विमर्शों को केन्द्र में रखकर तत्कालीन पत्र-पत्रिकाओं ने अकूत सामग्री प्रकाशित की। साहित्य की लगभग सभी विधाओं में दोनों विमर्शों की धमक सुनायी पड़ने लगी। हिन्दी साहित्य में दलित-सम्बन्धी कविताएँ भी बीसवीं सदी के आरम्भ से ही मिलने लगती हैं। मेरी दिलचस्पी यों तो कविता में शुरू से रही है, किन्तु परास्नातक में अध्ययन के दौरान दलित कविता के प्रति विशेष रुझान बढ़ी। यही कारण है कि इस पुस्तक में मैंने दलित और ग़ैर दलित कवियों की कविताओं के तुलनात्मक अध्ययन को विशेष तरजीह दी। दरअस्ल दलित कवियों और आलोचकों की दृष्टि में दलित जीवन की त्रासद स्थितियों का जैसा चित्रण दलित कवि कर सकता है वैसा ग़ैर दलित कवि के लिए सम्भव नहीं है। दलित कवियों और आलोचकों की इसी स्वानुभूति वाली मान्यता (दृष्टि) ने मुझे ग़ैर दलित कवियों द्वारा लिखी गयी दलित कविताओं को पढ़ने और उसके मूल्यांकन हेतु प्रेरित किया। मैंने स्नातक और परास्नातक स्तर पर कई ग़ैर दलित कवियों द्वारा लिखी गयी दलित कविताओं पर विभिन्न पत्र-पत्रिकाओं में प्रकाशित समीक्षाएँ/ आलोचनाएँ पढ़ रखी थीं जिनमें भारतेन्दु, गयाप्रसाद शुक्ल 'सनेही', मैथिलीशरण गुप्त, सूर्यकान्त त्रिपाठी निराला, सियारामशरण गुप्त, सुभद्राकुमारी चौहान, 'दिनकर', नागार्जुन, बालकृष्ण शर्मा 'नवीन', रामकुमार वर्मा, जगदीश गुप्त, अदम गोण्डवी, आदि शामिल थे। इन ग़ैर दलित कवियों द्वारा लिखी गयी दलित कविताओं को प्रथम दृष्टया देखने से यह कदापि नहीं लगा कि ये कवि किसी मायने में दलित कवियों से कम हैं। जहाँ तक मेरे पुस्तक का प्रश्न है मैंने इसका शीर्षक "दलित यथार्थ और हिन्दी कविता" चुना है। पुस्तक लेखन के दौरान मेरा विनम्र प्रयास रहा है कि आधुनिक हिन्दी के दलित और ग़ैर दलित कवियों की हिन्दी दलित कविता के क्षेत्र में जो मूल्यवान् उपलब्धियाँ रही हैं मैं उनका सम्यक् मूल्यांकन एवं विवेचन करते हुए पुस्तक प्रस्तुत कर सकूँ।

अध्ययन की सुविधा को ध्यान में रखते हुए मैंने वैज्ञानिक ढंग से अपने पुस्तक को उपसंहार के अतिरिक्त पाँच अध्यायों में विभाजित किया है। पहले अध्याय में दलित एवं ग़ैर दलित काव्य की अवधारणाओं पर विशेष बल है जिसमें स्वानुभूति और सहानुभूति के प्रश्न को विशेष तरजीह दी है। साथ ही दलित और ग़ैर दलित कवियों के काव्य की वैचारिकी के परीक्षण का प्रयास किया गया है; साथ ही प्रतिरोध और कला के छल के द्वन्द्व को भी समझने की कोशिश की गयी है।

दूसरे अध्याय के अन्तर्गत स्वतन्त्रता पूर्व एवं स्वतन्त्रता पश्चात् दलित एवं ग़ैर दलित कवियों के काव्य का यथोचित मूल्यांकन के साथ ही उनके अन्तः सम्बन्धों को रेखांकित करने का प्रयत्न किया गया है।

तीसरे अध्याय के अन्तर्गत दलित एवं ग़ैर दलित कवियों के विषयवस्तु के चयन का स्वरूप, दलित चेतना के विविध रूप के साथ ही मिथक एवं इतिहास दृष्टि पर विशेष प्रकाश डालने की कोशिश की गयी है।

चौथे अध्याय के अन्तर्गत प्रतिरोध के स्वरूप और नये समाज के निर्माण का स्वप्न, कविता का समाजशास्त्र और दलित एवं ग़ैर दलित काव्यदृष्टि के अन्तर को स्पष्ट करने के साथ ही दलित एवं ग़ैर दलित कवियों के काव्य की सामाजिक प्रतिबद्धता एवं सरोकार को भी उभाड़ने की पुरजोर कोशिश की गयी है।

पाँचवें अध्याय के अन्तर्गत दलित एवं ग़ैर दलित कवियों के काव्य के सौन्दर्यबोध के अन्तर को स्पष्ट करते हुए भाषिक स्वरूप, शब्द विन्यास, छन्द विधान, बिम्ब विधान, प्रतीक विधान और मिथकीय स्वरूप में होने वाले यत्किंचित् परिवर्तन को भी देखने का प्रयास किया गया है। अन्तिम अध्याय यानी उपसंहार के अन्तर्गत समस्त अध्यायों से सम्बन्धित निष्कर्षों एवं उपलब्धियों को विश्लेषित करने का प्रयास किया गया है।

सर्वप्रथम प्रस्तुत पुस्तक को पूर्ण करने में जिन व्यक्तियों, विद्वानों, संस्थानों एवं साहित्यकारों की कृतियों एवं विचारों से समुचित लाभ, सुझाव एवं सहयोग प्राप्त किया उन सबके प्रति मैं आभार एवं कृतज्ञता ज्ञापित करना अपना पुनीत कर्त्तव्य समझता हूँ।

इस पुस्तक के पूर्ण होने में सबसे बड़ा श्रेय मेरे परमपूज्य गुरुवर्य प्रो. मुश्ताक़ अली को जाता है जिनकी कृपामयी प्रेरणा से मुझे इस विषय पर लेखन करने का सुअवसर प्राप्त हो सका। गुरुदेव ने मुझे लेखन के अनेक सूक्ष्म बिन्दुओं से अवगत कराया तथा समय-समय पर पुस्तक से सम्बन्धित सामग्री भी उपलब्ध करायी। विभिन्न शैक्षणिक, अकादमिक कार्यों में व्यस्त होने के बावजूद जिस आत्मीयता से गुरु जी ने मेरी विषयगत समस्याओं का समाधान किया उसके लिए मैं उनका आजीवन आभारी रहूँगा। पुस्तक लेखन, अध्ययन व अनुसन्धान कार्य हेतु सदैव प्रेरित करने के लिए मैं तहेदिल से आपके प्रति शुक्रिया अदा करता हूँ। गुरुदेव के ही अमूल्य सुझावों तथा प्रेरणाओं का मूर्तरूप प्रस्तुत पुस्तक है।

इस पुस्तक के लेखन में इलाहाबाद विश्वविद्यालय के मेरे आत्मीय गुरुजन प्रो. रामकिशोर शर्मा, प्रो. मीरा दीक्षित, प्रो. प्रणय कृष्ण, प्रो. कृपाशंकर पाण्डेय, प्रो. कात्यायनी सिंह, प्रो. चन्दा देवी, डॉ. लालसा यादव, डॉ. सूर्य नारायण सिंह, डॉ. भूरेलाल के प्रति विशेष रूप से आभारी एवं कृतज्ञ हूँ जिनसे मुझे सदैव प्रेरणा, मार्गदर्शन तथा आशीर्वाद प्राप्त होता रहा है।

मेरे पुस्तक को सँवारने में दलित चिन्तक व वरिष्ठ दलित लेखक कँवल भारती जी का उल्लेखनीय योगदान रहा है जिन्होंने अत्यन्त व्यस्त होने के बावजूद मेरी किसी भी समस्या को सुलझाने में किसी भी प्रकार की आना-कानी नहीं की उनके द्वारा प्रदत्त इस अनुकम्पा के प्रति धन्यवाद आदि शब्द भी अत्यन्त हल्के और असमर्थ लगते हैं। अन्य दलित कवियों एवं आलोचकों में डॉ. जयप्रकाश कर्दम, प्रो. श्यौराजसिंह 'बेचैन', प्रो. कालीचरण स्नेही, डॉ. यशवन्त वीरोदय के प्रति विशेष आभार जिनके द्वारा मुझे समय-समय पर सुझाव प्राप्त होता रहा। डॉ. बजरंगबिहारी तिवारी के उचित मार्गदर्शन एवं सुझाव के लिए भी विशेष आभार जिन्होंने इस गुरुतर कार्य को पूर्ण करने में अपेक्षित सहयोग प्रदान किया।

बचपन से ही मुझमें सकारात्मक ऊर्जा का संचार करने वाले, सत्कर्मों हेतु प्रोत्साहित करने वाले तथा सदैव मेरी प्रगति के आकांक्षी मेरे बड़े पिता श्री राधेश्याम पाण्डेय एवं माता श्रीमती उषा पाण्डेय के भी चरणों में अपना प्रणाम प्रेषित करता हूँ जिनके आत्मिक बल एवं प्रेरणा के कारण मैं यह कार्य पूर्ण कर सका। साथ ही परमपूज्य पिता श्री घनश्याम पाण्डेय, परमपूजनीया माता श्रीमती प्रमिला पाण्डेय के प्रति कृतज्ञता ज्ञापन एक रस्म अदायगी प्रतीत होती है, जिन्होंने जीवन के हर मुकाम में आने वाली व्यवधानों से विचलित हुए बिना निरन्तर आगे बढ़ने के लिए प्रेरित किया। इस त्यागमयी, ममतामयी का आशीर्वाद ही मेरे इस कार्य के लिए सम्बल बना।

पुस्तक लेखन के दौरान छोटे भाई दिनकर पाण्डेय, ममेरे भाई प्रवीण दूबे, नाना श्री आत्मा प्रसाद दूबे, मामा श्री शिवाकान्त दूबे, श्री रजनीकान्त दूबे के अपेक्षित सहयोग ने इस कार्य को पूर्ण करने में उल्लेखनीय भूमिका अदा की।

मेरी इस पुस्तक को पूर्ण रूप देकर आकर्षक ढंग से सजाने एवं सँवारने वाले श्री संगमलाल के प्रति आभारी हूँ जिन्होंने समय से इस कार्य को पूर्ण किया। इसके अतिरिक्त अन्त में मैं उन सभी व्यक्तियों को सहृदय धन्यवाद देता हूँ जिन्होंने प्रत्यक्ष अथवा अप्रत्यक्ष रूप से मेरे लेखन कार्य में मेरी सहायता की है। यथेष्ट प्रयास के बावजूद यदि मेरे लेखन में किसी प्रकार की त्रुटि रह गयी हो तो इसके लिए मैं क्षमा प्रार्थी हूँ।

—डॉ. दीपक कुमार पाण्डेय

दलित एवं ग़ैर दलित कवियों के काव्य की अवधारणा

क. साहित्य में स्वानुभूति और सहानुभूति का प्रश्न :

हिन्दी साहित्य में दलित और ग़ैर दलित कविता की धारा परस्पर समानान्तर चली है। किन्तु दोनों की भाव-भूमियाँ अलग-अलग रहीं। दोनों धाराएँ समानान्तर चली हैं और दोनों का ही विकास हुआ। दलित कविता के केन्द्र में सदैव दलित जनता और शोषण पर आधारित व्यवस्था रही। वह भूखे-नंगे और अछूत, पीड़ित जनता की कविता थी। इसलिए समाज और संचार से वह हमेशा जुड़ी रही। इसके विपरीत, ग़ैर दलित कविता मुख्यधारा के पेट-भरे लोगों की कविता थी। उन्हें परलोक की चिन्ता थी, क्योंकि उनका यह लोक सुखद था। इसलिए भाव और कला के स्तर पर यह कविता कई प्रयोगों और वादों से गुजरी। इसके केन्द्र में संसार हमेशा उपेक्षित रहा और भावबोध पलायनवादी।

दलित आलोचकों का मानना है कि ग़ैर दलित साहित्य लेखन के क्षेत्र में सवर्ण लेखकों का ही घोषित विशेषाधिकार रहा है। जब इस क्षेत्र में दलितों और स्त्रियों ने प्रवेश करना चाहा तो स्थापित स्वनामधन्य साहित्यकारों की ओर से यह प्रश्न उठाया गया कि स्त्रियों और दलितों पर पहले से ही लिखा जाता रहा है और इन नये-नये लेखनी चलाने वालों की लेखन में ऐसी क्या खास बात है कि उनके लेखों को साहित्य और इन्हें साहित्यकार की संज्ञा दी जा सके? इस प्रश्न के जवाब में दलितों और स्त्री साहित्यकारों ने यह कहा कि हमारे द्वारा लिखा गया साहित्य 'स्वानुभूति' का साहित्य है और आपके द्वारा लिखा गया साहित्य 'सहानुभूति' का साहित्य है। इसलिए हमारे द्वारा लिखा साहित्य आपके द्वारा लिखे साहित्य से भिन्न हैं, क्योंकि अनुभूति की प्रामाणिकता का परचम हिन्दी साहित्य के क्षेत्र में पहले ही फहराया जा चुका था। इसलिए सीधे-सीधे इस तर्क को खारिज़ करना मुमकिन नहीं था। इस प्रकार स्वानुभूति और सहानुभूति के प्रश्न नामक अवधारणा की हिन्दी साहित्य में उत्पत्ति हुई जो कि दलित तथा स्त्री लेखन की देन मानी जा सकती है।

सुदामा प्रसाद पाण्डेय 'धूमिल' के हवाले से हम कह सकते हैं, लोहे का स्वाद लोहार से क्या पूछते हो? उससे पूछो जिसके मुँह में लगाम है। साहित्य के क्षेत्र

में प्रचलित इन संकल्पनाओं को इस काव्य पंक्ति द्वारा बखूबी समझा जा सकता है। लोहार लोहे का काम करता है, लोहे की प्रकृति उसके गुण-दोषों से वाक़िफ़ है, उसके हाथ-पैर दिन-रात लोहे की कठोरता का अनुभव करते हैं, बावजूद इसके लोहे का उसका अनुभव घोड़े के लोहे के अनुभव से पूरी तरह भिन्न है। लोहा घोड़े की नाक में बिंधा रहता है जहाँ वह उसके मुँह और नाक में ताउम्र बना रहता है। न केवल बना रहता है बल्कि वही उसकी दशा और दिशा तय करता है। नकेल को खींचकर फिर उससे जो चाहे कराया जाता है। लोहार के लिए लोहे के विभिन्न रूप हो सकते हैं, पर घोड़े के लिए उसका एक ही मतलब है लगातार दुखना और टीसना। इस दुःख व टीस को वह देखता नहीं भोगता है। उसे न तो वह निगल पाता है न उगल पाता है। इस प्रकार स्वानुभूति का तर्क अनुभूति की विशिष्टता, प्रखरता, तीक्ष्णता और प्रामाणिकता पर टिका हुआ है।

प्रसिद्ध पंक्ति 'जाके पैर न फटी बिवाई। सो क्या जाने पीर पराई।।' इस बात को प्रमाणित करती है कि भारतीय समाज-व्यवस्था ने दलि● और ग़ैर दलित के सामाजिक जीवन में जो फासला निर्मित किया है, उसके परिणामस्वरूप ग़ैर दलित दलित जीवन और उनकी जिजीविषा की दग्धताओं से यदि अपरिचित है, तो यह आश्चर्यजनक नहीं बल्कि इस व्यवस्था का ही परिणाम है। जब वे इस जीवन की सच्चाईयों को जानते ही नहीं है तो उस पर जो भी लिखेंगे वह केवल बाह्य चित्रण होगा जो सहानुभूति और करुणा से उपजा हुआ होगा न किसी बदलाव या सन्ताप की आकांक्षा से।

स्वानुभूति और सहानुभूति की बहस के पश्चात् इसकी रचनाधर्मिता से सम्बन्धित एक और प्रश्न उठता है कि दलित साहित्य कौन लिख सकता है ? क्या दलितों द्वारा लिखा गया साहित्य ही दलित साहित्य है या ग़ैर दलितों की रचनाएँ भी इस श्रेणी में रखी जा सकती हैं। इस प्रश्न ने एक खासा विवाद उत्पन्न किया है। एक तरफ भोक्ता की पीड़ा और अनुभूति की प्रामाणिकता है, तो दूसरी तरफ स्थिति के प्रति करुणा और सहानुभूतिपरक दृष्टि। इस सम्बन्ध में शिवकुमार मिश्र कहते हैं—दलित साहित्य की संज्ञा उसी साहित्य को दी जायेगी, जो जन्मना दलित रचनाकार द्वारा रचा गया हो, उस लेखन को नहीं, जो भले ही दलित जीवन-सन्दर्भों से जुड़ा लेखन हो परन्तु जिसके लेखक ग़ैर दलित हों। वहीं राजकुमार सैनी का कहना है, मेरा अभिमत है कि दलित चेतना का साहित्य लिखने के लिए दलित होना जरूरी नहीं है। साहित्य का सम्बन्ध संवेदना से है। दलित जाति का व्यक्ति भी व्यवस्था में बिकाऊ माल की तरह संवेदन शून्य हो सकता है। दूसरी ओर निराला जैसे महाकवि भी हुए हैं, जिन्होंने हिन्दी कविता में पहली बार 'दलित' शब्द का प्रयोग किया। वहीं दूसरी ओर मृदुला गर्ग का कहना है, ग़ैर दलित लेखक भले ही दलित पात्रों के बारे में सशक्त, प्रभावशाली और कलात्मक रचनाएँ दें, वे दलित

लेखकों की कृतियों से कहीं-न-कहीं भिन्न होंगी। भाषा, शिल्प, रूपक और मुहावरों के प्रयोग में और कथ्य के निर्वाह में भी।

इस प्रकार लेखकों, आलोचकों और विचारकों में दलित साहित्य की रचनात्मक अवधारणा को लेकर दोनों ही तरह के मत प्रचलित हैं। कुछ आलोचक जन्मना दलित लेखन को ही दलित साहित्य मानते हैं, तो कुछ आलोचकों के विचार में दलित केन्द्रित अन्य लेखन भी दलित साहित्य हैं, भले ही वह ग़ैर दलितों द्वारा लिखा गया हो। इस सन्दर्भ में अजय नावरिया प्रश्न उठाते हैं—यदि एक जन्मना दलित ब्राह्मणवादी सोच और विचारधारा के अनुरूप लेखन करता है और कोई ग़ैर दलित ब्राह्मणवादी संस्कार और वर्ण-व्यवस्था के विरुद्ध लिखता है, तो दलित साहित्यकार किसे माना जाना चाहिए? किसके साहित्य को दलित साहित्य की परिधि में शुमार होना चाहिए। अनुभूति की प्रामाणिकता के विषय में भीष्म साहनी का कहना है—मेरी नजर में उसी रचना में खरापन होगा, जिसके सृजन में लेखक का समूचा सर्जनात्मक व्यक्तित्व यानी उसकी संवेदन, उसकी कल्पना, उसका चिन्तन और उसकी दृष्टि सक्रिय होते हैं। पर जहाँ तक लेखक के सृजन का सवाल है, किसी सीमा तक ही इन अपेक्षाओं की उपयोगिता रहती है। क्योंकि मूलतः लेखक का संवेदन ही उसे रास्ता सुझाता है। लेखक का सर्जनात्मक व्यक्तित्व इन अपेक्षाओं से नहीं बनता, वह उसके अपने संस्कारों, अनुभवों, चिन्तन, पठन-पाठन और उसकी सूझ से बनता है। हाँ, जिस माहौल में वह जीता और साँस लेता है, उस माहौल के प्रति वह निश्चय ही उत्तरोत्तर सचेत होता जाता है।

वस्तुतः दलित साहित्य का वैचारिक आधार अम्बेडकर दर्शन है और इस दर्शन पर आधारित साहित्य को ही दलित साहित्य माना जाना चाहिए; चाहे वह स्वानुभूति से प्रेरित हो या सहानुभूति से। किन्तु अधिकांश दलित लेखक और चिन्तक केवल इसी बात को पर्याप्त नहीं मानते। वे सवर्ण साहित्यकारों की ईमानदार दलित रचना में भी सवर्णता दोष और दलित विरोधी स्वर को पहचानकर उसका पर्दाफाश कर देते हैं। इसके सबसे बड़े शिकार ख़ुद प्रेमचन्द एवं उनकी दलित विषयक रचनाएँ हैं। इसलिए अधिकांश दलित लेखक और चिन्तकों के विचार में दलित समस्या पर दलितों द्वारा लिखा गया साहित्य ही वास्तविक दलित साहित्य है। दलित समस्या पर ग़ैर दलितों द्वारा लिखे गये साहित्य को वे दलित चेतना अथवा दलित सहानुभूति का साहित्य कहकर खारिज़ कर देते हैं। उनका तर्क है कि दलितों की पीड़ा, दलित होने का त्रासदबोध और तज्जनित आक्रोश और विद्रोह कोई भुक्तभोगी दलित ही व्यक्त कर सकता है। वही इसे शिद्दत और सच्चाई के साथ महसूस कर सकता है एवं व्यक्त कर सकता है। ग़ैर दलितों के दलित लेखन में द्रष्टा की सहानुभूति और करुणा हो सकती है, भोक्ता की पीड़ा और अनुभूति की सच्चाई नहीं। इसके लिए एक मुकम्मल दलित दृष्टि की आवश्यकता है, जो दलितों में ही सम्भव है।

इस मान्यता के समर्थकों में राजेन्द्र यादव, मैनेजर पाण्डेय, विश्वनाथ त्रिपाठी, देवेन्द्र चौबे, रमणिका गुप्ता इत्यादि ग़ैर दलित लेखक विचारक तथा मोहनदास नैमिशराय, ओमप्रकाश वाल्मीकि, कँवल भारती, धर्मवीर, जयप्रकाश कर्दम, श्यौराज सिंह 'बेचैन' आदि दलित लेखक हैं। इसके विपरीत रजनी तिलक, राजकुमार सैनी और तुलसीराम जैसे अनेक दलित लेखक भी ग़ैर दलितों के दलित सम्बन्धी लेखन को दलित साहित्य मानते हैं। दलित विषयक लेखन के सन्दर्भ में देवेन्द्र चौबे का मानना है, वास्तव में दलित साहित्य की अवधारणा को लेकर सारी लड़ाई पाठ, पाठ की विषयवस्तु, पाठ के स्वरूप और उसमें आये विचार तथा समाजदर्शन को लेकर है। दलित लेखक बार-बार व्यापक भारतीय समाज के सामने यह चिन्ता जाहिर करते हैं कि अब तक का इतिहास दलित समाज की उपेक्षा, शोषण, दमन और तिरस्कार का इतिहास रहा है। फिर कैसे और कितना एक दलित, ग़ैर दलित समाज और उसकी चिन्ता पर भरोसा करे?

इस सन्दर्भ में मैनेजर पाण्डेय का मानना है, हिन्दी में दलितों के जीवन पर उपन्यास और कविता लिखने वाले ग़ैर दलितों ने अपने वर्ग और वर्ण संस्कारों से मुक्त होकर ही दलित जीवन पर लिखा है। फिर भी, उनके लेखन में अनजाने में सही, सवर्ण संस्कार की छाया आ गयी हो तो उसमें आश्चर्य की बात नहीं है। उदाहरण के लिए नागार्जुन की कविता हरिजनगाथा में आये 'मनुपुत्र', वेद और ॠचाएँ शब्द दलित चेतना के प्रतिकूल हैं। कवि हरिजन और उसे जलाने वाले सवर्णों को मनुपुत्र कहता है। कवि कहता है कि क्रान्ति के बाद दलित नयी वेद ॠचाओं का गायक होगा। ज़ाहिर है दलितों को मनुपुत्र कहलाना पसन्द नहीं और उन्हें 'हरिजन', 'वेद', 'ॠचा' जैसे शब्दों से सख्त नफ़रत है।

इसी प्रकार 'नाच्यौ बहुत गोपाल' में अमृतलाल नागर मेहतरानी से संस्कृत का श्लोक पढ़वाते हैं। धूमिल की कविता 'मोचीराम' में वर्ग-चेतना है, वर्ण-चेतना नहीं। जगदीश चन्द्र के उपन्यास 'धरती धन न अपना', गिरिराज किशोर के 'परिशिष्ट', मनमोहन पाठक के 'गगन घटा घहरानी', पुन्नी सिंह के 'पाथरघाटी के शोर', मन्नू भण्डारी के 'महाभोज' आदि उपन्यासों को दलित विचारक दलित साहित्य की रचना नहीं मानते। नामवर सिंह ने दूधनाथ सिंह की कहानी 'धर्मक्षेत्रे कुरुक्षेत्रे' को दलित कहानी घोषित किया था, किन्तु ओमप्रकाश वाल्मीकि इसे दलित चेतना का नहीं जनवादी वर्ग-चेतना की रचना मानते हैं।

स्वानुभूति एवं सहानुभूति के प्रश्न पर कुछ और दलित एवं ग़ैर दलित विचारकों के मतों का तुलनात्मक विवेचन किया जा सकता है। दलित आलोचक शरण कुमार लिम्बाले का इस सम्बन्ध में कथन है—जो जन्म से दलित है, वही दलित लेखक हो सकता है, क्योंकि उसने जाति की पीड़ा भोगी होती है उसे दलित यथार्थ की पहचान होती है, जबकि ग़ैर दलित लेखक सहानुभूति से लिखता है,

कल्पना से लिखता है, उसके लेखन में दया का भाव होता है। दलित साहित्य कल्पना एवं सहानुभूति का विरोध करता है। इसी बात को और सशक्त ढंग से आगे बढ़ाते हुए शरण कुमार लिम्बाले कहते हैं—दलित साहित्य की विशेषता यह रही है कि इसके लेखक जन्म से दलित हैं जन्म से दलित होना इसलिए आवश्यक है कि उसके अनुभव के साथ ब्लडरिलेशनशिप होती है उसका भोगा हुआ यथार्थ, उसकी पीड़ा, उसकी समस्या और उसकी वेदना व्यक्त होती है, उसके स्वरूप पर भी असर पड़ता है।

दलित समाज में जन्में साहित्यकारों द्वारा दलित विषयों पर रचा गया साहित्य ग़ैर-दलित साहित्यकारों से अधिक गहरा एवं संवेदनशील होता है, क्योंकि स्वानुभूति का साहित्य अधिक गहराई तक जाता है, जबकि ग़ैर दलित लेखकों का सहानुभूतिपरक साहित्य मात्र सतही होता है। इसी परिप्रेक्ष्य में तुलसीराम का यह मत द्रष्टव्य है—शंकराचार्य जीवन भर गौतमबुद्ध की जड़ काटते रहे, किन्तु उनकी वन्दना में लिखे एक श्लोक में उन्हें महानयोगी और कमलासन्न पर बैठे विष्णु का अवतार बताते हैं, किन्तु दलित लेखक दया पवार जब लिखते हैं तो वे कहते हैं—बुद्ध! अजन्ता तथा एलोरा में तराशी गयी प्रतिमाओं में मैं तुम्हें नहीं देखता मैं तो तुम्हें गरीबों, दुःख के मारे हुए लोगों से बातें करते, उनकी बस्तियों में घूमते हुए देखता हूँ। इस तरह एक ग़ैर दलित एवं दलित की सोच का यह अन्तर युगों का अन्तर है। आलोचकों का एक ऐसा वर्ग भी है, जो स्वानुभूति और सहानुभूति के बरअक्स संवेदना को तरजीह देता है। इसी क्रम में कँवल भारती का कहना है—सवाल यह नहीं है कि ग़ैर दलित लेखक दलित साहित्य नहीं लिख सकता बल्कि सवाल यह होना चाहिए कि ग़ैर दलित और दलित साहित्य में दलित सवालों को लेकर टकराहट क्या है ? दोनों साहित्यों के बीच अनुभूति का अन्तर हो सकता है। ग़ैर दलित का परिवेश अलग है। जो पीड़ा और जाति की यन्त्रणा दलित भोगता है, वह ग़ैर दलित को नहीं भोगनी पड़ती। इसलिए अनुभूति दलित लेखकों की अपनी होती है, उसकी अभिव्यक्ति ज्यादा मार्मिक और यथार्थपरक हो सकती है, किन्तु ग़ैर दलित भी यदि संवेदनशील है, तो दलित सवालों पर बेहतरीन लेखन कर सकता है। फिर भी इस बात से इनकार नहीं किया जा सकता कि हिन्दी साहित्य में दलित चेतना उतनी गम्भीर नहीं है, जितनी वह दलित साहित्य में है। दलित साहित्य के लेखन में ओमप्रकाश वाल्मीकि स्वानुभूति को एक प्रमुख तत्त्व मानते हुए सहानुभूति के आधार पर दलित लेखन को पूर्णतया नकारते हैं। उनका कथन हैं—ग़ैर दलितों के जीवन में दलितों का प्रवेश पिछले दरवाजे के बाहर तक है। ठीक वैसे ही दलितों के जीवन में उनका प्रवेश नहीं के बराबर है। इसलिए उनके लेखन में कल्पना अधिक है। इस प्रकार दलित साहित्य में स्वानुभूति तीव्र प्रपात की तरह प्रवाहित हो रहा है। इस साहित्य में भोगी हुई अनुभूति अधिक

सशक्त और धारदार है। दलित साहित्य न केवल दलित-उत्पीड़न का दस्तावेज है, अपितु यह पारम्परिक समाज व्यवस्था के विरुद्ध आन्दोलन द्वारा मुक्ति का प्रयत्न भी है। ओमप्रकाश वाल्मीकि की तरह स्वानुभूति को दलित साहित्य लेखन का आधार मानते हुए देवेन्द्र दीपक का मानना है—अस्पृश्यता एक अंधा कुआँ है, कुएँ में गिरे आदमी को लेकर चिन्ता के दो स्तर हैं। एक चिन्ता उस व्यक्ति की चिन्ता है जो कुएँ के भीतर गिरा हुआ है और कुएँ से बाहर निकलने की कोशिश में हलाकान और लहूलुहान हो रहा है। दूसरी चिन्ता उस व्यक्ति की चिन्ता है जो कुएँ की जगत पर खड़ा होकर कुएँ में गिरे व्यक्ति को बचाने की गुहार लगा रहा है। कुएँ में गिरा व्यक्ति दलित है, और कुएँ के जगत पर खड़ा व्यक्ति सवर्ण है। दलित की चिन्ता आहत की चिन्ता है और सवर्ण की चिन्ता सदाशयी की चिन्ता है। दलित आलोचक रत्नकुमार सांभरिया स्वानुभूति के साहित्य का विरोध करते नजर आते हैं। दलित साहित्य में स्वानुभूति का मुद्दा दलित जाति में जन्मा लेखक ही दलित साहित्यकार हो सकता है का परिवर्तित विधेयक है। स्वानुभूति का यह विधेयक अलगाव की नयी राजनीति को जन्म दे रहा है। वे लिखते हैं—जो दलित साहित्यकार ब्राह्मण के बेटों को जन्म से ही 'पण्डित' कहने की रूढ़िवादी परम्परा का विरोध करते हैं, वे ही साहित्य में स्वानुभूति के इस नवब्राह्मणवाद को खुद अर्घ्य दे रहे हैं। पते की बात तो यह है कि जिस प्रकार मोक्ष की कामना करना निजी स्वार्थ है, उसी प्रकार स्वानुभूति का एजेण्डा भी व्यक्तिगत पक्षधरता है। रत्नकुमार सांभरिया स्वानुभूति के स्थान पर संवेदना को तरजीह देते हैं। उनका कथन है—साहित्य संवदेनाओं की पोतों से गुँथा हुआ हार होता है। जिस साहित्य में संवेदनाओं का समावेश नहीं होता, उसमें स्वानुभूति अथवा सहानुभूति की कितनी ही प्रधानता हो ग्राह्य नहीं है। सांभरिया का यह कथन ग़ैर दलित आलोचक चमनलाल के इस मत से सम्बद्ध प्रतीत होता है—क्योंकि वही रचना ज्यादा गहरी एवं टिकाऊ होगी जिसमें मानवीय संवेदना अधिक मर्मस्पर्शी होगी। संवेदना के जिस मुहावरे से सांभरिया यहाँ स्वानुभूति या सहानुभूति के प्रश्न को हल करना चाहते हैं तार्किक दृष्टि से देखा जाय तो संवेदना कोई ऐसी वस्तु नहीं है जो हमेशा उदात्त ही होती हो और मान लीजिये उदात्त ही होती हो तब भी दलित संवेदना और ग़ैर दलित संवेदना का प्रश्न तो उठाया ही जा सकता है। दरअस्ल बात इससे थोड़ा आगे है कि नेतृत्व किसके हाथ में होगा ? यह सवाल मायने रखता है।

चमनलाल स्वानुभूति को एक प्रमुख तत्त्व तो मानते हैं, किन्तु एक मात्र तत्त्व नहीं मानते। इस सन्दर्भ में उनका मत द्रष्टव्य है—दलित साहित्य की अवधारणा या इसके व्यावहारिक रूप में यह तो सही है कि दलित जीवन की प्रामाणिक अभिव्यक्ति वही लेखक कर सकता है, जिसे इसका निकट अनुभव प्राप्त है। यह भी सच है कि जिसकी बिवाई फटी होती है उसी को उसकी पीड़ा भी अधिक

अनुभव होती है, लेकिन जो डॉक्टर फटी बिवाई का इलाज करता है उसे फटी बिवाई की पीड़ा का स्वयं अनुभव हो, यह तो जरूरी नहीं। वास्तव में दलित साहित्य की अवधारणा, एक अत्यन्त व्यापक अवधारणा है व इसे जातिगत दायरों में सीमित करना एक तरीके से इस साहित्य धारा के मित्रों को दूर व इस धारा को वस्तुगत रूप से नुकसान पहुँचाना ही ठहरता है। चमनलाल की ही तरह ग़ैर दलित आलोचक भगवान सिंह भी सोचते हैं—दलित लेखन बहुत सारी सम्भावनाओं को प्रकट तो करता है, किन्तु वह जिस तरह से तमाम पूर्ववर्ती साहित्यिक परम्पराओं, सौन्दर्यबोध एवं प्रतिमानों से कटकर अपने स्वतन्त्र प्रतिमानों को गढ़ने का पृथक्तावादी अभियान चला रहा है, वह जरूर मेरे जैसे ग़ैर दलित लेखकों को उनसे कुछ निवेदन करने के लिए बाध्य करता है। वे आगे कहते हैं—जब हिन्दी आलोचना में वर्ग-संघर्ष एवं वर्ग-चेतना की चर्चा मार्क्सवादी प्रभाव के कारण जोरों पर थी, तब भी दलित चेतना उसके केन्द्र में थी। उस दौर में रामविलास शर्मा, 'परम्परा का मूल्यांकन', नामवर सिंह 'आधुनिक साहित्य की प्रवृत्तियाँ' जैसे मार्क्सवादी आलोचकों द्वारा लिखी गयीं पुस्तकों में यह बात देखी जा सकती है, जब उन्होंने वाल्मीकि, व्यास, तुलसीदास, प्रेमचन्द, निराला आदि के साहित्य के महत्त्व को पीड़ित, दलित और सताये हुए का पक्ष लेने में उजागर किया था, लेकिन आज की तारीख में दलित-विमर्श ने ऐसा मोड़ ले लिया है कि अब तुलसी, प्रेमचन्द, निराला आदि को दलित का पक्षधर नहीं माना जा रहा है, क्योंकि वे जन्मना दलित नहीं थे। ...विचित्र बात है। एक तरफ दलित लेखक यह सिद्ध करते हैं कि 'व्यास जाति के मल्लाह थे', 'वाल्मीकि बहेलिया थे', 'कालिदास गड़ेरिया थे', (कँवल भारती, दलित जन उभार, पृ. 189), तो दूसरी तरफ इन्हीं रचनाकारों के साहित्य को दलित लेखकों द्वारा सवर्ण एवं सामन्ती मूल्यों का पोषक कहकर ख़ारिज भी किया जा रहा है यह दलित चिन्तन का अन्तर्विरोध नहीं तो क्या है ? सवर्ण बुद्धिजीवी की समूची करुणा में कहाँ सूराख रह जाता है और कहाँ वह अन्ततः करुणा से अधिक सामन्ती उदारता बन जाती है, यह सिर्फ दलित ही जान सकता है। मार्क्सवादी समीक्षक शिवकुमार मिश्र का भी यही मत है—यह एक ऐसी सच्चाई है जिसे हमें निर्मल अन्तःकरण से स्वीकार करना चाहिए। हिन्दी या अन्यान्य भाषाओं में दलितों के बारे में जो भी लिखा गया है, नामी-गिरामी रचनाकारों द्वारा भी, उसकी अपनी सीमाएँ हैं। वह अधिकांशतः उदार मानसिकता और मानवतावादी चेतना के सवर्ण रचनाकारों द्वारा ही लिखा गया है। इस लेखन में दलित जीवन की सच्चाईयाँ और उसका यथार्थ जरूर सामने आया है, किन्तु अपवादों को छोड़कर प्रायः इसमें दलितों की नारकीय जीवन-स्थितियों, उनके प्रति बरते जाने वाले सामाजिक भेदभाव एवं शक्ति सम्पन्नों तथा सवर्णों द्वारा किये जाने वाले उनके उत्पीड़न पर या तो आँसू बहाये गये हैं, उन पर दया और सहानुभूति

प्रकट की गयी है, दलितों के वजूद, उनकी सामाजिक हैसियत, उनके संघर्ष, उनके श्रम, उनके अधिकारों और उनकी आकांक्षाओं के बरअक्स जिस पक्षधरता के साथ, सवर्ण मानसिकता और उसे पोषित करने वाले विधानों के खिलाफ रचनात्मक हस्तक्षेप, जिस रचनात्मक मुठभेड़ की दरकार थी, वह सब पूरी सदी के भारतीय परिदृश्य में नहीं हो सका। शिवकुमार मिश्र की तरह ही राजेन्द्र यादव भी सोचते हैं। राजेन्द्र यादव का कहना है—हाशिये के लोग अपनी ज़मीन, जीवन स्थितियों से जितने जुड़े हैं, उतने मुख्य धारा वाले हिन्दी लेखक नहीं। दलित लेखक इन स्थितियों का सामना करते हुए इस निष्कर्ष पर पहुँचे हैं कि दलितों की पीड़ा दलित ही समझ सकता है, वही उस पीड़ा का प्रामाणिक प्रवक्ता भी है। राजेन्द्र यादव इस तथ्य को स्वीकारते हैं। उनका कहना है—दुनिया का कोई वकील, अपनी सारी निष्ठा और ईमानदारी या कानूनी पैंतरेबाजी के बावजूद वादी की तड़प, यातना और गुस्से को नहीं बता सकता, जितना वे स्वयं व्यक्त कर सकते हैं। स्वानुभूति और सहानुभूति के प्रश्न पर मैनेजर पाण्डेय अपना विचार स्वानुभूति के पक्ष पर रखते हैं। उनका कहना है—जहाँ तक दलित साहित्य की अवधारणा की बात है, तो दलित साहित्य को दो रूपों में देखा जा सकता है। एक तो दलितों के द्वारा दलितों के बारे में दलितों के लिए लिखा गया साहित्य और दूसरा दलितों के बारे में ग़ैर दलितों द्वारा लिखा गया साहित्य। मेरे विचार में करुणा और सहानुभूति के सहारे ग़ैर दलित लेखक भी दलितों के बारे में अच्छा साहित्य लिख सकते हैं, लेकिन सच्चा दलित साहित्य वही है, जो दलितों के द्वारा अपने बारे में या सवर्ण समुदाय के बारे में लिखा जाता है, क्योंकि ऐसा साहित्य सहानुभूति या करुणा से नहीं, बल्कि स्वानुभूति से उपजा होता है। मैनेजर पाण्डेय के इस कथन से स्वानुभूति को और बल मिलता है—सचमुच राख ही जानती है जलने का दर्द, दलित होने की पीड़ा दलित ही जानता है। दलितों ने हजारों वर्ष की सामाजिक यातना में जो भोगा है, उनके जो अनुभव हैं, उन्हें ग़ैर दलित जान ही नहीं पाता। इसलिए उसकी पीड़ा के साक्षात्कार की उनकी कल्पना अधूरी होती है। इसी क्रम में मुद्राराक्षस का यह मत समीचीन प्रतीत होता है—दलित के सामाजिक अस्तित्व की परतों का खुलासा सिर्फ दलित लेखन में ही होता है।

ज़ाहिर है कि मैनेजर पाण्डेय स्वानुभूति को ही अधिक महत्त्व देते हैं तथा प्रगतिशीलों की उस धारा का प्रतिनिधित्व करते हैं जो यह मानती है कि स्वानुभूति का साहित्य ही दलित साहित्य है जबकि नामवर सिंह कई बार तो यह मान लेते हैं—दलित होना व्यक्ति की ऐसी हक़ीकत है, जन्मना दलित होने के कारण अनुभव के जिन आसंगों से एक आदमी को गुजरना पड़ता है, उसका प्रत्यक्ष अनुभव स्वयं दलित को जैसा है, अपनी पूरी अनुभूतियों व अपनी कल्पना का विस्तार करने के बावजूद मैं, जो एक ग़ैर दलित हूँ, उस अनुभव को उसी तीव्रता

और तनाव से मैं आपको अनुभव नहीं करा सकता। लेकिन वे यह मानने को तैयार नहीं होते कि ग़ैर दलित, दलित साहित्य नहीं लिख सकता। इसके लिए वे भारतीय परम्परा में चली आ रही संस्कृत की एक उक्ति के जरिये अपनी बात रखते हैं— जन्मना जायते शूद्रः संस्कारात् द्विजे यानी जन्म से हर आदमी शूद्र होता है और संस्कार से वह द्विज होता है। इसमें यह अर्थ भी छिपा है कि ब्राह्मण के घर जन्म लेने से ही कोई ब्राह्मण नहीं हो जाता। जिसको संस्कारगत ज्ञान होगा, वही ब्राह्मण होगा। इसी तर्क से यह भी कहा जा सकता है कि कोई लेखक दलित कुल में जन्म लेने से ही दलित चेतना का संवाहक नहीं हो जाता है। जन्मना दलित ही दलित चेतना का प्रतिनिधि होगा, दूसरा कोई नहीं गलत है। परमानन्द श्रीवास्तव का भी मत कुछ ऐसा ही प्रतीत होता है, वे दलित साहित्य के अलग सौन्दर्यशास्त्र को नकारते हैं। साथ ही इस तथ्य से भी इनकार करते हैं कि दलित साहित्य सिर्फ दलित ही लिख सकता है या दलित की पीड़ा को सिर्फ दलित ही व्यक्त कर सकता है। परमानन्द श्रीवास्तव से मिलता-जुलता कथन काशीनाथ सिंह का भी है, जो दलित लेखन के बारे में कहते हैं—दलितों पर लिखने के लिए दलित होना जरूरी नहीं है, उनका तर्क है कि घोड़ा पर लिखने के लिए घोड़ा होना जरूरी नहीं है।

हिन्दी जगत के भीतर सर्वाधिक तीक्ष्ण रूप से चली इस बहस को वीरभारत तलवार ने ऐतिहासिकता के परिप्रेक्ष्य में देखने का प्रयास किया है—दलितों के साथ सहानुभूति होने और प्रगतिशील विचारधारा की वजह से कुछ लेखकों ने कहा कि दलित साहित्य हम लोग भी लिखते रहे हैं। पर यह गौरतलब है कि हिन्दी में दलित साहित्य की आवाज एक आन्दोलन के रूप में पहली बार दलित लेखकों ने उठायी। आज भी इसके लिए चल रहे संघर्ष में उन्हीं का हाथ सबसे ज्यादा है और होना भी चाहिए। इसीलिए ऐतिहासिक दृष्टि से उनकी यह बात सही है कि दलित साहित्य दलित जाति से आये लेखकों का साहित्य है। आज के दलित साहित्य को इसी ऐतिहासिकता के परिप्रेक्ष्य में देखा जाना चाहिए।

हिन्दी साहित्य में दलित विमर्श स्वीकार और नकार के बीच तेजी से आगे बढ़ रहा है, इससे सामाजिक-सांस्कृतिक परिवर्तन की ढेरों सम्भावनाएँ जुड़ी हैं। यह सदियों से मूक जनता का स्वर है जिसे कभी-कभी अपनी आवाज सुनाने के लिए उग्र तेवर धारण करने ही होंगे। दलित विमर्श को व्यापक दायरे में जाने की जरूरत है। ज़ाहिर है कि इसके लिए इस विमर्श को तमाम संकीर्णताओं से लड़कर पार पाना होगा।

ख. दलित और ग़ैर दलित कवियों के काव्य की वैचारिकी

हर विमर्श, हर आन्दोलन का अपना एक वैचारिक आधार होता है। वैचारिक आधार से तात्पर्य उस केन्द्रीय सोच, उस दर्शन, उस सिद्धान्त से है जिस पर वह

आन्दोलन, वह विमर्श आधारित है। उदाहरण के रूप में मार्क्सवाद मार्क्स के सिद्धान्त पर, मनोविश्लेषणवाद फ्रायड के सिद्धान्त पर, आदर्शवाद प्लेटो और अरस्तू के सिद्धान्त पर, यथार्थवाद मैथ्यू आर्नल्ड के सिद्धान्त पर, अस्तित्ववाद कीर्केगार्द के सिद्धान्त पर और गाँधीवाद गाँधी के सिद्धान्त पर आधारित है। ठीक उसी प्रकार दलित विमर्श भी एक मत को अपना आधार मानता है। इसलिए दलित काव्य के सन्दर्भ में सबसे पहला प्रश्न यह उठता है कि इसका वैचारिक आधार क्या है ?

समकालीन दलित विमर्श में जब हम इस प्रश्न का जवाब ढूँढ़ने की कोशिश करते हैं तब हमें इसका बहुत सीधा-सा जवाब मिलता है—अम्बेडकरवाद। यानी दलित विमर्श अम्बेडकर को अपना आदर्श मानते हुए उनके दिखाए हुए रास्ते पर चलना चाहता है। दलित साहित्य का वैचारिक आधार अम्बेडकर का जीवन-संघर्ष, ज्योतिबा फूले और बौद्ध दर्शन की दार्शनिकता का आधार है। प्रसिद्ध दलित साहित्यकार शरण कुमार लिम्बाले का स्पष्ट मत है कि दलित साहित्य का प्रेरणास्रोत अम्बेडकरी सोच है। उनका कहना है—बाबा साहेब अम्बेडकर के विचारों और आन्दोलन से दलित समाज को स्वाभिमान मिला है, यदि बाबा साहब न होते तो हम न होते। दलित समाज में प्रत्येक व्यक्ति का एक-दूसरे को अभिवादन करते हुए 'जय भीम' का उच्चारण करना भी इस बात का द्योतक है कि बाबा साहेब अम्बेडकर ही हमारी सच्ची प्रेरणा है। ओमप्रकाश वाल्मीकि भी स्पष्ट तौर पर दलित साहित्य के पीछे अम्बेडकरवाद को ही स्वीकृति प्रदान करते हैं। उनका कथन है—दलित साहित्य की जितनी भी परिभाषायें हैं, उनका एकमात्र स्वर है सामाजिक परिवर्तन, अम्बेडकरवादी विचार ही उसकी एकमात्र प्रेरणा है। आगे वे कहते हैं—दलित चेतना डॉ. अम्बेडकर के जीवन-दर्शन से मुख्य ऊर्जा ग्रहण करती है। इस तथ्य से सभी दलित लेखक एकमत हैं। वहीं दलित चिन्तक कँवल भारती की यह मान्यता इस तथ्य को प्रमाणित करती है आधुनिक हिन्दी दलित साहित्य वह है जो दलित मुक्ति के सवालों पर पूरी तरह अम्बेडकरवादी हैं। सामाजिक, आर्थिक और राजनैतिक सभी क्षेत्रों में उसके सरोकार वही हैं जो डॉ. अम्बेडकर के थे। दलित काव्य की वैचारिकी के सन्दर्भ में अभय कुमार दुबे का मत है—दलित साहित्य में अम्बेडकर का असली महत्त्व एक पथ-प्रदर्शक और मनोवैज्ञानिक मुक्ति द्वार पर खड़ा कर देने का महत्त्व है। वहीं जयप्रकाश कर्दम का कहना है—डॉ. अम्बेडकर का सपना एक सुदृढ़, समुन्नत और सुखी, सम्पन्न राष्ट्र का सपना था जिसमें सब समान हों तथा सब परस्पर प्रेम, सहयोग और बन्धुता के साथ रहें। कोई छ।टा-बड़ा, ऊँचा-नीचा या सछूत-अछूत न हो। इसके लिए उन्होंने जातिविहीन और वर्गविहीन समाज की स्थापना की परिकल्पना की। इस तरह के समाज की रचना कैसे हो, यही उनके समग्र चिन्तन और सृजन का मूल

विषय और आधार है। समाज, राजनीति और धर्म कोई क्षेत्र ऐसा नहीं जिसमें डॉ. अम्बेडकर ने विचार एवं कार्य न किया हो वैचारिक रूप से वह राजनीतिक क्षेत्र में लोकतन्त्र के, सामाजिक क्षेत्र में मानववाद के, आर्थिक क्षेत्र में समाजवाद के, धार्मिक क्षेत्र में बुद्धवाद के तथा दार्शनिक क्षेत्र में अनित्य और अनात्मवाद के पक्षधर रहे। किसी भी प्रकार की असमानता और अन्याय का उन्होंने सदैव विरोध किया। वहीं धर्मवीर का कथन है—वास्तव में आज दलितों को अपने उन ऐतिहासिक डॉ. अम्बेडकर की खोज करनी है जो बुद्ध के समय में बुद्ध से ऐसे ही लड़े थे जैसे आज के गाँधी के सामने वे लड़े थे। ऐसे किसी डॉ. अम्बेडकर ने उस समय जरूर जन्म लिया होगा। दलित चिन्तन की दृष्टि से कोई युग इतना खाली नहीं जा सकता जितना बुद्ध का युग दिखलाया जाता है। वहीं मशहूर लेखक सी.बी. भारती का कथन द्रष्टव्य है—प्रतिबद्धता ही दलित साहित्य का सौन्दर्य विधान है। दलित साहित्य लेखन दलित अस्मिता की तलाश है। यह सामाजिक परीक्षण व उनके छिन्न-भिन्न कर देने की एक अनबुझी प्यास है। वर्ण-व्यवस्था से उपजी अमानवीय त्रासदी से मुक्ति की छटपटाहट ही दलित साहित्य का मूल स्वर है। जातिविहीन, वर्गविहीन समाज की संरचना ही इसका मूल प्रतिपाद्य है। एक जगह दलित आलोचक और 'अपेक्षा' पत्रिका के सम्पादक तेज सिंह ने अपनी पत्रिका का एक विशेषांक ही 'अम्बेडकरवादी साहित्य आन्दोलन विशेषांक' नाम से निकाला, जिसमें उन्होंने यह स्पष्ट किया कि दलित विमर्श का आधार अम्बेडकरवाद है। उनका कथन है—दलित लेखन से जिस विशिष्ट लेखन का बोध होता है, उसका आधार अम्बेडकरवादी विचारधारा है। अम्बेडकरवादी विचारधारा के आधार पर ही दलित चिन्तन और दलित लेखन तथाकथित मुख्यधारा के हिन्दूवादी साहित्य से अलग हो जाता है।

दलित चेतना डॉ. अम्बेडकर के जीवन-दर्शन से मुख्य ऊर्जा ग्रहण करती है इस तथ्य से सभी दलित लेखक एकमत हैं। दलित चेतना के प्रमुख बिन्दुओं को ओमप्रकाश वाल्मीकि ने इस प्रकार आकलित किया है—

1. "मुक्ति और स्वतन्त्रता के सवालों पर डॉ. अम्बेडकर के दर्शन को स्वीकार करना।
2. बुद्ध का अनीश्वरवाद, अनात्मवाद, वैज्ञानिक दृष्टिबोध, पाखण्ड-कर्मकाण्ड विरोध।
3. वर्ण-व्यवस्था विरोध, जाति भेद-विरोध, साम्प्रदायिकता विरोध।
4. अलगाववाद का नहीं, भाईचारे का समर्थन।
5. स्वतन्त्रता, सामाजिक न्याय की पक्षधरता।
6. सामाजिक बदलाव के लिए प्रतिबद्धता।
7. आर्थिक क्षेत्र में पूँजीवाद का विरोध।

8. सामन्तवाद, ब्राह्मणवाद का विरोध।
9. अधिनायकवाद का विरोध।
10. महाकाव्य की रामचन्द्र शुक्लीय परिभाषा से असहमति।
11. पारम्परिक सौन्दर्यशास्त्र का विरोध।
12. वर्णविहीन, वर्गविहीन समाज की पक्षधरता।
13. भाषावाद, लिंगवाद का विरोध।''

दलित साहित्य और ग़ैर दलित साहित्य की वैचारिकी के सन्दर्भ में महेन्द्र प्रताप राना का विचार भी द्रष्टव्य है—दलित साहित्य दलितों के गौरवपूर्ण इतिहास को बताता है।

राष्ट्र निर्माण में दलितों के योगदान के बारे में सही जानकारी दलित साहित्य से ही मिलती है। दलित साहित्य राष्ट्रीय एकता को प्रदर्शित करता है। यह मातृभाव का सन्देश देता है। इसके विपरीत सवर्ण साहित्य देश एवं समाज को तोड़ने पर बल देता है। दो उदाहरणों से यह अन्तर काफी स्पष्ट हो जायेगा। रामानन्द को ही लें जब वे कहते हैं—जाति-पाँति पूछे नहिं कोई। हरि को भजै सो हरि का होई। वहीं तुलसीदास की ये पंक्तियाँ ढोल, गँवार, शूद्र पशु, नारी। सकल ताड़ना के अधिकारी।। आज भी पाठ्यक्रम में तुलसीदास को महत्त्व दिया जाता है। सवर्ण साहित्यकारों ने दलित साहित्य के बारे में जो कुछ लिखा है, उसमें दलितों के साथ सामाजिक भेद-भाव बरता गया है। सदियों से दलितों को इतना उपेक्षित कर दिया गया है कि आज दलित साहित्य में आक्रोश, विक्षोभ, प्रतिहिंसा और सदियों से झेले गये सन्ताप की कसक होती है। आज आवश्यकता है कि दलित साहित्यकार, दलित साहित्य के माध्यम से आत्म-सन्तुष्टि, आत्म-स्वाभिमान और आत्मविश्वास जगाने के लिए साहित्य की रचना करें। आगे इस क्रम में महेन्द्रप्रताप राना लिखते हैं भारतीय साहित्य वर्ण-व्यवस्था पर आधारित है, जबकि दलित साहित्य वर्ण-व्यवस्था का घोर विरोधी है। दलित साहित्य देश की मेहनतकश उपेक्षित जनता का साहित्य है, इसलिए इसकी जड़ें दिन-प्रतिदिन मजबूत होती जायेंगी। ठीक इसी प्रकार धर्मवीर भी दलित एवं ग़ैर दलित साहित्य की परम्पराओं के मध्य अन्तर को स्पष्ट करते हुए लिखते हैं—दलित साहित्य की विशेषता है कि हिन्दू साहित्य के विश्वकोश महाभारत और रामायण में से यह अपने कथानक नहीं चुन सकता। कारण साफ है कि ये उसके साहित्यिक ग्रन्थ नहीं है। किसी साहित्य को अपनी परम्परा से ही प्रेरणा मिला करती है। वेद, पुराण और उपनिषद इनमें उसका कुछ भी अपना नहीं है। ये दूसरे के लिखे गये ग्रन्थ हैं। यह एकदम झूठ है कि 'वाल्मीकि' और 'व्यास' में से कोई आधुनिक दलित का पूर्वज रहा है। 'वाल्मीकि' और 'व्यास' शब्द ही बताते हैं कि ये विदेशी शब्द हैं दलितों ने अपनी जुबान के सही उच्चारण में 'वाल्मीकि' को 'बालमीक' और 'व्यास' को 'बियास' कहा है।

दलित की भाषा में संस्कृत कर हर तत्सम शब्द तद्भव बना कर बोला गया है। इसलिए कई कारणों से दलित साहित्य की परम्परा मौखिक ही रही है। इसी क्रम में तेजपाल सिंह 'तेज' दलित एवं ग़ैर दलित साहित्य की प्रवृत्तियों, उसकी भाषा-शैली इत्यादि पर अपना विचार इस प्रकार रखते हैं—दलित साहित्य की प्रवृत्तियों और ग़ैर दलित साहित्य में जैसे भाषा, शिल्प, कथावस्तु एवं मर्म के आधार पर सहज ही एक विभाजक रेखा खींची जा सकती है। ग़ैर दलित साहित्य एवं दलित साहित्य को क्रमशः शास्त्रीय एवं यथार्थवादी साहित्य की संज्ञा से जानना कतई भ्रामक नहीं लगता। ग़ैर दलित साहित्य प्रत्येक दृष्टि से अपारदर्शी और दलित साहित्य पूरी तरह से पारदर्शी है। यह दलित साहित्य की आवश्यकता भी है, क्योंकि दलित साहित्य के पाठक वर्ग का एक बड़ा भाग अनपढ़ और अनगढ़ है। फिर सहज और सपाटबयानी से साहित्य सम्प्रेषण की चौखट पर लगने में मदद भी मिलती है।इसी तरह कँवल भारती का वैचारिकी के सन्दर्भ में मत द्रष्टव्य है—दलित साहित्य मानवीय एकता और भातृत्त्व की पक्षधर है और इसी आधार पर राष्ट्रीयताओं के बन्धन भी उसे स्वीकार नहीं है। हम सब समान हैं और यह सम्पूर्ण विश्व ही हमारा है, यही दलित साहित्य का वास्तविक समाजशास्त्र है। पुराकथाओं में दलित चेतना उन तमाम कथानायकों से अपना सम्बन्ध जोड़ती है, जिन्हें ब्राह्मण लेखकों ने खलनायक बनाया है। नायक से खलनायक बनाने की कथा यात्राओं का दलित चेतना ने गम्भीर अध्ययन और विश्लेषण किया है कि ब्राह्मण उन तमाम नायकों और योद्धाओं को खलनायक बनाने के अपराधी हैं, जो इस देश में जाति और वर्ग-विहीन समाज का निर्माण करना चाहते थे और जो ब्राह्मणों के वर्ण-व्यवस्था के विरोधी थे। इसीलिए दलित चेतना जहाँ महाभारत में एकलव्य के साथ है, वहाँ कर्ण को भी सम्मानित करती है, जहाँ रामायण में वह शम्बूक को अपना मानती है, वहाँ रावण को भी एक महामानव का सम्मान देती है।

दलित एवं ग़ैर दलित काव्य की वैचारिकी के सन्दर्भ में प्रख्यात दलित आलोचक ओमप्रकाश वाल्मीकि का मत द्रष्टव्य है—मूलभूत अन्तर सोच एवं दृष्टिकोण का है। इस दृष्टिकोण के दायरे में वे दलित लेखक भी आते हैं, जिन्होंने तकलीफें तो भोगी हैं लेकिन व्यवस्था के प्रति उनकी सोच और व्यवहार ग़ैर दलितों जैसे ही हैं। सोच एवं दृष्टिकोण से मेरा आशय यह है कि दलित साहित्य नाम से जो साहित्य अस्तित्व में आया वह डॉ. अम्बेडकर की सोच से उत्पन्न है, जिसे दलित रचनाकार अम्बेडकर दर्शन के रूप में लेते हैं। उसमें मुख्यतः वर्ण-व्यवस्था विरोध बल्कि विरोध ही नहीं उसका समूल नाश, सामन्तवाद और ब्राह्मणवाद, पुरोहितवाद से जुड़ी तमाम व्यवस्थाओं का विरोध, वे व्यवस्थाएं जो समाज में भेदभाव, विषमता, जन्मना जातीय अहम भाव को जन्म देती हैं, उनका विरोध हिन्दू देवी-देवताओं और परम्पराओं का विरोध, जो भोले-भाले जनमानस को बरगला कर

उनका शोषण करती हैं और उन्हें शिक्षा और मूलभूत मानवीय अधिकारों से वंचित करती हैं। आगे ओमप्रकाश वाल्मीकि ने दलित काव्य की अवधारणा पर विचार करते हुए लिखा है—हिन्दी साहित्य का जो मूल आधार है वह वही विचारधारा है जो भारतीय समाज में हजारों साल से रची-बसी है। उसमें कहीं भी दलितों का चित्रण उस रूप में नहीं हुआ जिसमें उन्हें मानव की तरह माना जाये। दलित साहित्य ने अपना प्रमुख आधार इसी मानव को बनाया है, वह मानव जो सामन्ती व्यवस्था और पूँजीवादी व्यवस्था में शोषित और पीड़ित हैं। उसकी प्रमुख अवधारणाओं में मनुष्य की मुक्ति, स्वतन्त्रता, सामाजिक भाईचारा आदि-आदि हैं। सामाजिक बदलाव के लिए उसकी एक भूमिका होती है, इस भूमिका का अभाव हिन्दी साहित्य में दिखायी पड़ता है। दलित साहित्य अपनी इस भूमिका के लिए प्रतिबद्ध है। स्वानुभूति एवं सहानुभूति के आधार पर ओमप्रकाश वाल्मीकि ने दलित एवं ग़ैर दलित काव्य की वैचारिकी पर अपना मत इस प्रकार प्रस्तुत किया है—चाहे प्रेमचन्द हों या निराला दोनों वर्ण-व्यवस्था के पक्षधर हैं। यहाँ तक कि बाबा नागार्जुन जिन्होंने कई वर्षों तक बौद्ध धर्म अपनाकर रखा, बौद्ध भिक्षु बने, लेकिन अन्त तक वे एक ब्राह्मण ही रहे किन्तु जब दलित साहित्यकार लिखता है, जीवन के दग्ध अनुभव के कारण वह वर्ण-व्यवस्था और ब्राह्मण व्यवस्था के विरुद्ध अपनी पूरी उत्तेजना के साथ आता है और उसे समूल नष्ट कर देने के लिए प्रतिबद्ध दिखायी देता है। वहाँ उसके अनुभव हैं, अनुभूतियाँ हैं, जिनमें तपकर दलित रचनाएँ साकार होती हैं। ओमप्रकाश वाल्मीकि दलित साहित्य के उद्देश्य को स्पष्ट करते हुए लिखते हैं—मैं दलित साहित्य को सामाजिक जीवन में भाईचारा, समता, समरसता, स्वतन्त्रता स्थापित करने वाला साहित्य मानता हूँ। इसलिए दलित साहित्य उस व्यक्ति का पक्षधर है जिसे समाज ने अन्त्यज और अस्पृश्य बनाया है और जीवन के मौलिक अधिकारों से वंचित रखा है। दलित साहित्य इन अर्थों में मुक्ति का साहित्य है जिसे हम कहें कि भविष्य का साहित्य है अतिशयोक्ति न होगी। ठीक इसी तरह का विचार दलित कविता के सन्दर्भ में प्रेमशंकर का है—ये कविता (साहित्य भी) भविष्य की कविता होगी इसी प्रकार पुरुषोत्तम सत्यप्रेमी का कहना उचित है—यह साहित्य केवल आज को ही प्रभावित करने वाला नहीं है, भविष्य को भी प्रभावित करेगा, क्योंकि आभिजात्य या सामन्ती या ब्राह्मणवादी साहित्य आज की समकालीन स्थिति में पीलिया साहित्य है और जीवन शक्ति का साहित्य यदि है तो वह है दलित साहित्य।

ओमप्रकाश वाल्मीकि सौन्दर्यशास्त्र के परिप्रेक्ष्य में अपना मत दोनों काव्य के सन्दर्भ में इस प्रकार व्यक्त करते हैं—हिन्दी साहित्य का सौन्दर्यशास्त्र संस्कृत के काव्यशास्त्र के आधार पर तैयार किया गया है। जिसके तहत उसकी तमाम मान्यताएँ सामन्तवादी हैं और उसके जीवन मूल्य ब्राह्मणवादी विचारधारा से

संचालित होते हैं। उस साहित्य में आनन्द और रस की जो महत्ता स्थापित होती है, उसे दलित साहित्य स्वीकार नहीं करता है। दलित साहित्य आनन्द के लिए नहीं लिखा जाता है, बल्कि मनुष्य की स्वतन्त्रता, समता, भाईचारे की भावना को महत्त्व देता है और उसके केन्द्र में मनुष्य ही सर्वोपरि है। उन तमाम मान्यताओं का विरोध करता है, जिनमें महाकाव्यों का नायक उच्च कुलोत्पन्न होना चाहिए। ऐसी तमाम चीजों को दलित साहित्य स्वीकार नहीं करता साथ ही भारतीय समाज-व्यवस्था जो वर्ण-व्यवस्था से संचालित होती है। उसे मनुष्य विरोधी मानता है। आगे ओमप्रकाश वाल्मीकि अपने वार्तालाप में दलित एवं ग़ैर दलित काव्य में दलितों की स्थिति को स्पष्ट करते हुए कहते हैं, दलित लेखन में दलित लेखकों और ग़ैर दलित लेखकों की भूमिकाएँ अलग-अलग ही हैं। अभी तक जो हिन्दी साहित्य में ग़ैर दलित लेखकों द्वारा लिखा गया साहित्य सामने आया है उसका मुख्य स्वर यथास्थिति बनाये रखने का है। वह आदर्शवादी एवं सुधारवादी दृष्टिकोण के तहत लिखा गया है, और उन रचनाओं में दलित आबजेक्ट की तरह इस्तेमाल हुए हैं, सब्जेक्ट की तरह नहीं। जहाँ सब्जेक्ट की तरह इस्तेमाल करने की कोशिश हुई है, वहाँ भी दलितों के आन्तरिक चित्रण का अभाव दिखायी पड़ता है। दलित लेखकों ने दलित पात्रों को सब्जेक्ट की तरह लिखा और उनकी सामाजिक भूमिकाओं को प्रतिबद्धता के साथ चित्रित किया है। ओमप्रकाश वाल्मीकि की तरह ही सौन्दर्यशास्त्र पर सी.बी. भारती ने अपना मत व्यक्त करते हुए कहा- दलित साहित्य के सौन्दर्यशास्त्रीय अध्ययन के लिए दलित साहित्य को पुरातन यथास्थितिवादी मानदण्डों से निर्मित कृत्रिम काव्यशास्त्रीय सिद्धान्तों, रस, छन्द, अलंकार के स्थिर उपादानों के निकष पर कसना दलित साहित्य की महत्ता एवं उपलब्धि को नकारने की साजिश सदृश होगा। यदि साहित्य के सृजन का महान उद्देश्य मानव कल्याण ही है तो दलित साहित्य से उपयोगी, सार्थक व मूल्यवान् साहित्य का सृजन समूचे भारत की किसी भाषा में अभी तक हुआ ही नहीं है और न ही भविष्य में सृजन की सम्भावना है। इसी तरह तेज सिंह 'तेज' 'आज के समय की दलित कविता' शीर्षक लेख में अपना मत कुछ इस प्रकार व्यक्त करते हैं—दलित कवि जहाँ एक ओर आधुनिक बोध से अपने समाज, इतिहास और परम्परा का मूल्यांकन करके मानवतावादी मूल्यों के लिए संघर्ष करते हैं, वहीं दूसरी ओर सवर्ण कवि अपने आधुनिकता बोध से 'अतीत की पुरातन रूढ़ियों' और पुराने राजतन्त्रों के 'न्याय और शासन' में मानवतावादी मूल्यों की तलाश करते हैं। इस तरह विस्मृतियों के गर्भ में छिपे 'अन्धायुग' के अन्धे शासकों की दृष्टि में सवर्ण कवियों का इतिहास-बोध निर्मित होता है। इसलिए वे सतयुग, द्वापर और त्रेतायुग की स्वर्णता पर आत्ममुग्ध हैं जहाँ नारी भोग की वस्तु और दलितों की उन्नति के सभी रास्ते बन्द हैं। यही वजह है कि दलित कवि उस तथाकथित 'स्वर्ण युग' को 'अन्धायुग' मानकर दलितों के लिए

'मरणयुग' कहता है और वर्तमान को ही श्रेष्ठ युग बताकर उसमें ही अपनी और अपने समाज की उन्नति और प्रगति के समस्त परिवार पाता है। सवर्ण कवियों का इतिहासबोध अतीतोन्मुखी है इसलिए वहाँ अतीत का गुणगान विवेकहीनता का परिचायक है। जबकि दलित कवियों का इतिहास बोध भविष्योन्मुखी है जहाँ परम्परा और इतिहास के प्रति आलोचनात्मक रूख अपनाकर अपने इतिहास और परम्परा का सही-सही मूल्यांकन करने का सार्थक प्रयास है। जिस समाज की मान्यताएँ, परम्पराएँ और मूल्य तथाकथित रामराज्य का निर्माण करती हैं वे सवर्णों के लिए स्वर्ग हो सकता है लेकिन वह दलितों के लिए नरक के समान है। इसलिए दलित कवि प्रश्न करता है कि अगर तुम्हारा 'रामराज्य स्वर्ग था' और 'राम पुरुषों में श्रेष्ठ' तो फिर उस 'धर्मनिष्ठ शम्बूक का वध' क्यों किया था क्योंकि शम्बूक का वध दलित समाज की चेतना का भी वध है।

इस प्रकार दलित कविता अपने समय और अपने वर्तमान से सीधी मुठभेड़ करती हुई दिखायी देती है। वर्तमान की जमीन पर खड़े होकर ही अतीत का सही-सही मूल्यांकन किया जा सकता है। इसलिए दलित कविता वर्तमान की जमीन पर खड़ी होकर अपने अतीत का मूल्यांकन करके उससे मुक्ति का ठीक-ठाक रास्ता तलाशती है।

दलित कविता के केन्द्र में मानव है और मानवतावाद का गुणगान दलित कविता की प्रमुख प्रवृत्ति के रूप में स्वीकारा जा सकता है। ग़ैर दलित कविता में मानव केन्द्र में नहीं है ऐसा नहीं है, किन्तु जिस प्रकार मानस में तुलसी राम के नायकत्व को उभारने में प्रवृत्त हैं, उससे ज्यादा हिन्दू संस्कृति के पुनरुत्थान की प्रवृत्ति को अहमियत मिली है; जबकि आदमी से ज्यादा धर्म, जाति और शास्त्र को प्रमुखता मिली है। वहीं दूसरी ओर दलित कविता की प्रवृत्ति और संस्कृति के केन्द्र में मानव की प्रतिष्ठा, मानव का गौरव, मानव की सत्ता है दलित कविता ईश्वर को नकारती है। दलित कविता में ईश्वर के स्थान पर मानव को रखा गया है। 'बाबूराव बगूल' की कविता की इन पंक्तियों में मानवतावाद की प्रतिष्ठा स्पष्ट झलकती है—'वेदों से पहले तू था। वेदों के परमेश्वर से पहले तू था।

निष्कर्षतः कहा जा सकता है कि दलित कविता में इतिहास और संस्कृति के सन्दर्भ में नयापन है। उसकी सांस्कृतिक चेतना पारम्परिक सांस्कृतिक चेतना से भिन्न है और इतिहास बोध में इतिहास में उपेक्षित दलित, पीड़ित पात्रों का गौरवगान है।

ग. प्रतिरोध और कला के छल का द्वन्द्व :

साहित्य कोई भी हो, दक्षिणपन्थी अथवा वामपन्थी, नीग्रो अथवा श्वेत, ग़ैर दलित अथवा दलित, उसकी प्रारम्भिक शर्त उसके साहित्य होने में है। उन मूलभूत

अर्हताओं को पूरी करने के बाद ही वह साहित्य की श्रेणी में आता है। लेकिन सवाल उठता है कि आखिर मूलभूत अर्हता है क्या ? इस पर पर्याप्त मतभेद है। ध्वनि, अलंकार, रीति, औचित्य, रस, बिम्ब, प्रतीक, भाषा, छन्द आदि कुछ ऐसे सिद्धान्त रहे हैं, जिनके माध्यम से साहित्य का आकलन किया जाता रहा है। लेकिन दलित साहित्यकारों ने इन परम्परावादी प्रतिमानों की चूलें हिला दी हैं। वे इन प्रतिमानों को नकारते हुए नये प्रतिमान स्थापित करना चाहते हैं। भाषा, वस्तु, कथ्य, संवेदना के स्तर पर वे विद्रोह का बिगुल बजाते हैं। इसीलिए उनके साहित्य पर अनेक आरोप भी लगे। जिनका उन्होंने समुचित उत्तर भी दिया। उनकी अभिधात्मक प्रस्तुति को अरोपों, प्रत्यारोपों के कटघरे में खड़ा होना पड़ा। इस सन्दर्भ में मूर्द्धन्य साहित्यकार भीष्म साहनी लिखते हैं, इसमें सन्देह नहीं कि इन्सान जहाँ सहता है, वहाँ वह विद्रोह भी करता है, दोनों प्रवृत्तियाँ इन्सान के स्वभाव में पायी जाती हैं, पर विद्रोह की आवाज रचना में खपकर आये तो वह विश्वसनीय होती है, खपकर न आये तो आरोपित होती है, बनावटी हो जाती है। वास्तव में यही रचना के रचना होने की भी शर्त है, अन्यथा वह नारेबाजी या प्रचार साहित्य हो जाता है।

दलित लेखक अस्पृश्यता तथा उपेक्षा के दंश को झेल चुके हैं, क्योंकि वे उन समाजों से आये हैं जो सदियों तक (वर्तमान समय तक) बहिष्कृत रहे हैं। अतः साहित्य उनके लिए 'शगल' नहीं, बल्कि जीने की मूलभूत शर्त है। दलित साहित्य का आधार स्तम्भ ही परिवर्तनकामी चेतना है। क्या भारतीय समाज ने पिछले तीन हजार वर्षों तक इस वर्ग को प्रतियोगिता से बाहर नहीं रखा? सम्भवतः इसी प्रवृत्ति से खिन्न होकर कँवल भारती ने जोर देकर कहा था, ''ग़ैर दलित, दलित साहित्य नहीं लिख सकता। किन्तु वहीं दूसरी तरफ निर्मला जैन का मानना है आक्रोश के पीछे अनिवार्यतः आवेग होता है, जिससे अक्सर विवेक गड़बड़ा जाता है।

ग़ैर दलित लेखकों को दलित लेखकों से यह शिकायत है कि वे उनकी ईमानदार नीयत पर सन्देह करते हैं। दलितों के लेखन की कलात्मक अभिव्यक्ति (कलात्मक अकुशलता) को भी वे इसी सहानुभूति पूर्ण दृष्टि से देखते हैं। इस सन्दर्भ में राजकिशोर का कथन समीचीन प्रतीत होता है, यह सच है कि कला और साहित्य की दुनिया में (भारत में) ऊँची जातियों का अधिकार रहा है। इसलिए अक्षरों की दुनिया में हाल ही में प्रवेश करने वाले सवर्णेतर जातियों के लेखकों से हम उस कलात्मक उत्कर्ष की उम्मीद नहीं कर सकते हैं जो एक सवर्ण लेखक को सहज ही उपलब्ध हो जाता है। वहीं दूसरी ओर महिला कथाकार रमणिका गुप्ता प्रामाणिकता के लिए जीवनानुभव को आधारशिला मानते हुए लिखती हैं दरअस्ल शिष्ट या अभिजन साहित्य इस योग्य ही नहीं है कि वह दलित, नारी या नीग्रो के मानस में सदियों से पल रहे आक्रोश अथवा पीड़ा को वाणी दे सके। उसकी

बँधी बँधाई शैली में इतना व्यापक सत्य, इतना बड़ा यथार्थ और समाज को बदलने का इतना तीव्र और दृढ़ संकल्प समा ही नहीं सकता। जहाँ शिष्ट साहित्य के विपरीत दलित साहित्य में वस्तु प्रधान होती है, जो अनुभवजन्य होती है। अनुभव का सबसे प्रामाणिक और विश्वसनीय आधार स्वयं उसका अपना जीवन होता है।

दलित साहित्य के स्वरूप, उसकी प्रतिबद्धता, उसके सरोकार और सौन्दर्यशास्त्रीय विवेचन से उसकी साहित्यिकता स्पष्ट हो जाती है। दलित साहित्य की यथार्थ चेतना और भाषिक कला पर विचार करने के लिए हमें दलित साहित्य की रचनाओं पर गौर करने की जरूरत है। पहली नजर में लगता है कि दलित साहित्य की भाषा गाली-गलौज की अश्लील भाषा है, किन्तु दलित साहित्य प्रतिरोध और बहुत हद तक प्रतिक्रिया का भी साहित्य है। अतः उसमें क्षोभ, पीड़ा और आक्रोश स्वाभाविक है। दूसरी बात कि दलित साहित्य ने परम्परागत तत्सम प्रधान, संस्कृतनिष्ठ भाषा, काव्य शैली और प्रस्तुतीकरण को नकारकर जनसामान्य को समझने लायक सर्वग्राही भाषा का प्रयोग किया। वह ऐसी भाषा का इस्तेमाल करते हैं जो दलितों की पीड़ा, अपमान और व्यथा तथा जन सामान्य की आशा, आकांक्षाओं के यथार्थ को सही अभिव्यक्ति दे सकें। इसलिए इसमें कुछ ऐसे शब्दों का भी प्रयोग हुआ है, जो साहित्य के लिए अश्लील एवं वर्जित रहे हैं। दलितों एवं ग़ैर दलितों के साहित्य के अन्तर को स्पष्ट करते हुए धर्मवीर का कहना है, सामाजिक एवं पारिवारिक सन्दर्भ में इसे सदाचार साहित्य बनाम जार साहित्य कहा जा सकता है। होता यह है कि ग़ैर दलित लेखक हमारे दलित साहित्य में लालित्य के नाम पर 'जारकर्म' ढूँढ़ते हैं। जब देखते हैं कि इसमें 'जारकर्म' नहीं है बल्कि 'जारकर्म' की भर्त्सना है, तो फिर पूछते हैं—इसे साहित्य कैसे कहा जा सकता है? अन्त में वे घोषणा कर देते हैं कि यह उनकी कसौटी का साहित्य नहीं है। रस, छन्द, अलंकार का तो नाम भर है, असल में, उनकी कला जारकर्म से सजती है।

दलित लेखक कला मूल्य की जगह सामाजिक मूल्य को महत्त्व देते हैं। आज के दलित लेखन पर साहित्यिक मठाधीशों को चाहे वे शुद्ध साहित्यवादी हो अथवा प्रगतिवादी उन्हें अपना मौन तोड़ना ही होगा। दलितों ने अपने कर्त्तव्य के साथ अधिकार की न्यायिकता का सवाल खड़ा किया है। निःसन्देह यह कलम तो धारदार है, पैनी भी शायद इसलिए चुभ-चुभ गड़ती भी है।

दलित लेखन में कलात्मक अभिव्यक्ति की कमी के तर्क का जवाब देते हुए ओमप्रकाश वाल्मीकि का ठीक ही कहना है—दलितों के कष्टमय दारुण जीवन की अभिव्यक्ति आभिजात्य भाषा में लपेटकर नहीं रखी जा सकती है। यही कारण है, वे इसे भाषिक स्तर पर अनगढ़, अश्लील, असांस्कृतिक और घोर अनैतिक देखते हैं। ठीक इसके विपरीत हिन्दी का तमाम लेखन जिसकी श्रेष्ठता का डंका पीटा जाता है, वह दलितों को काल्पनिक, बनावटी, अयथार्थवादी, वर्ण-व्यवस्था

का पोषक दिखायी पड़ता है। उसे पूरे साहित्य में अपनी जिजीविषा कहीं दिखायी नहीं पड़ती जबकि समाज के हर मोर्चे पर वह उपस्थित है। दलित चेतना का यह प्रवाह बनावटी और संकीर्णतावादी साहित्य को चुनौती दे रहा है। वहीं दलित साहित्य के प्रतिष्ठित रचनाकार मोहनदास नैमिशराय का कहना है, दलित कविता एक सामाजिक आन्दोलन का सामाजिक प्रतिफलन है। अन्य काव्यधाराओं और साहित्यिक परम्पराओं की अपेक्षा उसका सीधा सम्बन्ध जीवन की जमीन से है।

कला और साहित्य के नियम भौतिक जगत तथा मानव समाज के विकास के साथ-साथ निश्चित नियमों के अनुसार परिवर्तित होते रहते हैं। प्रत्येक ऐतिहासिक काल के अपने सौन्दर्यात्मक आदर्श होते हैं, तथा अपने समय और सामाजिक परिवेश के अनुसार वह साहित्यिक कृतियों का सृजन करता है। इस सन्दर्भ में अमल सिंह 'भिक्षुक' का कहना है, "दलित साहित्य एक साहित्यिक ज़ेहाद है। इसमें कलात्मकता के लिए कोई स्थान नहीं है। जब दलित साहित्य में साहस और सत्य का ताप है ही, तो यातना के यथार्थ का वर्णन करने के लिए कलात्मकता की क्या आवश्यकता है? वह हो या न हो, क्या फर्क पड़ता है?"

दलित साहित्य समाज, संस्कृति या साहित्य में किसी भी प्रकार के वर्चस्ववाद का विरोध करता है। कलात्मक पैंतरेबाजी, जातिवाद, धार्मिक रूढ़ि एवं सामन्ती सोच के विरुद्ध दलित साहित्य की सांस्कृतिक चेतना उसे जन सामान्य की सोच के करीब लाती है, किन्तु कुछ आलोचक इस सांस्कृतिक चेतना को साम्प्रदायिक और संकीर्ण बताते हुए उसे राष्ट्रीयता का विरोधी भी बताते हैं। इसी सन्दर्भ में मैनेजर पाण्डेय का कहना है, दलित साहित्य के रचनाकार तब भी थे, जब कोई दलित आन्दोलन नहीं था, क्योंकि यातनाग्रस्त व्यक्ति को चीखने से कोई रोक नहीं सकता और दलित साहित्य एक स्तर पर यातना से पैदा हुई चीख का ही साहित्य है। यही प्रतिरोध का स्वर हमें सर्वत्र सुनायी पड़ता है। ग़ैर दलित साहित्य एवं दलित साहित्य के सौन्दर्यशास्त्र पर अपना मत व्यक्त करते हुए ओमप्रकाश वाल्मीकि का कहना है, संस्कृत साहित्य के प्रति हिन्दी लेखकों का मोह संस्कारगत था। उनकी सामाजिक, धार्मिक सोच उन्हें संस्कृत साहित्य की ओर ही आकर्षित करती थी जबकि हिन्दी साहित्य के विकास की स्थितियां संस्कृत साहित्य से भिन्न थीं, परिवेश भिन्न था। जहाँ सिद्ध कवियों, नाथों का जीवन और उनकी अभिव्यक्ति उन्हें संस्कृत साहित्य से अलग करती थी वहीं उनके मूल्य और आदर्श भी भिन्न थे। फिर भी हिन्दी साहित्य के मूल्यांकन के लिए संस्कृत साहित्य को ही आधार बनाया गया। इसका कारण ब्राह्मणवादी सोच का वर्चस्व था। रामचन्द्र शुक्ल अपने हिन्दी साहित्य का इतिहास में निर्गुण ज्ञानाश्रयी शाखा के सन्दर्भ में लिखते हैं— इस पन्थ का प्रभाव शिष्ट और शिक्षित जनता पर नहीं पड़ा क्योंकि उसके लिए न तो इस पन्थ में कोई नयी बात थी, न नया आकर्षण। संस्कृत बुद्धि, संस्कृत

हृदय और संस्कृत वाणी का वह विकास इस शाखा में नहीं पाया जाता जो शिक्षित समाज को अपनी ओर आकर्षित करता पर अशिक्षित एवं निम्न श्रेणी की जनता पर इन सन्त महात्माओं का बड़ा भारी उपकार है। शुक्ल जी के इस मत का विरोध करते हुए कँवल भारती का कहना है, जहाँ तक संस्कृत, बुद्धि संस्कृत हृदय और संस्कृत वाणी की बात है, आचार्य शुक्ल का यह मत सही है कि दलित सन्तो में उसका विकास नहीं हुआ जो उनके शिक्षित अर्थात् द्विज समाज को आकर्षित करता लेकिन आचार्य शुक्ल का संस्कृत से अभिप्राय भाषा विशेष से नहीं है वरन् वर्णाश्रम की व्यवस्था को दृढ़ता से लागू करने वाली स्मृतियों ने जो संस्कार हिन्दू समाज को दिये थे उनसे निर्मित चेतना से है, किन्तु दलित वर्गों के सन्त कवियों ने उस चेतना को तोड़ा था; क्योंकि उनकी मानवीय अनुभूतियाँ समग्र मानवता के विकास से जुड़ी थीं। वे सामाजिक विषमता के विरोधी और स्वतन्त्रता, समानता तथा बहुजन बुद्धि, बहुजन हृदय और बहुजन वाणी की अभिव्यक्ति है। इस दृष्टि से आधुनिक दलित साहित्य ही नहीं सम्पूर्ण हिन्दी साहित्य की प्रगतिशील धारा भी दलित सन्त काव्य की ऋणी है। हिन्दी साहित्य की मुख्य धारा का सौन्दर्यशास्त्र संस्कृत और अंग्रेजी के सौन्दर्यशास्त्र पर आधारित है, इसलिए उनकी कसौटियाँ दलित साहित्य के मूल्यांकन में सक्षम साबित नहीं हो सकतीं क्योंकि संस्कृत साहित्य का आधार ब्राह्मणवादी और सामन्तवादी व्यवस्था है, जबकि पश्चिमी सौन्दर्यदृष्टि सामन्तवादी के साथ-साथ पूँजीवादी भी है। दलित साहित्य दोनों प्रवृत्तियों का विरोध करता है। इस सन्दर्भ में मस्तराम कपूर का कहना है—पश्चिमी साहित्यशास्त्र के सम्पर्क में आने के बाद भी हमने अपनी धारणाओं पर पुनर्विचार नहीं किया, बल्कि उसकी जैसे-तैसे अपने साहित्य के साथ संगति बैठाने की कोशिश की। रामचन्द्र शुक्ल ने यह काम इतनी चतुराई से किया कि पश्चिमी साहित्य शास्त्र की अवधारणाओं को भारतीय साहित्यशास्त्र की मूल धारणाएँ बना दिया। रस की सिद्धावस्था, साधनावस्था, साधारणीकरण और कविता का भावयोग आदि शब्द इसे इंगित करते हैं। दलित साहित्य विद्रोह एवं नकार के संघर्ष से उपजा है, घोषित रसों के द्वारा दलित रचनाओं के इस केन्द्रीय भाव का मूल्यांकन नहीं हो सकता है। इस सन्दर्भ में एन. सिंह का कथन है—दलित साहित्य का शब्द सौन्दर्य प्रहार में है, सम्मोहन में नहीं। वह समाज और साहित्य में शताब्दियों से चली आ रही सड़ी गली परम्पराओं पर बेदर्दी से चोट करता है। वह शोषण एवं अत्याचार के बीच हताश जीवन जीने वाले दलित को लड़ना सिखाता है। वह सिर पर पत्थर ढोने वाली मजदूर महिला को उसके अधिकारों के विषय में बतलाता है। उसे धर्म की भूल-भुलैया से निकालकर शोषण से मुक्ति का मार्ग दिखाता है। उसके लिए जिस प्रहार क्षमता की आवश्यकता है। वह उसमें है और यही दलित साहित्य का शिल्प सौन्दर्य है।

दलित साहित्य की अन्तर्चेतना में वेदनामूलक संघर्ष भाव की प्रधानता है जो यातना से उपजी है, राजेन्द्र यादव का कथन है, साहित्य जिन तत्त्वों से अमर, स्थायी या सार्वभौमिक होता है, उनमें तीन मुझे सबसे प्रमुख लगते हैं : संघर्ष, यातना (सफरिंग) और विजन वे आगे कहते हैं—जो नया सौन्दर्यशास्त्र बनेगा, वह संघर्ष से शुरू होगा, उस यातना से शुरू होगा, चाहे वह उसका रिअलाइज करने अथवा उस यातना को, उसकी तकलीफ को, उसके भेदक रूप को समझने के रूप में हो, और उसके बाद बदलने की मानसिकता के रूप में हो, जिसे हम संघर्ष कह सकते हैं। तीसरा एक स्वप्न के रूप में होगा, हमें करना क्या है? हमें समानान्तर सौन्दर्यशास्त्र देना है, वैकल्पिक समाज बनाना है, यह सारा संघर्ष साहित्य में भी है और समाज में भी। ललित साहित्य या पारम्परिक साहित्य का मूल प्रयोजन क्या है—आनन्द के लिए रसोत्पत्ति। यह आनन्द रस क्षणिक होता जिसे दलित साहित्य स्वीकार नहीं करता, एक दलित जिस उत्पीड़न को भोगकर दुःख वेदना से साक्षात्कार करता है, वह आनन्ददायक कैसे हो सकता है? दलित साहित्य आत्मानुभूति की अभिव्यक्ति करता है इसीलिए उसकी श्रेष्ठता शब्दजीवी नहीं है न शाब्दिक चमत्कारों तक ही सीमित है। अर्थ गाम्भीर्य दलितों का स्वीकृत जीवनमूल्य है। जिस पर दलित साहित्य का सौन्दर्यशास्त्र टिका है। इसी आधार पर ओमप्रकाश वाल्मीकि का कहना है कि—ऐसी वर्ण-व्यवस्था से उपजी विषमताओं और विसंगतियों को दृष्टि में रखकर ही दलित साहित्य का विश्लेषण करके, सौन्दर्यशास्त्र और साहित्यिक मूल्यांकन के अध्ययन की दिशा में आगे बढ़ सकते हैं। साहित्यिक सृजन दलित जीवन के यथार्थ को प्रतिबिम्बित करने के साथ ही उसे पहचानने का भी एक साधन है। साहित्य और कला के प्रति यह दृष्टिकोण सामाजिक व्यवस्था में साहित्य के महत्त्व का उचित मूल्यांकन भी है। प्रकृति की तरह साहित्य, समाज और चिन्तन भी परिवर्तनशील है। ऐसा कोई शाश्वत सिद्धान्त नहीं है जिसके आधार पर सौन्दर्य मूल्य निर्धारित किये जा सकें।'' अतः इस कार्य में दर्शन एवं पाण्डित्यपूर्ण प्रदर्शन की कोई आवश्यकता नहीं है।

दलित एवं ग़ैर दलित कवियों के काव्य का अन्तः सम्बन्ध

(क) स्वतन्त्रता पूर्व दलित एवं ग़ैर दलित काव्य का परिदृश्य

दलित और ग़ैर दलित काव्य के अन्तः सम्बन्धों पर दृष्टिपात करने से पूर्व हमें यह देखना आवश्यक है कि स्वतन्त्रता के पूर्व दलितों और ग़ैर दलितों द्वारा सृजित काव्य का स्वरूप क्या है? जहाँ तक दलितों द्वारा लिखे गये स्वानुभूतिपरक काव्य का प्रश्न है उस सम्बन्ध में भारतेन्दु युगीन हिन्दी कविता लगभग मौन दिखायी पड़ती है। फिर भी जय प्रकाश कर्दम का मानना है कि हाल के वर्षों में हुए खोजों से पता चला है, भारतेन्दु हरिश्चन्द्र के समकालीन मारकण्डे दलित कवि थे। वे 'चिरंजीत' उपनाम से लिखते थे। वे मोची जाति के थे। उसी काल में इलाहाबाद निवासी 'परसन' नामक दलित कवि भी कविताएँ लिखते थे। मारकण्डे दास की रचनाएँ शृंगारिकता और भक्ति भावना से ओत-प्रोत हैं। उनकी कुछ रचनाएँ सामाजिक चेतना की वाहक भी हैं। मारकण्डे कवि की कविता द्रष्टव्य है—

गनपत चरन सरन मैं तोहरो हम पर करउ दया तूँ आज।
आठ सिद्धि नवनिधि के दाता, सकल सुधारेला काज।।

× × ×

जोबना भइल मतवाल, वारी ननदी,
पिया निरमोहिया सवत संग रीझे भेजे नहीं तनिक हवाल वारी ननदी।

जहाँ तक ग़ैर दलितों द्वारा लिखे गये सहानुभूतिपरक काव्य का प्रश्न है तो मोटे तौर पर आधुनिक हिन्दी कविता की शुरुआत भारतेन्दु युग से मानी जाती है। भारतेन्दुयुगीन कवियों में भारतेन्दु हरिश्चन्द्र, चौधरी बद्रीनारायण उपाध्याय 'प्रेमघन', प्रताप नारायण मिश्र, ठाकुर जगमोहन सिंह, अम्बिका दत्त प्रसाद व्यास इत्यादि प्रमुख हैं। यह सच है कि इनमें से कोई भी दलित नहीं है लेकिन इनकी रचनाओं में दलित दर्शन तो पूर्ण रूप में देखने को नहीं मिलता बावजूद इसके इन्होंने दलितों की भावनाओं को संस्पर्श जरूर किया है।

भारतेन्दु युगीन काव्य के वैविध्य पर किशोरीलाल गुप्त का मानना है, "भारतेन्दु ने देश-भक्ति, राजभक्ति, समाज-सुधार, स्वदेशीयता, हिन्दुत्व, हिन्दी प्रेम आदि

विषयों पर कविताएँ लिखकर काव्य की संकीर्ण सीमा का विषय विस्तार किया और अपनी प्रगतिशीलता का परिचय दिया।'' भारतेन्दु बाबू हरिश्चन्द्र ने समाज सुधार के अन्तर्गत दलितों के प्रति होने वाले भेदभाव को सच्चे धर्म का विरोधी बताया। धर्म और छुआछूत पर व्यंग्य करते हुए लिखते हैं, बहु हमने फैलाए धर्म। बढ़ाया छुआछूत का कर्म। भारतेन्दु ने छुआछूत, धार्मिक पाखण्डों, वर्ण-व्यवस्था एवं अन्य आडम्बरों पर करारी चोट की है।

यारो यह नहिं सच्चा धरम।
छू-छू कर या नाक मूँदकर जो कि बढ़ाया भरम।
बंधन ही में डालैगे यह बुरे-भले सब करम।।

वहीं आगे भारतेन्दु ने उच्च जातियों द्वारा दलितों के प्रति उपेक्षापूर्ण बर्ताव को निन्दनीय माना है। 'उच्च जातियों द्वारा दलितों के यहाँ न खाने-पीने के सन्दर्भ में वे पुराणों की रचना को दोषी मानते हैं—

रचि बहु बिधि के वाक्य पुरानन माँहि घुसाए।
जाति अनेकन करी नीच अरु ऊँच बनायो
खान-पान सम्बन्ध सबन सों बरजि छुड़ायो।।

भारतेन्दु ने अपने काव्य के साथ-साथ गद्य विधाओं में भी दलितों से सम्बन्धित रचनाएँ कीं। भारतेन्दु ने अपने नाटकों के अन्तर्गत जो काव्य पंक्तियाँ उद्धृत की हैं, उनमें भी हमें कहीं-कहीं दलित चेतना दिखायी पड़ती है। वर्ण-व्यवस्था के पोषकों द्वारा किये गये मदिरापान पर तीखा व्यंग्य करते हुए भारतेन्दु ने 'वैदिकी हिंसा हिंसा न भवति', प्रहसन में लिखा है कि कौन-सा ऐसा वर्ण है जो मदिरा पान नहीं करता है, मुझे कोई बताये?

ब्राह्मण क्षत्री वैश्य अरु सैयद सेख पठान।
दै बताइ मोहि कौन जो करत न मदिरा पान।।
ब्राह्मण सब छिपि-छिपि पियत जामैं जानि न जाय।
पोथी के चोंगान भरि बोतल बगल छिपाय।।
वैष्णव लोग कहावही कंठी मुद्रा धारि।
छिपि-छिपि के मदिरा पियहिं यह जिय मांझि बिचारि।।

भारतेन्दु ने अपनी 'प्रेमयोगिनी नाटिका' के अन्तर्गत काशी जैसे तीर्थ स्थान में फैले व्यभिचार, पाखण्ड तथा काशी में रहने वाले हीन चरित्र निवासियों तथा वहाँ की गन्दगी का बड़ा ही व्यंग्यपूर्ण तथा यथार्थ चित्रण किया है—

देखी तुमरी कासी लोगों देखी तुमरी कासी।
आधी कासी भाट भंडेरिया ब्राह्मण और संन्यासी।।
आधी कासी रण्डी मुण्डी राँड़ खानगी खासी।
मैली गली भरी कतवारन सड़ी चमारिन पासी।

नीचे नल से बदबू उबलै मनो नरक चौरासी।
घर की जोरू लड़के भूखे बने दास औ दासी।।

भारतेन्दु उच्चकोटि के निबन्धकार थे। भारतेन्दु हरिश्चन्द्र ने नाटक के साथ-साथ निबन्धों में भी दलितों के बारे में लिखा है। 'भारतवर्ष की उन्नति कैसे हो सकती है?' शीर्षक निबन्ध में देश उन्नति के लिए, निम्नवर्गीय जातियों को सम्मान देने की बात करते हुए, वे आपसी एकता पर जोर देने की वकालत करते हैं— जाति में कोई चाहे ऊँच हो, चाहे नीचा हो सबका आदर कीजिये, जो जिस योग्य हो, उसको वैसा मानिये। छोटी जाति के लोगों का तिरस्कार करके उनका जी मत तोड़िये। सब लोग आपस में मिलिये, आपस में प्रेम बढ़ाओ। इस महामन्त्र का जाप करो। जो हिन्दुस्तान में रहे, चाहे किसी रंग, किसी जाति का क्यों न हो वह हिन्दू है। हिन्दू की सहायता करो।

भारतेन्दुयुगीन कवियों में प्रतापनारायण मिश्र ने भी दलितों को अपना काव्य विषय बनाया है तथा दलित सम्बन्धी कुछ कविताएँ भी लिखीं। यों तो प्रतापनारायण मिश्र वर्ण-व्यवस्था के पक्के समर्थक थे। बावजूद इसके उन्होंने चारों वर्णों के पहले की स्थिति के साथ वर्तमान स्थिति की तुलना करते हुए उस पर क्षोभ प्रकट किया है। उन्होंने लिखा है, प्राचीन काल में जहाँ विप्रगण विद्या हित के लिए सुख से जीवन व्यतीत करते थे, वहीं अब ब्राह्मण सब निरक्षर बन गये और लोटा भर भाँग पीकर मस्त हैं। प्राचीन काल में जहाँ क्षत्रिय लोग संसार जीतने के लिए युद्ध करते थे, अब वे स्त्री की भाँति मुख चिकनाकर बाल सँवार कर बैठे हैं। उस समय शूद्र जहाँ श्रद्धा समेत उच्च वर्णों की सेवा करता था, किन्तु प्रताप नारायण मिश्र को दुःख है कि वर्तमान समय के शूद्र अंग्रेजी पढ़कर बाबू बन गये हैं, और द्विजों (ब्राह्मण) का अपमान कर रहे हैं—

जहाँ विप्रगण विद्या हित, जीवन सुख देत बिताई।
तहँ बाभन सब बने निरच्छर, लुटियन भाँग चढ़ाई।।
छत्रिय जहाँ जगत जीतन को, अकिले समर बिराखै।
मुख चिकनाइ समाँरि केश तँह, तिय बनिबो अभिलाखै।।
चारि खूट सो धन लावत हैं, बैश्य बंश जहँ केरे।
कर पर कर धरि तहँ हाटन महँ, झींखत साँझ सबेरे।।
शूद्र करत श्रद्धा समेत जँह, तीन वरन की सेवा।
तहँ बाबू बनि पढ़ि अंगरेजी निदरत द्विज मुनि देवा।।

वहीं आगे चारों वर्णों के कर्त्तव्यच्युत होने पर प्रतापनारायण मिश्र उनकी वर्तमान दीन-हीन दशा का चित्रण करते हुए लिखते हैं कि विप्र भिखारी हो गये हैं, दूसरों के वशीभूत राजा (क्षत्रिय) अपने कीर्त्ति का विस्तार कैसे करें ? शूद्र अब बाबू बन गये हैं वे क्यों किसी की सेवा शुश्रूषा करें—

बिप्र भिखारी भए पेट पालैं कै धर्म प्रचार करैं।
परवश परि कै, नृपति नाचैं कै यश बिस्तार करैं।।

बिन विद्या बिन बुद्धि बणिक कैसे कल्पित व्यापार करैं।
बाबू बनि कै शूद्र केहि की सेवा स्वीकार करैं।।

दलितों की दीन हीन दशा को चित्रित करते हुए प्रतापनारायण मिश्र लिखते हैं कि दिन- पर-दिन उनकी दशा बिगड़ती ही जा रही है। अपने पुराने दिनों को स्मरण करने पर उनको यह जीवन व्यर्थ प्रतीत हो रहा है—

दिन दिन दूनी दीन दसा सों, दलित रहत व्याकुल नर बाम।
सुधि करि करि बीते दिवसन की, जीवन जचत वृथा बसु जाम।

आगे वे लिखते हैं, जिस दलित को लोग अपने हाथों से पानी तक नहीं देते फिर भी वह उनकी सेवा करता है। इस स्थिति में वह किस मुँह से उन्हें प्रणाम करें?

इन हाथन सों देहिं कहा जल, जे सेवहिं पर चरन मुदाम।
रहत विश्व पदत्रान दलित नित, तेहि सिर सों किमि करैं प्रणाम।।

बद्री नारायण चौधरी 'प्रेमघन' को भारतेन्दु युगीन कवियों में महत्त्वपूर्ण स्थान प्राप्त है। 'प्रेमघन' ने भारतेन्दु की तरह विविध विषयों पर कविताएँ लिखी हैं। फिर वे दलितों पर कविता लिखना कैसे भूल जाते? 'मछरि मराव' शीर्षक कविता में उन्होंने निम्न जाति के बालकों द्वारा मछली पकड़ने का बड़ा ही मार्मिक एवं सजीव चित्रण किया है—

नीच जाति के बालक खेतन मैं पहरा धरि।
मारत मछली सहरी अरु सौरी गगरिन भरि।।
युव जन छीका और जाल लीने दल-के-दल।
मत्स मारिबे चलत नदी तट अति गति चंचल।।

आगे कवि प्रेमघन ने 'निरवाही' शीर्षक कविता में निम्नवर्गीय जाति की स्त्रियों की वेशभूषा और धान के खेत में निरौनी करने का बड़ा ही सजीव चित्रण किया है—

होत निरौनी जबै धान के खेतन माहीं
अवलि निम्न जातीय जुबति जन जुरि जहँ जाहीं
तुच्छ बसन भूषण संग शोभा घनी लखावैं
दियो रूप सम जिन ऊँचे अरु नीचन-बीचन।।

'प्रेमघन' अपने 'पितर प्रलाप' शीर्षक कविता में भारतवासियों द्वारा अपने आदर्शों से च्युत हो जाने पर तथा उनमें आचार-विचार तथा संस्कार के लोप हो जाने पर क्षुभित होते हैं। इस कविता में तत्कालीन राजनैतिक, धार्मिक, सामाजिक समस्याओं का सुन्दर चित्र अंकित है। ब्राह्मण, वैश्य, क्षत्रिय तथा शूद्रों द्वारा कर्त्तव्यच्युत होने पर उनके वर्तमान दशा पर क्षोभ प्रकट करते हैं। प्राचीन काल में जो शूद्र तीन वर्णों की सेवा शुश्रूषा के लिए था, अब वह ब्राह्मणों को उपदेश दे रहा है, तेली और कुम्हार वेदों का पाठ कर रहे हैं, चमार, कलवार जातियां रामायण एवं महाभारत जैसे महाकाव्यों का पाठ कर रही हैं, जो उनके लिए उस समय वर्जित था—

अटकोटा को घसि तिलक, लम्बी लिये लगाय।
मन्त्र न जानै भल रहे, गबड़-गबड़ बतुआय।।
आवै जाय न मन्त्र कछु, पढ़े लिखे है नाहिं।
धोबिन बिन धोए बसन, व्याकुल बैठी धाम।।
रुजगारी नाऊ, रहे सोय बिना, कुछ काम।।
अस्त्र-शस्त्र ढोवत रहे, जे सब छत्री लोग।
बोझा ढोवत आज लखि, तिन्हें होत अति सोग।।
वैश्य वरण सब घूमते, माँगत भीख मुदाम।
शूद्र द्विजन उपदेशते, कहि-कहि कथा ललाम।।
लिये बेद अब बाँचही, तेली और कुम्हार।
रामायण भारत कहत, हैं कलवार चमार।।

'प्रेमघन' ने 'जातीय गीत' शीर्षक कविता में शूद्रों के राजा होने पर क्षोभ प्रकट किया है। साथ ही उनका मानना है कि शूद्रों के राजा होने पर ही आर्यत्व एवं तेज का विनाश हुआ है। इस सन्दर्भ में वे लिखते हैं—

चन्द्रगुप्त सम होन लगे नृप, यवनि रानी आय।
गयो तेज वह आरजता नसि सूद्र कहाए राय।।

भारतेन्दु युगीन कवियों ने दलितों के पक्ष और विपक्ष दोनों से सम्बन्धित कविताएँ लिखी हैं लेकिन यह सच है कि भक्तिकाल के बाद भारतेन्दु युग में दलित पुनः कविता के केन्द्र में आया। भारतेन्दु युग के परवर्ती साहित्यकारों ने भारतेन्दु द्वारा दलितों के पक्ष में चलाये गये आन्दोलन का विकास किया।

हिन्दी के प्रख्यात कथाकार एवं विचारक राजेन्द्र यादव ने यह सवाल उठाया है, 1850-1950 तक इन सौ वर्षों के हिन्दी साहित्य में प्रेमचन्द और महादेवी वर्मा आदि एक दो अपवादों को छोड़कर सारे लेखक एक ही जाति या वर्ण विशेष के क्यों? क्या कारण है कि वे सभी द्विज हैं और उनमें अपवाद स्वरूप भी कोई दलित लेखक नहीं है? यह सवाल महत्त्वपूर्ण है। इसका क्या कारण हो सकता है। यह कहना कदाचित् गलत होगा कि इन सौ वर्षों में कोई भी दलित लेखक नहीं हुआ। दरअस्ल राजेन्द्र यादव के महत्त्वपूर्ण सवाल का सम्बन्ध हिन्दी साहित्य के इतिहास से जुड़ा है। हिन्दी साहित्य का इतिहास लिखने वालों के बारे में यह धारणा नहीं बना सकते कि उन्हें दलित लेखकों की जानकारी न हो, जबकि हीरा डोम और अछूतानन्द तो सर्वविदित थे ही, लेकिन हम यह धारणा बनाये बिना नहीं रह सकते कि इतिहास लेखकों ने अपने जातीय पूर्वाग्रहों के कारण दलित लेखकों की उपेक्षा की है।

द्विवेदी युगीन दलित लेखकों में हम हीरा डोम और अछूतानन्द के साहित्य को रख सकते हैं। हीरा डोम एवं अछूतानन्द में पहला दलित कवि कौन है? इसको लेकर आज तक विद्वानों में मतभेद है, कुछ विद्वान हीरा डोम को पहला दलित कवि मानते

हैं, तो कुछ विद्वान अछूतानन्द 'हरिहर' को। इस सन्दर्भ में चमनलाल का यह मत द्रष्टव्य है— "हिन्दी में अभी तक आधुनिक दलित साहित्य का आरम्भ 1914 ई. में प्रकाशित हीरा डोम की कविता 'अछूत की शिकायत' से माना जाता है, लेकिन दलित आकलन को गति देने वाले सामाजिक व्यक्तित्व स्वामी अछूतानन्द 'हरिहर' के काव्य के प्रकाश में आने के बाद यह तारीख 1914 से हटकर बीसवीं सदी के बिल्कुल शुरू में ही चली जाती है। अतः आधुनिक हिन्दी दलित साहित्य के अग्रदूत स्वामी अछूतानन्द स्वीकार किये जा सकते हैं।" आगे वे कहते हैं स्वामी अछूतानन्द 'हरिहर' का साहित्य प्रकाश में आने से उनको हिन्दी में आधुनिक दलित साहित्य का जनक माना जा सकता है व हीरा डोम की कविता उनकी परवर्ती कविता कही जा सकती है। अछूतानन्द के काव्य में शिल्पगत प्रौढ़ता भी है।" वहीं इस सन्दर्भ में गुरु प्रसाद 'मदन' का कहना है—"स्वामी अछूतानन्द हरिहर हिन्दी दलित साहित्य के प्रथम कवि, प्रथम उपन्यासकार, प्रथम नाटककार, और प्रथम सम्पादक हैं। स्वामी जी की प्रकाशित रचनाएँ वर्ष 1912-13 से ही मिलनी आरम्भ होती हैं। उनका पहला कविता संग्रह इसी वर्ष 1912 ई. में प्रकाशित हुआ था, किन्तु उनका रचना कर्म 1912-13 ई. से पहले ही शुरू हो गया था।" वहीं कँवल भारती का मानना है यदि हम स्वामी जी के युग में दलित कविता की पड़ताल करें, तो बिला शक हमारी शुरुआत हीरा डोम की कविता 'अछूत की शिकायत' से ही होगी। हीरा डोम की कविता भोजपुरी में है, जो उनके परिवेश की, उनके जीवन की और संघर्ष की भाषा है। सम्प्रेषण की दृष्टि से वही कवि जन कवि माना जाता है जो अपनी भाषा में कविता करता है।" आगे वे कहते हैं— "काल की दृष्टि से हीरा डोम का स्थान स्वामी जी के परवर्ती ही ठहरता है।" वे भी स्वामी जी को ही प्रथम दलित कवि मानने का आग्रह करते हैं। वहीं चमनलाल का मानना है "स्वामी अछूतानन्द की कविता पारम्परिक रूप में रची कविता है, जो सोद्देश्य रचना के रूप में रची गयी है। दलित साहित्य का आरम्भ सोद्दश्य रचनाशीलता से ही हो सकता था। दलित साहित्य अपनी पीड़ा व्यक्त करने व समाज में परिवर्तन की आकांक्षा से रचा जाने वाला साहित्य है, जिसे स्वामी अछूतानन्द के रूप में सम्मानजनक पुरोधा मिले।" राजेन्द्र प्रसाद सिंह, निरंजन कुमार आदि आलोचकों का मानना है कि आधुनिक हिन्दी के पहले दलित कवि हीरा डोम ही हैं।

हीरा डोम सम्बन्धी अधिक जानकारी नहीं मिलती। वे वाराणसी के थे और सितम्बर, 1914 में उस समय की सर्वाधिक प्रतिष्ठित पत्रिका 'सरस्वती' में उनकी कविता 'अछूत की शिकायत' छपी, जो भोजपुरी उपभाषा में रचित है। इस गेयात्मक कविता में करुणा की प्रधानता है और दलित हृदय की पीड़ा, संवेदना से व्यक्त हुई है। स्वामी अछूतानन्द के व्यक्तित्व एवं कृतित्व पर प्रकाश डालते हुए वरिष्ठ आलोचक कँवल भारती का कहना है, स्वामी अछूतानन्द 'हरिहर' उस तरह के कवि नहीं थे कि

दलितों के दुःखों का मार्मिक वर्णन करके लोगों की सहानुभूति हासिल करते या हिन्दुओं तथा भगवानों से दलितों के कष्टों का निवारण करने की अपीलें करते। वे दलितों की सामाजिक दुर्दशा के मूल में जाकर उस ज्ञान तक पहुँच चुके थे, जिसे खोकर उनका पतन हुआ था। इसी ज्ञान को उन तक पहुँचाने के लिए उन्होंने कविता कर्म किया था। उनकी कविता में इतिहास की गवेषणा थी, शोषण और अन्याय पर आधारित व्यवस्था की आलोचना थी और एक नवजागरण का मूर्त रूप था। कल्पना लोक के कवि न हीरा डोम थे न स्वामी जी। उन्होंने अपने समय की काल्पनिक हिन्दी कविता के समानान्तर सामाजिक सरोकारों की कविता की। उन्होंने कोटि-कोटि पद दलितों में नया विमर्श और विद्रोह पैदा करने के लिए कविता की, उन्होंने अपनी कविता में उस यथार्थ को उद्घाटित किया, जिसे तथाकथित हिन्दी नवजागरण के द्विज कवियों ने उपेक्षित किया था।'' हीरा डोम एवं स्वामी अछूतानन्द ने अपने कविता कर्म से इसी सौन्दर्य, विचार और सामाजिक मूल्य को उद्घाटित किया। हिन्दुओं के लिए 'मनुस्मृति' की व्यवस्था सत्य भी थी, शिव भी थी और सुन्दर भी थी। तुलसीदास ने इसी व्यवस्था को स्थापित भी किया था। इसीलिए हिन्दी के प्रायः सभी द्विज आलोचकों ने तुलसीदास की प्रशंसा की है। स्वामी अछूतानन्द ने मनु की व्यवस्था को न सत्य माना, न शिव और न सुन्दर। वे लिखते हैं— वह व्यवस्था कैसे सुन्दर हो सकती है? जो द्विज जातियों को शासक बनाये और शूद्रों को दास तथा उन्हें पुराने उतरन, पहनने को कहे, धन जोड़ने से मना करे, उन्हें नीच माने और गाँव के बाहर बसाने को कहे—

ब्राह्मण व क्षत्रियों को सबका बनाया अफसर।
हमको 'पुराने उतरन' पहनो बता रही है।।
दौलत कभी न जोड़े, गर हो तो छीन लें वह।
फिर नीच कह हमारा, दिल भी दुखा रही है।
हा शोक! ग्राम बाहर, हमको बसा रही है।।

दलितों पर उस समय जुल्म ढाये जा रहे थे, उनसे बेगार लिया जाता था। बिना मजदूरी दिये बैलों की तरह काम तो लिया ही जाता था। उनको मारा-पीटा जाता था सो अलग—

हमको बिना मजूरी बैलों के साथ जोतें।
गाली व मार उस पर हमको दिला रही है।।
लेते बेगार, खाना तक पेट भर न देते।

स्वामी जी ने अछूतों पर इस अत्याचार के लिए हिन्दू कानून को ही उत्तरदायी माना है, जिसके निर्माता मनु थे। इस कानून ने ऐसी सामन्तवादी समाज व्यवस्था का निर्माण किया था, जो बीसवीं सदी में भी जीवित थी। यदि हिन्दी नवजागरण के किसी भी कवि ने इस व्यवस्था का खण्डन नहीं किया, तो इसलिए कि वह उनकी अनुभूति ही नहीं थी, किन्तु दलित कवि के लिए न केवल यह उसकी अनुभूति थी, अपितु

उसकी पीड़ा भी थी। दलित कवि इस मनुवादी व्यवस्था के पोषकों द्वारा अछूतों पर किये गये अत्याचारों से आहत होकर शाप देता है— हे हिन्दू कौम सुन ले, तेरा भला न होगा। हम बेकसों को 'हरिहर' गर तू रुला रही है।

दलित जातियों ने किसी भी समय में ऐसी सामन्ती व्यवस्था का कभी समर्थन नहीं किया, जो व्यक्ति की स्वतन्त्रता, समता और बन्धुता के विरुद्ध हो तथा मानवता को अपमानित करती हो। फिर भी दलितों के प्रतिरोध को ब्राह्मणवादी शक्तियाँ सत्ता की ताकत से हमेशा कुचलती रही हैं। स्वामी जी का इस सन्दर्भ में कहना है—तपस्वी शम्बूक का सिर इसलिए काट दिया गया कि शूद्रों का तप करना उस समय अपराध माना जाता था। एकलव्य का अंगूठा भी काट लिया गया, क्योंकि वह क्षत्रियों से बाण विद्या में ज्यादा कुशल था—

तपस्वी सन्त श्री शम्बूक का सिर भी गया काटा।
महा अपराध तप करना, गया उनका बताया है।।
गया काटा अंगूठा श्री धनुर्धर एकलव्य जी का।
कहा क्यों बाण विद्या में आर्य क्षत्री लजाया है।।

स्वामी जी ने हिन्दू धर्मशास्त्रों के इस सत्य का खण्डन किया कि दलित जातियां वर्ण संकर हैं। वर्ण संकर का सिद्धान्त इतिहास की उपेक्षा ही नहीं वरन् दलित जातियों का अपमान भी है। वर्ण संकर जातियों का पूरा सिद्धान्त ही अवैज्ञानिक है। स्वामी जी ने इस सिद्धान्त को खण्डित करते हुए लिखा है, हिन्द की सबसे प्राचीन सभ्य जाति हम लोग हैं, हम लोगों को शूद्र बनाया गया है, असली सरदार (श्रेष्ठ) कभी हम हुआ करते थे—

हैं सभ्य सबसे हिन्द के प्राचीन हैं हकदार हम।
हाँ-हाँ! बनाया शूद्र हमको, थे कभी सरदार हम।।

निःसन्देह यह जातीय जागरण है और भारत में जो नवजागरण की लहर चली थी, यदि हम उसे सामन्तवाद की मुक्ति के रूप में देखेंगे तो साथ में हमें जनतान्त्रिक मूल्यों के उदय के रूप में भी देखना होगा। दलित अस्मिता का जागरण इसी प्रक्रिया का हिस्सा था। जिन अछूत जातियों को पढ़ने-लिखने का अधिकार नहीं था, अंग्रेजी राज में उनके हाथ में कलम आते ही उनमें विवेक की आवाज पैदा हो गयी और वे अपने इतिहास तक को खँगालने लगे। अछूतों के कष्ट कितने भयानक थे, हीरा डोम को यह मालूम था, पर उनकी यह स्थिति कैसे बनी, इसका कारण स्वामी जी ने आर्यों को बताया। उनके अनुसार अछूत जातियाँ अनार्य जातियाँ हैं, जिन्हें बाहर से आयी आर्य जाति ने छल, बल से नाश करके अपना राज्य स्थापित किया और जो कमजोर थे, वही यहाँ के मूल निवासी थे। उन्हें गुलामी के बँधनों में जकड़कर रखा—

हमारे पुरखे थे सीधे-सच्चे, न जानते थे कपट व छल को।
इसी से दक्षिण में हट गये वे, शोक-उच्छ्वास पढ़ के देखो।।

बचे जो जकड़े गये वही फिर गुलामी करने को आर्यों की।
वही है 'हरिहर' हमारे नेशन बनी जो यों दास, पढ़ के देखो।।

स्वामी जी का उत्तर भारत के दलित वर्गों पर व्यापक असर पड़ा। उनके 'आदि हिन्दू आन्दोलन' और साहित्य ने स्वामी शंकरानन्द, केवलानन्द, अयोध्यानाथ दण्डी जैसे समर्थ कवियों को पैदा किया जिन्होंने उनके साहित्यधारा को आगे बढ़ाया।

आधुनिक हिन्दी दलित साहित्य में हीरा डोम की कविता 'अछूत की शिकायत' चर्चित है। चालीस पंक्तियों की यह लम्बी कविता 'सरस्वती' पत्रिका के सितम्बर, 1914 अंक में प्रकाशित हुई है। इस गीत में अछूत जीवन की अत्यन्त मार्मिक अभिव्यक्ति है। हीरा डोम के बारे में और जानकारी नहीं मिलती है, लेकिन इस कविता में उन्होंने अपनी वेदना ब्राह्मणवादी क्रूर व्यवस्था, ठाकुर की मार, हिकारत और धूर्तता का बयान करने के साथ-साथ ईश्वर की सत्ता को ऐसी चुनौती दी है जो उस समय सम्भवतः किसी ने नहीं दी। हीरा डोम ने अछूतों के कष्टों और अस्मिता के सन्दर्भ से जिस तरह ईश्वर की दयालु एवं रक्षक छवि को तोड़ा है, वह भगवान के गुणों का बखान करने वाले पौराणिक आख्यानों पर प्रश्नचिह्न ही नहीं लगाता बल्कि ईश्वर की सत्ता का खण्डन भी करता है। वे ईश्वर को 'भगवनवा' कहकर उपालम्भ देते हुए एक तरह से मजाक उड़ाते हैं—

हमनी के इनरा के निगिचे न जाइलेजां,
पाँके में से भरि-भरि पिअतानी पानी।
पनहीं से पिटि-पिटि हाथ गोड़ तुरि दैलैं,
हमनी के एतनी काही के हलकानी?
हमनी के राति दिन दुखवा भोगत बानी
हमनी के दुख भगवनवों न देखताजें,
खंभवा के फारि पहलाद के बँचवले जा,
ग्राह के मुँह से गजराज के बँचवले
कहवाँ सुतल बाटे सुनत न बाटे अब
डोम जानि हमनी के छुए से डेरइले।

इस कविता में कवि भगवान को भी सवर्ण मानता है जो अछूत के कष्टों को नहीं देखता। हीरा डोम की कविता संवेदनात्मक और मार्मिक है, जबकि अछूतानन्द की कविताएँ गम्भीर इतिहास बोध से भरी और विचारोत्तेजक हैं। हीरा डोम दलित वेदना और दासता का बोध कराते हैं तो स्वामी जी इससे मुक्ति का आह्वान भी करते हैं। स्वामी अछूतानन्द से प्रभावित केवलानन्द की कविता में भी दलित अस्मिता बोध प्रकट हुआ है। केवलानन्द का यह गीत दलित वर्गों में आज भी प्रसिद्ध है जिसमें कवि ने वर्ण-व्यवस्था के निर्माता को कटघरे में खड़ा कर दिया। कवि कहता है— मनु जी तुमने चार जातियाँ बनायीं, जिस दिन चार वर्ण बनाये, उस दिन तुमने चारों के लिए अलग-

अलग रंग क्यों नहीं बनाया? ब्राह्मणों को गोरा बनाते, क्षत्रियों को लाल, बनियों (वैश्यों) को पीला बनाते और शूद्रों को काला बनाते और पैरों को पीछे लगा देते—

मनु जी तुमने वर्ण बना दिये चार
जा दिन तुमने वर्ण बनाये न्यारेऊ रंग बनाये क्यों ना।
गोरे ब्राह्मण, लाल क्षत्रिय, बनिया पीले बनाये क्यों ना।
शूद्र बनाते काले वर्ण के, पीछे को पैर लगवाये क्यों ना।

इस गीत में एक अद्‌भुत दलित विमर्श है। मनु के कानून से ही दलितों के जीवन की दुःखद शुरूआत हो जाती है। जहाँ तक द्विवेदी युगीन ग़ैर दलित कवियों का प्रश्न है तो काफी बड़ी संख्या में दलित चेतना से सम्बन्धित कविताएँ लिखी गयीं। महावीर प्रसाद द्विवेदी, श्रीधर पाठक, मैथिलीशरण गुप्त, गयाप्रसाद शुक्ल 'सनेही', बालमुकुन्द गुप्त, अयोध्या सिंह उपाध्याय 'हरिऔध', रामनरेश त्रिपाठी, सियारामशरण गुप्त एवं रामचन्द्र शुक्ल आदि प्रमुख कवियों में दलित चेतना प्रतिबिम्बित होती है। श्रीधर पाठक ने अपने 'घनाष्टक' शीर्षक कविता में छोटे-बड़े के बीच के भेद को मिटाकर पूर्ण न्याय एवं दया दिखाने की बात की है—

छोटे बड़ेन कौ भेद मिटाय कें
पूरन न्याय दया दरसावै।

वहीं आगे 'मनु जी' शीर्षक कविता में कवि मनु के द्वारा चारों वर्णों के लिए बनाये गये विधान जाति-पाँति, भेद-भाव से उत्पन्न विषमता पर शोक प्रकट किया है—

मनू जी तुमने यह क्या किया?
किसी को पौन, किसी को पूरा किसी को आधा दिया।
सरस प्रिति के थल में बोया बिस अनीति का बिया।
और अधिक क्या कहें बाप जी कहते दुखता हिया।।
जटिल जाति का, अटल पात का जाल है किसका सिया?
मनु जी तुमने यह क्या किया?

श्रीधर पाठक द्वारा रचित 'नवीन चाल की कविता' में कवि जाति-पाँति की प्रथा को व्यर्थ में बढ़ाने से मना करता है साथ ही सभी को समान रूप से प्रेमपूर्वक रहने की सलाह देता है। इस प्रथा को देश हानि का कारण मानता है एवं इससे छुटकारा पाने की सलाह देता है।

जाति-पाँति की प्रथा वृथा न अब बढ़ाइये।
शुद्ध प्रीति रीति-नीति में प्रतीति लाइये।
देश के सुधार के सदा उपाय सोचिये।
देश हानि कारिणी कुचाल शीघ्र मोचिये।

हिन्दी के प्रसिद्ध कवि सियारामशरण गुप्त ने दलित संवेदना की कविताएँ लिखीं। इनकी रचनाओं में गाँधीवादी मूल्यों का समावेश है। इनकी कविता 'एक फूल की चाह'

एवं 'अनाथ' खण्डकाव्य हिन्दी दलित कविता के क्षेत्र में अपना महत्त्वपूर्ण स्थान रखते हैं। 'एक फूल की चाह' शीर्षक कविता में दलित व्यक्ति के मन्दिर में प्रवेश निषेध पर तीखा व्यंग्य है, तथा उसके भयंकर परिणाम को रेखांकित किया गया है। बीमार पुत्री का पिता मन्दिर में चढ़ावे का फूल पाने हेतु प्रविष्ट होता है, परिणाम उसी के शब्दों में अछूत के मन्दिर में घुसने से मन्दिर की चिरकालीन शुचिता, पवित्रता नष्ट हो गयी। इस पापी ने मन्दिर में घुसकर भारी अनर्थ किया है। इतना ही सुनकर भक्तों ने उस 'अछूत' को पकड़ लिया। मार-मार कर उसे मुक्कों से मन्दिर के नीचे गिरा दिया—

सिंहपौर तक भी आँगन से नहीं पहुँचने मैं पाया।
सहसा यह सुन पड़ा कि कैसे यह अछूत भीतर आया।।
पापी ने मन्दिर में घुसकर किया अनर्थ बड़ा भारी।
कलुषित कर दी मन्दिर की चिर कालिक शुचिता सारी।
कुछ न सुना भक्तों ने झट से मुझे घेर कर पकड़ लिया।

*मार-मार कर मुक्के-घूसे धम से नीचे गिरा दिया।*वहीं आगे कवि अस्पृश्यों के शोषण की दयनीय दशा को चित्रित करते हुए लिखता है कि उनका जीवन क्या कीटों जैसा है? उनकी मृत्यु पीड़ा से भी किसी पर कोई प्रभाव नहीं पड़ता—

धरती पर उनका जीवन क्या कृमि कीटों का-सा
उनके लिए किसी के उर में उठी न करुणा लहरी
उनकी मरण-यातना में भी बोध शक्ति है बहरी।।

मैथिलीशरण गुप्त की 'भारत भारती' में दलितोद्धार और समाज सुधारक विचार देखे जा सकते हैं। 'भारत भारती' में कवि ने चारों वर्णों पर कई लम्बी कविताएँ लिखी हैं। 'भारत भारती' में अतीत खण्ड के अन्तर्गत 'हमारी सभ्यता' शीर्षक कविता में प्राचीन भारत के अतीत का गौरव गान करते हुए गुप्त जी लिखते हैं कि 'गृहपति चाहे अपने आप भूखा रह जाय, अपनी स्त्री और बच्चों को भूखा रख ले, परन्तु उस दास (शूद्र) को कभी भूखा न रखे जो उसका दैनिक कार्य करता है—

सेवक जनों पर भी हमारी नित्य रहती प्रीति थी।
वह नीति ऐसी थी कि चाहे हम कभी भूखे रहें,
पर बात क्या जीते हमारे जो कभी वे दुःख सहे?

गुप्त जी ने 'भारत भारती' के 'भविष्यत खण्ड' में 'चारों वर्णों की दीन-हीन दशा पर क्षोभ प्रकट करते हुए पतन में गिरती जा रही भारत भूमि के उद्धार के लिए शूद्रों का आह्वान किया है—

शूद्रों! उठो तुम भी कि भारत-भूमि डूबी जा रही,
है योगियों को भी अगम जो व्रत तुम्हारा है वही।
रखो न व्यर्थ घृणा कभी, निज वर्ण से या नाम से,
मत नीच समझो आपको ऊँचे बनो कुछ काम से।।

मैथिलीशरण गुप्त ने अपनी अनेक कविताओं में दलितों को वर्ण्य विषय बनाया है। 'हिन्दू' खण्ड काव्य के 'हिन्दू' शीर्षक कविता में वर्ण-व्यवस्था से व्यथित होकर दर्द भरे स्वर में लिखते हैं हिन्दू तुम कमजोर क्यों हो? क्यों इतने दलित, दुःखी और गरीब हो? क्यों आज हताश हो? क्यों पराधीनता की बेड़ियों में जकड़े हो?

हे! हिन्दू, तुम हो क्यों हीन? क्यों हो दलित दुखी अति दीन।
क्यों तुम हो यों आज हताश? क्यों यह पराधीनता पास?

मैथिलीशरण गुप्त ने 'हिन्दू' खण्ड काव्य के अन्तर्गत 'अछूतों का उद्धार' शीर्षक कविता में अछूतों की स्थिति, अछूतों के दायित्व एवं कर्त्तव्य, अछूतों की दशा, अछूतों पर सहानुभूति, अछूतों को 'शुद्धाचार' सिखाने की शिक्षा तथा दलितों की अवहेलना करने वाले हिन्दुओं को सम्बोधित किया है।

करो अछूतों का उद्धार, उन्हें सिखाओ शुद्धाचार।
अन्त्यज वैसे नहीं कठोर, जैसे साह बने वे चोर।
स्वपच नहीं, गोपच से हीन, पर हाँ हिन्दू हैं वे दीन।

मैथिलीशरण गुप्त ने 'हिन्दू' खण्डकाव्य के अन्तर्गत 'छूत' और 'अछूत' शीर्षक कविता में अछूतों के प्रति सहानुभूति प्रकट की है। कवि अछूतों से प्रेम करने का सन्देश देता है, और कहता है कि कबीर, रैदास किस जाति के थे, वे भी दलित थे, उनसे कोई घृणा नहीं करता है, जिन पर प्रभु का प्यार है, यदि छूत बुरी है, तो मेरा अहोभाग्य कि हम 'अछूत' होते—

हम अछूत हैं जब तक हिन्दू हैं। अचरज है अब तक हिन्दू हैं।
श्री कबीर, रैदास कौन थे, सोचो बारम्बार उनसे
कौन घृणा करता है जिन पर प्रभु का प्यार।
शुद्धाचार, विचार चाहिए और सत्य व्यवहार
छूत बुरी है, अहोभाग्य है यदि हम हुए अछूत।

'पंचवटी' में निषाद शबरी आदि निकृष्ट समझी जाने वाली जाति के लोगों के साथ राम का प्रेम दिखलाकर दलितों के प्रति कवि ने सहानुभूति दिखायी है।

द्विवेदीयुगीन मशहूर कवि गयाप्रसाद शुक्ल 'सनेही' ने 'अछूत' शीर्षक कविता में अछूतों की उपयोगिता एवं उनकी सार्थकता को स्वीकार किया है। अछूतों के न होने पर समाज में रोग, गन्दगी, महामारियाँ फैल जाती हैं, इसी का चित्रण कविता में है—

सेवक अगर अछूत न होते। कैसे आप अछूते रहते ?
भर जाता घर-घर पाखाना, सिर पर पड़ता तुम्हें उठाना।
मृतक ढोर भी ढोने पड़ते, सकल राज पथ गंदे होते,
गाँव-गाँव में महामारियाँ, होती लोग भाग्य को रोते।।

कवि आगे कविता में तीनों वर्णों को फटकारते हुए कहता है—इनको छूने से डरते हो स्वयं कर्म क्या-क्या करते हो। कविवर गयाप्रसाद शुक्ल 'सनेही' ने 'हरिजन गीत'

शीर्षक कविता में भगवान द्वारा हरिजनों से कभी न मुँह मोड़ना सिद्ध किया है, नाभादास, रैदास जैसे सन्तों को हमारे वर्ण में पैदा करके हमें तो जग में पूजनीय बनाया फिर हम मन्दिर में क्यों नहीं जा सकते? यदि इस ज्ञान को आप अपनी बपौती समझते हैं तो यह आपकी अज्ञानता है—

हरि ने तो कभी न मोड़ा मुँह, हरदम हमको अपनाया है,
'नाभा' 'रैदास' भेज हममें जगपूजित हमें बनाया है।
क्यों मन्दिर में हम जा न सकें, कुछ अजब आपकी माया है।
जो समझे ज्ञान बपौती है, उसमें अज्ञान समाया है।

कवि ने अछूत शीर्षक कविता में समाज में व्याप्त आडम्बर, रूढ़ियों, जाति-पाँति और भेदभाव आदि पर करारा व्यंग्य किया है। कवि ने लिखा है जब एक ही विधाता के सभी सन्तान हैं तो कुछ अपूत कुछ पूत कैसे हो गये? जब सभी के नसों में एक ही रक्त प्रवाहित हो रहा है तो कुछ देवदूत और कुछ भूत कैसे हो गये? अन्त में कवि कहता है कि हम लोग तो 'बन्धु श्री वशिष्ठ, व्यास, विदुर, पराशर के वाल्मीकि-वंशज अछूत कैसे हो गये?

द्विवेदी युगीन प्रमुख कवि अयोध्या सिंह उपाध्याय 'हरिऔध' समाज में सभी व्यक्तियों का महत्त्व एक समान मानते हैं तथा समतावादी समाज की संरचना की वकालत करते हैं, जिसमें दलितों की अवहेलना नहीं होनी चाहिए—

नीच-से-नीच क्यों न हो कोई।
पाँव जब दुःख रहे हमारे हो।
हाथ तब क्या उन्हें नहीं मलते।।

गयाप्रसाद शुक्ल 'सनेही' की कविता में अछूतों के जिन कार्यों, कर्त्तव्यों का उल्लेख हुआ है, पं. माधव शुक्ल ने भी हम अछूत शीर्षक कविता में अछूतों के प्रति वही भाव व्यक्त किया है। अछूत कहता है—हम तुम्हारी सेवा करते हैं, तुम्हारा जूठन खाते हैं। मल-मूत्र को सिर पर रखकर फेंकते हैं। तुम तो उच्च हो, फिर भी हम अपनी नीचता में ही आनन्द मनाते हैं—

सेवा करते सदा तुम्हारी, जूठ तुम्हारी खाते।
सिर पर धर, मल-मूत्र फेंकते रंजक घृणा न खाते।।
तुम थे ऊँच, नीचता में ही हम आनन्द मनाते।।

रामचन्द्र शुक्ल ने 'अछूत की आह' शीर्षक कविता में अछूतों द्वारा भगवान से अपनी व्यथा व्यक्त की है कि भगवान तुमने हमें पैदा किया, ज्ञान देकर मानव बनाया भला फिर क्यों हमें ऐसा अपवित्र कर दिया?

नाथ तुमने ही हमें पैदा किया।
रक्त मज्जा मांस भी तुमने दिया।
क्यों हमें ऐसा अपावन कर दिया?

अछूतों को गले लगाने की प्रेरणा रामनरेश त्रिपाठी के 'पथिक' तथा 'मानसी' काव्यों में भी मिलती हैं। इस जग में जो दलित है वह सर्वाधिक प्रेम पाने योग्य है। दलितों के प्रति थोपी सहानुभूति से काम नहीं चलेगा। दलित विहीन समाज की स्थापना कवि का सपना है।

द्विवेदी युगीन कवि रूपनारायण पाण्डेय तो यह भी कह देते हैं कि—स्वराज की साधना कभी सफल न होगी। यदि हम अछूतों को स्वयं नहीं अपनायेंगे—

अपना ही अंग है ये अन्त्यज असंख्य इन्हें
गले ने लगाया तो अवश्य पछताओंगे
साधना स्वराज्य की सफल कभी होगी नहीं,
अगर अछूतों को न आप अपनायेंगे।।

भारतेन्दु एवं द्विवेदी युगीन दलित कविताओं का सम्यक् अवलोकन करने से पता चलता है कि भारतेन्दु युगीन कवियों में दलितों को लेकर विरोधाभास नज़र आता है। यानी वे दलितों का उत्थान तो चाहते हैं, लेकिन वर्णाश्रम व्यवस्था को बनाये रखना चाहते हैं किन्तु द्विवेदी युगीन कवियों के दृष्टिकोण में दलितों का सम्यक् उत्थान नजर आता है। उन्होंने वर्णाश्रम व्यवस्था पर चोट भी की है और दलितों की हिमायत भी की है। द्विवेदी युगीन कवियों ने दलितों को मुख्यधारा के साथ जोड़ने का भी प्रयास किया है। इस युग के कवियों ने दलितों की सामाजिक उपयोगिता को भी सिद्ध किया है। बावजूद इसके आधुनिक हिन्दी कविता में सर्वप्रथम भारतेन्दु युगीन कवियों ने ही दलितों को वर्ण्य विषय बनाया है।

छायावादी काव्य में दलित चेतना

हिन्दी के ग़ैर दलित कवियों की दलित सम्बन्धी कविताओं में दलितों की वेदना की अनुभूति जितनी विशद है, उतनी ही सघन उनकी सदियों की पराधीनता का सालता हुआ एहसास और उससे उनको मुक्त कराने का द्वन्द्व भी। वर्णाश्रमवादी व्यवस्था और परम्परावादी आचार संहिताओं के विरुद्ध (जिसमें दलितों को समाज के सबसे निचले पायदान पर रखा गया है) ग़ैर दलित कवियों का अपनी रचनाओं में विद्रोह और संघर्ष इस बात का अधिकारी है कि अपनी सीमाओं के बावजूद इनके काव्य को दलित चेतना के परिप्रेक्ष्य में रखकर देखना चाहिए।

ग़ैर दलित कवियों की रचनाओं में वर्णाश्रमवादी व्यवस्था के चंगुल में जकड़े दलित की दयनीय स्थिति की पीड़ा का गहरा एहसास मिलता है, साथ ही उस व्यवस्था से संघर्ष का साहस भी। ग़ैर दलित कवियों ने महसूस किया कि हमारी परम्परा, मान-मर्यादाएँ, सामाजिक संस्थाए, वैचारिक संरचनाएँ, सदियों से इस तरह ढाली गयी हैं कि सवर्णवादी वर्चस्व को बरकरार रखा जा सके। इस साजिश को ग़ैर दलित कवियों ने पहचाना और उसे उजागर किया है यद्यपि ग़ैर दलित कवियों की दलित सम्बन्धी

अधिकांश कविताएँ सहानुभूतिपरक हैं जो कि गाँधीवाद और मार्क्सवाद की प्रेरणा से लिखी गयी हैं।

छायावादी कवियों में जयशंकर प्रसाद, सूर्यकान्त त्रिपाठी 'निराला', महादेवी वर्मा और सुमित्रानन्दन पन्त सशक्त हस्ताक्षर के रूप में जाने जाते हैं। इसके अतिरिक्त आर. सी. प्रसाद सिंह, रामकुमार वर्मा आदि प्रमुख कवियों के काव्य में भी दलित चेतना सम्बन्धी कविताएँ मिलती हैं।

छायावादी कवियों में सर्वप्रथम यदि किसी कवि में दलितों की पीड़ा, व्यथा और वेदना के प्रति गहरी संवेदनशीलता है, उनके उत्थान की गहरी आकांक्षा है तो वह है सूर्यकान्त त्रिपाठी 'निराला'। दलित आलोचक राजकुमार सैनी के अनुसार हिन्दी की आधुनिक हिन्दी कविता के इतिहास में दलित शब्द का प्रयोग सम्भवतः सबसे पहले महाकवि निराला ने किया—दलित जन पर करो करुणा/दीनता पर उतर आये प्रभु तुम्हारी शक्ति अरुणा। छायावाद की अनेक कविताओं में दलितों के प्रति सहानुभूति मिलती है। छायावादी कविताओं की विशेषता बताते हुए मशहूर आलोचक नामवर सिंह कहते हैं, "सामाजिक रचनाओं में दलित वर्ग के प्रति भावुक सहानुभूति प्रकट की, तो साथ-ही-साथ सामाजिक ढाँचा बदलने के लिए विप्लव और क्रान्ति की माँग भी की।"

कवि 'निराला' का 'सन्त कवि रविदास जी' के प्रति शीर्षक कविता में शूद्रों के प्रति उनके दृष्टिकोण का पता चलता है, जिसमें वे कर्म एवं ज्ञान के महत्त्व को स्वीकार करते हुए उनका चरण छूकर अभिवादन करते हैं—

कर्म के अभ्यास में, अविरत बहे।
ज्ञान गंगा में समुज्जवल चर्मकार।
चरण छूकर कर रहा मैं नमस्कार।।

सन्त रविदास का पैर छूने से ही यह सिद्ध हो जाता है कि 'निराला' जाति को ज्ञान और कर्म के सामने कितना हेय मानते हैं? 'स्फटिक शिला' एक लम्बी वर्णनात्मक कविता है। जिसमें कवि की चित्रकूट यात्रा का वर्णन है। कवि निराला की यथार्थपरक दृष्टि मनोरम दृश्यों को छोड़कर सामान्य दृश्यों तथा निम्न समझे जाने वाले लोगों पर टिकी है। कवि ने रामराज्य के यथार्थ को आज से जोड़ते हुए भारतीय इतिहास के स्वर्ण युग की सच्चाई को पाठकों के समक्ष प्रस्तुत कर दिया। एक शूद्र स्त्री के प्रति निराला की करुणा सपाट गद्यात्मकता के भीतर से उभर कर सामने आयी है—

मैंने देखा, बड़ा मैला मन। उसका समाज से।
चोट खायी हुई वह राम जी के राज से।
शूद्रों को मिला नहीं। जिनसे कुछ भी नहीं।
ढाँढ़स बँधाया मैंने मीठे-मीठे शब्द कहकर।
देखती रही वह आंसुओं की आँखों रह-रहकर।।

वहीं 'प्रेम संगीत' कविता में समाज में व्याप्त मनुष्य कृत असमानताओं पर हास्य व्यंग्य की शैली में चोट की गयी है। हमारे समाज में अनेक ऐसे प्रेम प्रसंग छिपे हुए हैं, जिनमें पुरुष सवर्ण समाज से और स्त्री अवर्ण समाज की होती हैं, किन्तु सामान्यतः इन सम्बन्धों को व्यक्ति सार्वजनिक रूप से स्वीकार करने की हिम्मत नहीं जुटा पाता। अन्तर्जातीय प्रेम की स्वच्छन्दता का ऐसा व्यंग्यपूर्ण चित्रण अन्यत्र दुर्लभ है—

बम्हन का लड़का मैं उसको प्यार करता हूँ।
जात की कहारिन वह, मेरे घर की पनहारिन वह,
आती है होते तड़का उसके पीछे मैं मरता हूँ।।

शूद्रों के लिए मन्दिर में प्रवेश की समस्या हिन्दू समाज की एक बहुत बड़ी विडम्बना रही है। पश्चिमीय जन अर्थात् निम्न कुल उत्पन्न व्यक्ति को सदैव मन्दिर से बाहर खड़ा रहना पड़ता है, इसका भी चित्रण 'निराला' ने किया है—पश्चिमीय के लिए सदा का निषेध रहा मन्दिर प्रवेश में।

'निराला' के काव्य में रेखांकित दलित चेतना बदलते युग की सूक्ष्म पहचान थी। 'निराला' का युग गाँधी, नेहरू का युग था, जिसमें सामाजिक और राजनैतिक स्तर पर नये-नये आन्दोलन किये जा रहे थे, परन्तु दलितों को प्रायः परम्परावादी तहखानों से निकलकर बाहर जाने के अवसर नहीं दिये जा रहे थे। निराला को इसकी चिन्ता थी। वे चाहते थे कि समाज का पिछड़ा वर्ग अन्य वर्गों के साथ आगे बढ़े। जिससे अमीरों की हवेली किसानों की पाठशाला बने—

जल्द-जल्द पैर बढ़ाओ आओ-आओ।
आज अमीरों की हवेली किसानों की होगी पाठशाला।
धोबी, पासी, चमार, तेली खोलेंगे अँधेरे का ताला।।

'निराला' की काव्य संवेदना का एक बड़ा भाग दलित चेतना का उद्घोषक है। 'निराला' के गद्य साहित्य में निहित दलित चेतना का वर्णन यहाँ संगत नहीं है, परन्तु

ग़ैर दलित निराला के गद्य साहित्य में दलित चेतना का जो सन्दर्भ है वह आज भी प्रासंगिक है। इस सन्दर्भ में प्रखर आलोचक भवदेव पाण्डेय का कहना समीचीन प्रतीत होता है, निराला का विश्वास था कि शूद्र शक्तियों से यथार्थ भारतीयता की किरणें फूटेंगी। वे अपने इसी विश्वास को चतुरी चमार, चमेली, महादेव और कुल्लीभाट में आकार दे रहे थे। 'निराला' साहित्य के ये सभी पात्र दलित थे। 1920 से 40 के दशक में अकेले 'निराला' ऐसे साहित्यकार थे जिन्होंने अपने पात्रों को किसी भी मोर्चे पर नाकाम संघर्ष नहीं कराया। इनके दलित पात्र पहले तैयारी करते हैं, हथियारों से लैस होते हैं और फिर निर्णायक युद्ध करते हैं। प्रकृति के सुकुमार कवि सुमित्रानन्दन पन्त के परवर्ती काव्य संकलनों 'ग्राम्या', 'युगपथ', 'युगवाणी' में दलित चेतना के मार्मिक चित्र मिलते हैं। कवि के द्वारा एक गाँव का चित्रण इस प्रकार है—जहाँ दैन्य जर्जर असंख्य जन/ पशु जघन्य क्षण करते यापन/ कीड़ों से रेंगते मनुज

शिशु। दलित पुरुषों और स्त्रियों से भयावह स्थिति उनके बच्चों की है। पासी के बच्चों को देखकर कवि विचलित हो जाता है। पन्त पहले ऐसे कवि हैं जो दलितों की आँख के माध्यम से उनकी दशा को समझना चाहते हैं दीन-दुखी दरिद्र-पीड़ितों की आँखें एक विशेष प्रकार की करुणा से भरी रहती हैं। कवि का मन उन आँखों से डरता है। पशुओं के समान जीवन जीने को विवश दलित को कवि ऊँचा उठाने तथा उच्च वर्ग के समान अधिकार दिलाने के लिए प्रयत्नशील है। प्रत्येक कमजोर प्राणी को वह अपनी कलम की शक्ति द्वारा सशक्त बनाना चाहता है, लेकिन इतनी बुरी स्थिति के बाद भी कवि पन्त आशान्वित हैं। कवि को विश्वास है कि एक दिन यही दलित नवयुग का शिल्पी, सभ्यता का उन्नायक, शिक्षित और समृद्धों में श्रेष्ठ होगा तथा समाज का भावी सम्राट होगा—

वह पवित्र है : वह जग के कर्दम से पोषित,
वह निर्माता श्रेणि, वर्ण, धन बल से शोषित।
मूढ़, अशिक्षित, सभ्य शिक्षितों से वह शिक्षित।
विश्व उपेक्षित, शिष्ट संस्कृतों से मनुजोचित।
दैन्य कष्ट कुण्ठित-सुन्दर है उसका आनन।
गन्दे गात वसन हों पावन श्रम का जीवन।
वह संगठित करेगा भावी भव का शासन।।

दलित वर्ग के शोषण में रूढ़ परम्पराओं की बड़ी अहम् भूमिका है। इन रूढ़ परम्पराओं के आधार पर भगवान या भाग्य का भय दिखाकर दलित वर्ग का शोषण किया जाता रहा है। पन्त जी समस्त रूढ़िवादी परम्पराओं का विसर्जन करने की बात अपनी कविता में करते हैं—

धर्म नीति, संस्कृति विचार, विधि, दर्शन।
विविध शास्त्र, बहु यज्ञ, नियम व्रत साधन।
शासन पद्धति चतुर्वर्ण चतुराश्रम।
अर्पित तुमको गत गुण कर्म-कर्म विभाजन।।

जब तक रूढ़ियाँ समाप्त नहीं होंगी मनुष्य में समता नहीं होगी समता के लिए ये समस्त रूढ़ियाँ, समस्त बन्धन तोड़ने पड़ेंगे। वर्ण और वर्ग दोनों आधार पर उच्चता या निम्नता समझने की प्रवृत्ति छोड़नी होगी तभी एक स्वस्थ समाज का निर्माण होगा—

श्रेणि वर्ग, नरक स्वर्ग।
जाति-पाँति वंश ख्याति,
धनी-निर्धन भूपति जन।
आत्मा, मन, वाणी, तन।
अभयंकर नृत्य करो।
नवयुग को अखिल वरो।।

आधुनिक युग की मीरा के नाम से विख्यात महादेवी वर्मा का काव्य विशाल है किन्तु उन्होंने अपने काव्य में दलित शब्द का प्रयोग दो स्थानों पर किया है, जो कि दलित चेतना से कोई ताल्लुक नहीं रखता है। स्नेह की ि पियाँ दलित की शक्तियाँ उद्दाम। वहीं आगे 'राम' शीर्षक कविता में दलित उर का कर रहा है घोर दुःख का वेग में दलित शब्द आया जरूर है किन्तु दलित सन्दर्भ में नहीं है।

छायावादी लघुत्रयी से सम्बन्धित रामकुमार वर्मा प्रमुख नाटककार, एकांकीकार, साहित्यकार के साथ ही प्रमुख कवि हैं। इनकी कविता में दुःख, करुणा, रहस्यवाद, निराशा और व्यक्तिवादी प्रवृत्तियाँ व प्रकृति चिन्तन अधिक दिखायी देता है। रामकुमार वर्मा ने अछूतों का समाज में महत्त्व प्रतिपादित किया है। उनका मानना है समाज में सबका अलग-अलग महत्त्व है। अगर अछूत अपना काम छोड़ देंगे तो पण्डितों को हाथों में झाड़ू, डलिया लेनी पड़ जायेगी। इसलिए भेद-भाव को भुलाकर मिल-जुल कर रहना ही श्रेयस्कर है—

भेद-भाव, सब दूर हटाकर सबको गले लगाओ
इन्हें शूद्र मत कहो, पास इनको बिठाओ।।

प्राचीन काल से ही अस्पृश्यों के साथ उपेक्षापूर्ण व्यवहार होता रहा है। चाहे मन्दिरों में प्रवेश का मामला हो या शिक्षा प्राप्त करने के अधिकार का हो। हर जगह अस्पृश्यों के साथ भेदभावपूर्ण व्यवहार होता रहा है। एकलव्य के साथ हुए अन्याय को आधार बनाकर रामकुमार वर्मा ने 'एकलव्य' खण्डकाव्य की रचना की है। इसकी कथा 14 सर्गों में विभाजित है। यह खण्डकाव्य दलित कविता के रास्ते में मील का पत्थर है। इस खण्डकाव्य के माध्यम से कवि ने सन्देश दिया है कि कोई भी व्यक्ति केवल जन्म के आधार पर ही उच्च या निम्न नहीं होता। त्याग, समर्पण, तपस्या, लगन और सतत अभ्यास के द्वारा भी किसी की उच्चता या निम्नता का निर्धारण हो सकता है। महाभारतकालीन प्राचीन कथा के माध्यम से रामकुमार वर्मा ने वर्ण-व्यवस्था एवं अस्पृश्यता की समस्या को आधुनिक काल में भी प्रासंगिक बना दिया है। कवि के खण्डकाव्य लिखने का यही उद्देश्य है। शिक्षा पर, ज्ञान पर सभी का समान अधिकार है। किसी भी जाति विशेष को ज्ञान प्राप्त करने से वंचित नहीं किया जा सकता है। सूर्य किरणें, वायु, अग्नि, क्या किसी जाति के प्रति भेदभाव करती है—

जात-भेद नहीं, वर्ग-वंश-भेद भी नहीं,
शिक्षा प्राप्त करने के सभी अधिकारी हैं।
सूर्य की किरण भी क्या जाति-भेद मानती ?
और वायु की तरंग उठती केवल विशिष्ट व्यक्तियों को साँस देने में?

आगे एकलव्य प्रश्न करता है उस व्यवस्था से जिसने समाज के एक वर्ग विशेष को अस्पृश्य बना रखा है। हम सेवा करके भी शूद्र कहलाते हैं। तब भी हमारे साथ ऐसा अन्याय हो रहा है फिर क्यों नहीं क्रान्ति कर देनी चाहिए—

शूद्र कहलाते रहें सेवा भाव मान के,
किन्तु जब मानव को विद्या का निषेध हो
बात क्या नहीं है क्रान्तिकारी बन जाने की ?

छायावादी काव्य के अन्तर्गत आर.सी. प्रसाद सिंह की भी कविताएँ आती हैं। आर.सी. प्रसाद ने 'हरिजन' शीर्षक से एक लम्बी कविता लिखी है। इस कविता में कवि ने दलितों के प्रति सवर्ण मन को उदार बनाया है ताकि दलित हिन्दुत्व से विद्रोह करके व्यवस्था के लिए खतरा न पैदा कर दें। कवि कहता है कि तुम्हें कौन अछूत कहता है? तुम भगवान की सच्ची विभूति हो। आज यह सवर्ण जाति तुम्हीं से भीख माँगती हैं, तुम क्षमाशील हो, इसे क्षमा करके नये युग की स्वर्ण शिक्षा प्रदान करो—

रे कौन तुम्हें कहता अछूत?
तुम तो हरिजन, पावन उदार!
तुम ईश्वर की सच्ची विभूति।
यह पतित प्रताड़ित दीन जाति।
माँगती तुम्हीं से आज, भीख।
तुम क्षमाशील, कर क्षमा इसे।
दे दो नव युग की स्वर्ण सीख।।

आगे फिर कवि कहता है कि इन ब्राह्मणों को आज तुम अपना चरण रज उदारता पूर्वक दे दो—

इन भू देवों को जरा आज।
दे दो अपना पद रज उदार।।
रे कौन तुम्हें कहता अछूत ?

यह कविता सम्भवतः उस समय की लिखी प्रतीत होती है, जब दलित अपने पृथक् राजनैतिक अधिकारों के लिए संघर्ष कर रहे थे और महात्मा गाँधी के साथ उनका विवाद चल रहा था।

उत्तर छायावाद में कई धाराएं एक साथ चलती हैं। इनमें वर्गों का विभाजन बिल्कुल स्पष्ट नहीं किया जा सकता। इसलिए इस काल के प्रमुख कवियों की रचनाओं में सीधे दलित बोध को देखा जा सकता है, बजाय उन्हें पृथक्-पृथक् वर्गों में विभक्त करके। इस समय भारत में वर्ग संघर्ष तीव्र हो उठा था। सामाजिक विषमता और शोषण के कारण सबसे बुरी स्थिति दलित वर्ग की थी। उत्तर छायावादी कवियों ने अपनी रचनाओं में इसी दलित बोध को अभिव्यक्ति दी है। उत्तर छायावादी प्रमुख कवि हरिवंशराय बच्चन, माखनलाल चतुर्वेदी, बालकृष्ण शर्मा 'नवीन' भगवतीचरण वर्मा, सुभद्रा कुमारी चौहान, रामधारी सिंह 'दिनकर', नरेन्द्र शर्मा, रामेश्वर शुक्ल 'अंचल', सोहनलाल द्विवेदी और हरिकृष्ण प्रेमी इत्यादि की रचनाओं में दलित समस्या को प्रमुखता से उकेरा गया है।

हालावाद के प्रवर्तक हरिवंशराय बच्चन अपने काव्य मधुशाला में कहते हैं कि मधुशाला में जात-पाँत का कोई भेद-भाव नहीं है। वहाँ सब एक साथ बैठकर पीते हैं कोई किसी से नहीं कहता कि तुमने प्याला जूठा कर दिया। सौ समाज सुधारकों के समान अकेले मधुशाला कार्य करती है—

कभी नहीं सुन पड़ता 'इसने',
हाँ, छू दी मेरी हाला।
कभी नहीं कोई कहता, 'उसने',
जूठा कर डाला प्याला;
सभी जाति के लोग यहाँ पर
साथ बैठकर पीते हैं;
सौ सुधारकों का करती है।
काम अकेली मधुशाला।

कवि मधुशाला के माध्यम से समता का सन्देश दे रहा है। मधुशाला में समता है कोई भेद-भाव नहीं है। बच्चन अपनी 'होली' शीर्षक कविता में सभी से निकटतम आने की बात करते हैं और कहते हैं जहाँ निकटता होगी वहाँ सब बैर भाव समाप्त होगा। व्यक्ति के ऊपर रूढ़ि, रीति, नीति का शासन नहीं होगा—

निकट हुए तो बनों निकटतर, और निकटतम् भी जाओं।
रूढ़ि रीति के और नीति के, शासन से मत घबराओं।।

वह समस्त बन्धनों से मुक्त होगा। दलितों को मुक्ति देने में भी सदियों से संस्कार भरे मन को डर लगता है, कहीं उससे उसका ब्राह्मणत्व कलंकित न हो जाये।

संस्कार हमारे हैं, सदियों से पड़े हुए,
हम सोचा करते जाति-वर्ण के मानों में,
इस महापाप से कुछ बचने की अभिलाषा,
मन बोला इससे हुआ कलंकित ब्राह्मणत्व।।

वहीं आगे बच्चन 'मिट्टी का द्रोणाचार्य' शीर्षक कविता के अन्तर्गत एकलव्य का उदाहरण देकर दलितों के साथ उपेक्षा और अन्याय का व्यवहार करने वाले सवर्ण मानसिकता के लोगों से प्रश्न करते हैं कि तीन वर्णों से निष्कासित उस निषाद पुत्र को धनुर्विद्या सिखाने से इनकार करने पर द्रोणाचार्य ने कौन-सी बड़ाई प्राप्त की थी?

तीन वर्णो से बहिष्कृत/ उस निषाद सुपुत्र को।
जब धनुर्विद्या दान देने से किया इनकार।
द्रोणाचार्य ने था,
कौन जीती थी बड़ाई?

हरिवंशराय बच्चन मन्दिर, मस्जिद की साम्प्रदायिकता पर वार कर चुके थे; पर ईश्वर उनके प्रहार से बच गया था। बालकृष्ण शर्मा 'नवीन' ने दलितों की दयनीय

स्थिति को देखकर विद्रोह का बिगुल बजाया। कवि केवल मानव को ही नहीं ईश्वर को भी धिक्कारने लग जाता है। जूठे पत्तल चाटते हुए पुरुष को देखकर वह सोचता है, क्यों न आज दुनिया भर को आग लगा दूँ? क्यों न आज उस ईश्वर का गला (टेटुआ) घोंट दूँ?

अरे चाटते जूठे पत्ते जिस दिन मैंने देखा नर को
उस दिन सोचा, क्यों न लगा दूँ, आग इस दुनिया भर को?
यह भी सोचा : क्यों न टेंटुआ घोंटा जाय स्वयं जगपति का?
जिसने अपने ही स्वरूप को रूप दिया इस घृणित विकृति का?

ईश्वर के विरुद्ध यह पहली विद्रोह वाणी है। सब मिलाकर यह उद्‌गार अराजकतावादी है, किन्तु उस समय के पाठकों का मन स्वयं अराजक स्थिति में था। इस तरह की रोमानियत उन्हें शान्ति देती थी। वहीं आगे कवि दलित बस्ती का यथार्थपरक वर्णन करते हुए उनके असहाय अवस्था का चित्रण करता है : जिन कोठरियों में कुत्ते भी क्षण-भर नहीं रहना चाहते उनमें श्रमिकों के बच्चों को दिन-दिन भर रहना पड़ता था। जहाँ भयंकर सड़न, बदबू कच्ची नाली, बिलबिलाते कीड़े थे, वहीं पर मानव नामक कीड़े का घर था—

उधर बिलबिलाते थे कीड़े नाबदान में किलबिल-किलबिल।
उठते थे अब खरे भयंकर, सड़न और बदबू के वाँ पर।
और वहीं पर बने हुए थे मानव नामक कीड़ों के घर!
जिन कोठरियों में कुत्ते भी नहीं चाहते छिन भर रहना।
उनमें श्रमिकों के बच्चों को पड़ता है, दिन-दिन भर रहना।।

प्रेम एवं मस्ती के गायक कवियों में शुमार भगवतीचरण वर्मा समाज में दलितों की स्थिति का चित्रण बड़े मार्मिक ढंग से करते हैं : पशुओं पर दया है, मनुष्यों पर अत्याचार, अछूतों को छूने की बात तो दूर है उनका पास आना भी पाप है—

पशुओं पर है दया, मनुष्यों पर हैं अत्याचार।
अरे ये इतने कोटि अछूत,
तुम्हारे बे-कौड़ी के दास।
दूर है छूने की ही बात। पाप है आना इतना पास।।

एकलव्य की भाँति कर्ण के साथ भी वर्ण-व्यवस्था के नाम पर अन्याय किया गया। भगवतीचरण वर्मा 'त्रिपथगा' में लिखते हैं कि द्रौपदी के स्वयंवर के समय उसका अपमान सिर्फ इसलिए किया गया क्योंकि वह उच्चकुल से सम्बन्ध नहीं रखता था। द्रौपदी के उच्चवर्णीय मानसिकता का पता द्रौपदी के इन शब्दों से चलता है—कर्ण! रुको तुम सूत पुत्र क्या कर्ण हो?/ मुझे वरने का अधिकार तुम्हें नहीं/ वर्णहीन तुम केवल दर्शक भर रहो। वर्ण-व्यवस्था एवं अस्पृश्यता ही व्यक्ति को व्यक्ति से दूर करती है, उनके बीच ऊँच-नीच का भाव पैदा करती हैं। इसी वर्ण-व्यवस्था और

अस्पृश्यता के कारण भारत का विकास अवरूद्ध हुआ, सामाजिकता का क्षरण हुआ है। रामधारी सिंह 'दिनकर' अपने खण्डकाव्य 'रश्मिरथी' में वर्ण-व्यवस्था को आधार बनाकर चलते हैं। सूत-पुत्र होने के कारण जब कर्ण को अर्जुन से लड़ने की अनुमति नहीं दी जाती तब कर्ण कहता है कि जाति-जाति क्या रटते हो? मैं कोई जाति नहीं जानता? यदि शक्ति है तो मेरे भुजबल से मेरी जाति पूछो—

जाति-जाति रटते, जिनकी पूँजी केवल पाखण्ड।
मैं क्या जानूँ जाति है ये मेरे भुजदण्ड।

कर्ण कहता है—

पूछो मेरी जाति, शक्ति हो तो, मेरे भुजबल से।
रवि समान दीपित ललाट से, और कवच-कुण्डल से।

प्रगतिशील काव्यधारा के कवि नरेन्द्र शर्मा ने अपने काव्य संग्रह 'रक्त चन्दन'

में संकलित 'हत्यारा' शीर्षक कविता में दलित वर्गों के शोषण के लिए ब्राह्मणों को जिम्मेदार ठहराया है। कवि इस रूढ़ व्यवस्था का विरोध करता है। वह कहता है कि हिन्दू का व्यवहार निम्न है, चाहे दर्शन कितना ही महान हो? यहाँ छुआछूत थी, जाति-पाँति थी, आत्मबोध तो केवल कुलधर्म मात्र था। समाज में न्याय अब नहीं रह गया। चाहे जितना शास्त्र ज्ञान हो—

हिन्दू का व्यवहार क्षुद्र था।
दर्शन कितना ही महान हो!
छूत-छात थी जात-घात थी।
आत्मबोध कुल धर्म मात्र था।
था समाज में न्याय न बाकी।
चाहे जितना शास्त्र ज्ञान हो।

वहीं रामेश्वर शुक्ल 'अंचल' की कांव्य रचना का आरम्भ आनन्द की सिद्धावस्था से होता है किन्तु आगे कवि की रचनाओं में मजदूर-शोषित वर्ग स्थान पाता है। एक मजदूर की अन्धी लड़की का वर्णन कवि करते हुए कहता है कि वह मजदूर की अन्धी लड़की । प्राणघातक नमकीन हवा में खड़ी है। वह दृष्टिहीन है, दुर्गन्ध से भरी है। वह भूखी, गन्दी, नग्न है, गरीबी में वह मेहनत मजदूरी भी नहीं कर सकती है—

वह मजदूर की अन्धी लड़की।
खून जम गया जिसका काला-काला
सड़ी प्राण घातक नमकीन हवा में
दृष्टिहीन दुर्गन्धि भरी वह।
भूख, गन्दगी, नग्न, गरीबी में।
कहीं नहीं मेहनत मजदूरी भी कर सकती।।

राष्ट्रीय सांस्कृतिक काव्यधारा की प्रमुख कवयित्री सुभद्रा कुमारी चौहान ने भी 'प्रभु तुम मेरे मन की जानो' शीर्षक कविता में दलितों का चित्रण किया है। अछूत ईश्वर से प्रार्थना करते हुए कहता है कि मैं अछूत हूँ इसलिए मुझे मन्दिर में आने का अधिकार नहीं है लेकिन प्रभु आप यह मत समझना कि तुम पर मेरा प्यार नहीं है।

मैं अछूत हूं मन्दिर में आने का, मुझको अधिकार नहीं।
किन्तु देवता यह न समझना, तुम पर मेरा प्यार नहीं।

इस कविता द्वारा यह ध्वनित होता है कि अछूत का मन्दिर में प्रवेश वर्जित है, मन्दिर प्रवेश निसिद्ध से दलित की मार्मिक पीड़ा को अभिव्यक्ति मिली है। आगे इसी वर्ण्य विषय पर सोहनलाल द्विवेदी कृत 'हरिजनों का गीत' शीर्षक कविता में भी मन्दिर में प्रवेश के लिए एक हरिजन ने इस प्रकार प्रार्थना की है पुजारी मन्दिर का द्वार खोलो मत ठुकराओ मुझे, मैं प्रभु का चरण धूलि लेना चाहता हूँ, मैं शबरी निषाद के कुल से हूँ क्या तुम भूल गये? कि मैं प्रभु पद पूजन का अधिकारी हूँ—

खोलो मन्दिर-द्वार पुजारी।
मत ठुकराओं, चरणधूलि लूँ बार-बार जाऊँ बलिहारी।
क्यों तुमने शबरी-निषाद की अपने मन से बात बिसारी?
मैं भी एक उन्हीं के कुल का, प्रभु पद पूजन का अधिकारी।।

हरिकृष्ण प्रेमी की 'हरिजन बन्धु', कविता में राष्ट्रीय जागरण के प्रथम दौर में दलित समस्या को गाँधीवाद के प्रभाव में उभाड़ा गया है। रामधारी सिंह 'दिनकर' की 'सामाजिक असमानता' बालकृष्ण शर्मा 'नवीन' की 'झूठ पत्ते', नरेन्द्र शर्मा की 'रोटियों की जंजीर', रामेश्वर शुक्ल 'अंचल' की 'मंजिल' शीर्षक कविताओं में दलित मुक्ति का क्रान्तिकारी स्वर मुखरित हुआ है—

प्रगतिवादी काव्य में दलित बोध

हिन्दी काव्यधारा में प्रगतिवादी विचारों का प्रादुर्भाव तत्कालीन सामाजिक परिस्थितियों की देन है और इसी का प्रतिफलन प्रगतिवादी कविता में हुआ है। प्रगतिवादी काव्यधारा की पहचान शिवमंगलसिंह 'सुमन', मुक्तिबोध, नागार्जुन, त्रिलोचन शास्त्री, रांगेय राघव, केदारनाथ अग्रवाल, रामविलास शर्मा, शमशेरबहादुर सिंह आदि कवियों के कारण है। प्रगतिशील साहित्य में वस्तुतः जो वर्ग विमर्श है वह अमीर और गरीब शोषक और शोषित तथा मालिक और मजदूर वर्ग का विमर्श है। लेकिन बच्चन सिंह ने प्रगतिशील साहित्य में भी अलग से जनवादी धारा का उल्लेख किया है। उनका मानना है कि इधर समकालीन प्रगतिशील साहित्य की जनवादी धारा ने दलित वर्ग के आर्थिक सवालों को उठाया है और सामाजिक समानता के प्रश्न को भी स्वीकार किया है। यानी अब वह पूँजीवाद के उन्मूलन के साथ-साथ ब्राह्मणवाद के विरुद्ध भी रचनाशील है—

प्रगतिशील साहित्य अपने मार्क्सवादी सरोकारों के कारण कहीं-कहीं उसी तरह अति यथार्थवादी हो गया है, जिस तरह वर्तमान दलित साहित्य अम्बेडकरवादी सरोकारों के कारण आदर्शवादी हो गया है। मार्क्सवादी दलित विमर्श जिस वर्ग चेतना का सवाल उठाता है, वह महत्त्वपूर्ण है और उसे खारिज नहीं किया जा सकता। भारतीय समाज में यह एक महान क्रान्ति होगी, यदि सारे गरीब मजदूर और दलित एक विशाल वर्ग शक्ति बन जायें इस सन्दर्भ में शिवमंगलसिंह 'सुमन' ने दलित, मजदूर, किसानों को क्रान्ति के लिए प्रेरित किया है, जिससे शोषक वर्ग की हार अवश्य होगी—

तुम गरजो आज प्रलय होगी।
शोषक वर्गों की क्षय होगी।
दुनिया के कोने-कोने से।
मजलूमों की जय-जय होगी।
अत्याचारी की छाती पर तुम बढ़े चलो, तुम बढ़े चलो।।

आगे कवि दलित व्यक्ति की वेदना को महसूस करता हुआ कहता है कि पीड़ित, पतित, दलित, निर्बल में, इस दुःखी जगत के शोर-शराबे में मेरी चीत्कार (करुण पुकार) को कौन सुनेगा?

पीड़ित, पतित, दलित निर्बल में
दुःखी जगत के कोलाहल में
मिल वैभव के प्रासादों पर क्यों न हँस पड़े खँडहर मेरा?
कौन सुनेगा क्रन्दन मेरा।।

दलित कविता के क्षेत्र में शिवमंगलसिंह 'सुमन' का 'प्रलय सृजन' एवं 'कटे अंगूठों की वन्दनवारे' काव्य भी अपना महत्त्वपूर्ण स्थान रखते हैं। कवि 'सुमन' को हमारा देश दलितों का देश लगता है और वे कहते हैं कि यह देश दलितों की तीर्थ भूमि है और उनको विश्वास है कि एक दिन दलित वर्ग यहाँ से साम्राज्यवाद का जनाजा निकालेंगे—

यह दलितों की तीर्थ-भूमि है।
युग का प्रबल तक़ाज़ा।
सर्वप्रथम साम्राज्यवाद का
निकला यहीं जनाजा।।

प्रगतिवादी कवि वर्ग-व्यवस्था को समाप्त करके एक समतावादी समाज की स्थापना करना चाहते हैं। मुक्तिबोध शोषकों के प्रति घृणा व्यक्त करते हुए कहते हैं कि तेरे रक्त से मुझे तीव्र घृणा है। तुझको देखते ही शीघ्रता से मिचली उमड़ आती है। तेरा नाश ही तुझ पर क्रोधित एवं व्यग्र है—

तेरे रक्त से भी घृणा आती तीव्र।
तुझको देख मिचली उमड़ आती शीघ्र।

तेरे हास में भी रोग कृमि हैं उग्र
तेरा नाश तुझ पर क्रुद्ध, तुझ पर व्यग्र।।

मुक्तिबोध की कविता दलित वर्ग का प्रतिनिधित्व करती है। दलितों का दमन करने वाले शोषक वर्ग को मुक्तिबोध की कविता लताड़ती है।

नागार्जुन की कविताओं के केंद्र में भी कहीं-न-कहीं दलितों की समस्याएँ आकार ग्रहण करती हैं। 'सतरंगें पंखों वाली', 'यह कैसा होगा?', 'हरिजन गाथा' आदि कविताएँ हिन्दी की श्रेष्ठ दलित कविता की श्रेणी में आती है। 'हरिजन गाथा' का आरम्भ तेरह दलितों को जिन्दा जला दिये जाने की हृदय विदारक घटना से होता है। 'हरिजन गाथा' कविता में जहाँ वर्ण-व्यवस्था और धार्मिक रूढ़िवादिता के आधार पर दलित वर्ग को दी जाने वाली यातना, प्रताड़ना, अपमान और नरसंहार का वर्णन है, वहीं इसके साथ-ही-साथ दलितों के सामूहिक हत्याकाण्ड के विरुद्ध एक विद्रोही प्रतिक्रिया का भी वर्णन है।

ऐसा तो कभी नहीं हुआ था कि
एक नहीं, दो नहीं, तीन नहीं...
तेरह-के-तेरह अभागे
अकिंचन मनु-पुत्र
जिन्दा झोंक दिये गये हों
प्रचण्ड अग्नि की विकराल लपटों में
साधन सम्पन्न ऊँची जातियों वाले
सौ-सौ मनु पुत्रों द्वारा।

नागार्जुन आधुनिक काव्य में दलित पक्षधरता के सर्वाधिक सशक्त कवि हैं। नागार्जुन वास्तव में जनकवि हैं। इन्होंने अपने काव्य में दलितों को केन्द्रीय विषय बनाया है। कवि नागार्जुन दलित समाज के उत्थान के लिए प्रतिबद्ध हैं अपनी कविता 'प्रतिबद्ध हूँ', में ऐसा दावा भी करते हैं—प्रतिबद्ध हूँ, जी हाँ प्रतिबद्ध हूँ। बहुजन समाज की अनुपल प्रगति के निमित्त।

नागार्जुन को विश्वास है कि दलित एक दिन नया इतिहास बनायेंगे। समाज में नायक के पद पर सुशोभित होंगे। अपनी कविता 'हरिजन गाथा' में शामिल दलित बच्चों को कवि बागी और अवतारी होने की बात करता है—

दिल ने कहा दलित माँओं के
सब बच्चे अब बागी होंगे
अग्नि पुत्र होंगे वे, अन्तिम
विप्लव में सहभागी होंगे।
दिल ने कहा अरे यह बच्चा।
सचमुच अवतारी बराह है।।

यद्यपि 'हरिजनगाथा' कविता का ताना-बाना दलित नायक के अवतार की परिकल्पना के सहारे बुना गया है। तथापि इसमें निहित दलित आक्रोश एवं संघर्ष का स्वर इसे दलित चेतना की प्रमुख कविता बना देता है। इस सन्दर्भ में जगन्ननाथ पण्डित का कथन है—नागार्जुन ने परम्परागत मिथक को तोड़ा हैं। अब तक राम, कृष्ण, विष्णु आदि को ही देवता और अवतार का रूप दिया गया था। नागार्जुन ने हरिजन को अवतारी वाराह का रूप देकर दलित चेतना को धार दी है। फिर आगे नागार्जुन लिखते हैं कि दलित बच्चा नायक, नयी ऋचाओं का निर्माता और नये वेद का गायक होगा—

दिल ने कहा अरे यह बालक
निम्न वर्ग का नायक होगा।
नयी ऋचाओं का निर्माता
नये वेद का गायक होगा।

प्रगतिवादी कवि वर्ग व्यवस्था को समाप्त करके एक समतावादी समाज की स्थापना के लिए पूँजीपति वर्ग के नाश के साथ ही सर्वहारा समाज में व्याप्त असमानता को क्रान्ति के माध्यम से समाप्त करना चाहता है। त्रिलोचन की कविता में साम्राज्यवाद एवं पूँजीवाद के गढ़ को तोड़ने के लिए दलित समाज चल पड़ा है—

साम्राज्य 'औ' पूँजीवादी
लिये हुए अपनी बरबादी।
जोर आजमाई करते हैं।
आज तोड़ने को उनका मन।
उठकर दलित समाज चला है।

प्रगतिवादी कवि शोषक वर्ग के खिलाफ कृषक वर्ग में असन्तोष का बीज बोना चाहते हैं। कवि ने शोषित किसान की व्यथा को समझा है महसूस किया है। इसी सन्दर्भ में रामविलास शर्मा कृषक वर्ग की दयनीय दशा का चित्रण इस प्रकार करते हैं—

काले धब्बों से बिखरे
वे खेत में फटे अँगोछों में
बच्चे भी साथ ले ध्यान लगा सीला चमार हैं
बीनते खेत, कटाई की मजदूरी इन्हीं ने जोता, बोया, सींचा भी खेत को।

आगे कवि जाति-पाँति, धर्म आदि को नगण्य मानते हुए सभी को धरती का पुत्र कहता है—

धरती के पुत्र की
होगी कौन जाति, कौन मत, कहो कौन धर्म?

रामविलास शर्मा के काव्य 'सदियों के सोये जाग उठे' में भी दलित चेतना से सम्बन्धित कविता सम्मिलित है। प्रगतिवादी कवि केदारनाथ अग्रवाल भी अस्पृश्यता का

बहिष्कार करते हैं। गाँव में होते गरीबों, दीनों के शोषण को वे अपनी कविता का विषय बनाते हैं। कर्ज से अभी ग्रामीण गरीबों को मुक्ति नहीं मिली हैं इन दीनों पर रुपया काफी बकाया है। जिसके द्वारा इनका शोषण किया जा रहा है—

सूँड़ लपेटे है कर्जे की ग्रामीणों को,
मुक्ति अभी तक नहीं मिली है इन दीनों को,
इन दीनों के ऋण का रोकड़-काण्ड बड़ा है,
अब भी किन्तु अछूता शोषण-काण्ड पड़ा है।

प्रगतिवादी कवि रांगेय राघव की कृति 'अजेय खँडहर' में भी दलित चेतना बोध मुखर हुआ है। रांगेय राघव अस्पृश्यता के विरोधी कवि हैं। अस्पृश्यता का बहिष्कार करते हुए शोषकों को लताड़ते हुए कहते हैं कि मैं आज सभ्यता के पुतले धन के दीवानों से पूछना चाहता हूँ कि क्या हरिजन के बच्चों को तुमने सुअर बना दिया है?

मैं आज सभ्यता के पुतले
धन दीवानों से पूँछ रहा
यह क्या सूअर ही बना दिया
हरिजन के बच्चे को तुमने?

प्रगतिवादी काव्य में दलित वर्ग का चिन्तन पूरे यथार्थपरक तरीके से किया गया है। कवियों की तीव्र अनुभूति ने दलित वर्ग की दयनीयता को अत्यन्त सूक्ष्मता से उकेरा है। दलित कवियों में लोक संस्कृति के कवि बिहारी लाल 'हरित' (1913-1991) इसी समय से रचना कर्म में जुड़ गये थे। इनकी जाटव भजनावली 1938 ई. में जाटव सभा, शाहदरा दिल्ली से प्रकाशित हुई थी। इसमें कवि की एक गजल है। जिसमें वह अपनी दीन-हीन दशा एवं बेबसी का जिक्र करता है—कैसे कहें इस दर्द में सोया नहीं जाता। मुँह को कलेजा आ रहा रोया नहीं जाता। लोक साहित्य में ऐसी अनेक दलित प्रतिभाएँ थीं जो समाज को उसी की भाषा उसी के स्तर और रुचि के अनुसार अपने गीतों एवं कविताओं से समाज को जाग्रत करने, संगठित करने और सम्मान पाने का प्रयास करती रही हैं। आगे कवि मेहनतकश गरीब, दलित की पीड़ा का वर्णन इस प्रकार करता है। व्यवस्था में उसकी सबसे बड़ी पीड़ा है, उससे बेगार लेना। वह अब बोझा ढोना नहीं चाहता। इस बेगार ने उसे कहीं का नहीं छोड़ा न उसके पास धन रहा, न उसका शरीर स्वस्थ रहा और न वह विद्या ही प्राप्त कर सका। उसकी कमाई खाने वाले धनवान हो गये और वह गरीब ही रहा—

नीचता प्रमाण से हिरदा हमारा जल रहा,
ना गाँठ बल न बांह बल न विद्या का कुछ बल रहा।
बोझा बेगार का ढोया नहीं जाता।
खाकर हमारी कमेर को धनवान बन गये।।

बिहारी लाल 'हरित' द्वारा रचित 'अछूतों का पैगम्बर' शीर्षक लघु पुस्तिका 1946 ई. में प्रकाशित हुई। इस लघु पुस्तिका में बिहारीलाल 'हरित' ने भीमराव अम्बेडकर के कृत्यों का जिक्र किया तथा उनको घर-घर में प्रचारित करने के लिए कहा है— दिल से न दूर होवेगा, यह प्यार भीम का घर-घर में फैला डालिये प्रचार भीम का। अम्बेडकर के विचार को लेकर 1946 ई. में इन्होंने 'अछूतों का पिस्तौल', 'अछूतों का बेताज बादशाह' पुस्तकें लिखी। बिहारीलाल 'हरित' पर सन्त साहित्य की परम्परा का गहरा असर था। बिहारीलाल 'हरित' को विशेष ख्याति भीमायण से मिली। यह महाकाव्य 'रामचरितमानस' की तर्ज पर अम्बेडकर की सम्पूर्ण जीवनगाथा को प्रस्तुत करती है। 'हरित' ने अपनी कविता में ब्याज व कर्ज का भयावह चित्रण किया है। जमींदार तीन रुपये का अनाज उधार देकर सत्तर साल तक कमाता है। दादा का कर्ज पोता भी नहीं उतार पाता है—

दादा का करजा पोते से नाय उतरने पाया।
तीन रुपये में जमींदार ने सत्तर साल कमाया।।

दलित कवियों में उस समय बक्शीदास की 'रविदास रामायण' अयोध्यानाथ की 'वर्णों का न्याय' मोतीलाल सन्त की 'सन्त के छक्के' सोहन लाल की 'डॉ. अम्बेडकर के साथ पच्चीस वर्ष' इत्यादि पुस्तकें प्रकाशित हुई।

प्रयोगवादी काव्य में दलित बोध

प्रयोगवाद का आरम्भ 'अज्ञेय' के सम्पादकत्व में प्रकाशित तार सप्तक (1943) से होता है। प्रयोगवादी कवियों में 'अज्ञेय', गिरिजाकुमार माथुर, भवानीप्रसाद मिश्र, नरेश मेहता, धर्मवीर भारती, भारतभूषण अग्रवाल तथा प्रभाकर माचवे आदि हिन्दी साहित्य में अपना विशेष महत्त्व रखते हैं। गिरिजाकुमार माथुर ने दलितों की जिन्दगी को कौड़ियों के मोल बिकने वाला बताया है, उन्हें जन्म दिन की क्या खुशी होगी? जिनकी जिन्दगी, मृत्यु से भारी है—

जन्म दिन की क्या खुशी होगी उन्हें?
जिन्दगी है मृत्यु से भारी जिन्हें।
भूख, बीमारी, गरीबी, गन्दगी।
कौड़ियों के मोल बिकती जिन्दगी।।

इसी क्रम में धर्मवीर भारती कहते हैं कि एक दिन ऐसा आयेगा जब अवर्ण एवं सवर्ण सभी साथ होंगे जिनको रात ने भटका दिया है तभी समतावादी समाज का निर्माण होगा—

वे सब साथ होंगे।
आज जिनको रात ने भटका दिया है।

यह रात का अन्धकार वर्ण-व्यवस्था और अस्पृश्यता जनित असमानता का अधिकार है। यह अन्धकार तभी समाप्त होगा जब समतावादी समाज की स्थापना

होगी।दलित किसान के प्रति प्रयोगवादी कवियों ने पूरी सहानुभूति व्यक्त की है। अज्ञेय लिखते हैं कि वह किसान एवं मजदूर की आस्था है। वह जो मिट्टी की गोड़ाई करता है। स्वयं कोदई खाकर दूसरे लोगों को गेहूँ खिलाता है। स्वयं झोपड़ी में रहकर दूसरे के लिए महल बनाता है—

यह जो मिट्टी गोड़ता है
कोदई खाता है और गेहूँ खिलाता है।
मड़ैया में रहता है और महलों को बनाता है।
उसकी मैं आस्था हूँ।।

प्रयोगवादी कवियों में शुमार नरेश मेहता का 'शबरी' खण्डकाव्य दलित चेतना का वाहक कहा जा सकता है। शबरी की कथा निम्नवर्ग की एक साधारण स्त्री के आत्मिक एवं आध्यात्मिक संघर्ष की ऐसी कथा है, जो रामायण के शीर्षस्थ पात्रों, चरित्रों में अपनी पहचान बनाये रखती है। नरेश मेहता तत्कालीन समाज में वर्ण-व्यवस्था का वर्णन करते हुए कहते हैं कि उस समय ब्राह्मण के सिरमौर होने का कारण उसकी तपस्या थी। रक्षक, पालक क्षत्रिय लोग थे। वैश्य लोग व्यापार-कार्य करते थे। उस समय समाज में श्रमिक का कार्य शूद्र करते थे—

थे ब्राह्मण सिरमौर, तपस्या के कारण सब जन में।
रक्षक और पालक क्षत्रिय थे वैश्य बने व्यापारी।
श्रमिक शूद्र थे, थी समाज की यही व्यवस्था सारी।।

प्रत्येक व्यवस्था का दोषमय होना उसकी नियति एवं प्रकृति है। वर्ण-व्यवस्था भी इसका अपवाद नहीं हो सकता। वर्ण-व्यवस्था की समस्या आदि कवि के समय में भी ज्वलन्त थी। आज के वर्ग व्यवस्था वाले समाज में भी जीवन्त समस्या है। वाल्मीकि ने सामाजिक वर्ण-व्यवस्था से ऊपर व्यक्ति के आध्यात्मिक स्वत्व एवं असंग कर्म को प्रतिष्ठापित किया और शबरी वही बीज चरित्र है। शबरी मतंग ऋषि से कहती है क्या आत्मा की उन्नति केवल उच्च वर्ग तक ही सीमित है? शबरी के काफी तर्क, अनुनय विनय करने के बाद मतंग ऋषि कहते हैं—'यदि अन्त्यज तू, तो कौन श्रेष्ठ? निश्चय होगी तू भक्त श्रेष्ठ।'

कवि की मानवीय दृष्टि ने शबरी के साधारणत्व को विशेषत्व प्रदान किया है। आश्रम के साधुओं, संन्यासियों द्वारा शूद्रा शबरी का विरोध करने पर मतंग ऋषि कहते हैं—क्या धर्म तत्त्व से ऊँची है, वर्णाश्रम मर्यादा/ तब व्यर्थ तपस्या पूजन यह गंगा भी है शूद्रा—

अन्त में मतंग ऋषि शबरी को शिव शक्ति रूप शूद्रा का नाम देते हैं—

शबरी अन्त्यज है तो क्या।
शिव शक्ति रूप है शूद्रा।।

उस समय की वर्ण-व्यवस्था पर कवि ने तीखा व्यंग्य किया है। आश्रम के साधुओं ने कहा कि शबरी के सार्वजनिक पम्पासर पर स्नान करने से पम्पासर का जल दूषित हो गया है। इस जल को छूने से गोहत्या का पाप लगेगा—

दूषित है पम्पासर का जल, शूद्रा के छूने से।
गोहत्या का पाप लगेगा इस जल को छूने से।।

नरेश मेहता ने शबरी के माध्यम से वर्ण-व्यवस्था पर तीखा व्यंग्य किया है। शबरी के आध्यात्मिक विकास के साथ ही वह सम्मान की अधिकारी हो जाती है। अन्त में कवि कहता है, शूद्रा से शक्ति बनी वह सम्भव सब-कुछ जीवन में।नरेश मेहता अपने खण्डकाव्य 'प्रार्थना पुरुष' में भी दलितों का जिक्र किया है। गाँधी जी के जीवन पर आधारित यह खण्डकाव्य बड़ा ही मर्मस्पर्शी है। गाँधी जी का एक मात्र सखा ऊखा था। जो हरिजन जाति का था बावजूद इसके गाँधी जी उसी के साथ खेला करते थे—

उसका बस एक सखा था। ऊखा, जो था तो हरिजन।
पर नित्य उसी के संग में। खेला करता था मोहन।।

एक दिन गाँधी जी को उनकी माँ ने मिठाई दी। खुशी से मोहनदास गाँधी ने ऊखा से लेने को कहा किन्तु उसने कहा कि मैं कैसे ले लूँ छोटे मालिक मैं हरिजन हूँ जिनको छूना वर्जित है, जिनकी छाया भी दूषित मानी जाती है।

वह बोला, छोटे मालिक!
कैसे ले लूँ, मैं हरिजन,
जिनको छूना भी वर्जित।
जिनकी छाया भी दूषण।।

मशहूर प्रयोगवादी कवि भारतभूषण अग्रवाल के 'अग्निलीक' खण्डकाव्य में भी विचारोत्तेजक दलित विमर्श विद्यमान है। प्रभाकर माचवे भी दलितों के प्रति सहानुभूति रखते हुए अनेक कविताओं की रचना की है।

ख. स्वातन्त्र्योत्तर साहित्यिक परिदृश्य :

नयी कविता एवं समकालीन कविता में दलित बोध

नयी कविता ने प्रयोगवाद के आगे की सीढ़ी पर एक कदम और आगे बढ़ाकर सामाजिकता को छूने की कोशिश की। नयी कविता ने समाज में व्याप्त विषमता, जाति भेद, उपेक्षा, दुर्दशा को कविता का विषय बनाया। जगदीश गुप्त, मदन वात्स्यायन, कैलाश वाजपेयी, सर्वेश्वरदयाल सक्सेना, कीर्ति चौधरी, कुंवर नारायण, दुष्यन्त कुमार, केदारनाथ सिंह, विजयदेव नारायण साही आदि नयी कविता के प्रमुख हस्ताक्षर हैं।

जगदीश गुप्त ने 'नयी कविता' पत्रिका का सम्पादन करके नयी कविता का प्रतिनिधित्व किया। 'शम्बूक' (1975) लघुकाव्य जगदीश गुप्त का एक ऐसा

लघुकाव्य है जिसमें शम्बूक के माध्यम से दलितों के साथ होने वाले अन्याय को प्रदर्शित किया गया है। शासक वर्ग किस प्रकार से उस अन्याय को न्याय साबित करने का प्रयास करता है? यह भी इसमें द्रष्टव्य है। 'शम्बूक' की कथा आठ अंशों में विभाजित है। पाँचवें अंश में राम एवं शम्बूक के विचारोत्तेजक संवाद संग्रहीत हैं। 'शम्बूक' लघुकाव्य में दलित विमर्श इतिहास बोध के रूप में सामने आता है। कवि शम्बूक के माध्यम से वर्ण-व्यवस्था पर क्रान्तिकारी प्रहार करता है। जब शम्बूक राम से कहता है—मारते हो और कहते हो इसे उद्धार/चलेगा कब तक तुम्हारा यह घृणित व्यापार इस लघुकाव्य के आत्मकथ्य में जगदीश गुप्त ने शम्बूक की मनोदशा व्यक्त की है। शम्बूक को लगता है कि शूद्र जाति के कारण मनुष्यों के बीच में उसका अस्तित्व शून्य है। शम्बूक कहता है कि जो व्यवस्था व्यक्ति द्वारा किये गये सत्कर्म को अपराध मानता हो, जो व्यवस्था वर्ग सीमित स्वार्थ से ग्रस्त हो, वह विषम घातक व्यवस्था को शीघ्र ही अस्त हो जाना चाहिए—

जो व्यवस्था व्यक्ति के सत्कर्म को भी मान ले अपराध
जो व्यवस्था वर्ग सीमित स्वार्थ से हो ग्रस्त
वह विषम घातक व्यवस्था शीघ्र ही हो अस्त।

'शम्बूक' लघुकाव्य दलित कविता के क्षेत्र में अपना महत्त्वपूर्ण स्थान रखता है। दलित वर्ग के कन्धों पर बैठे हुए तथाकथित समझदार लोगों की मनोवृत्तियों पर व्यंग्य करते हुए सर्वेश्वरदयाल सक्सेना, कहते हैं इस दुनिया में जो जितनी ही यातना देने में समर्थ है, वह उतना ही समझदार है। दलित मजदूरों के शोषण पर शोक प्रकट करते हुए मदन वात्स्यायन कहते हैं कि पूँजीपति, महासेठ लोग निश्चित पहाड़ जैसे है, जो सभी दलितों का रक्त चूस रहे हैं और पूरी आयु को चबा जा रहे हैं—

हम पूजीपति महासेठ है।
पड़े हुए निश्चल पहाड़ से।
सबका खून चूसते देखो।
आयु चबाते हैं हम।

अपने जीवन से तंग आकर शहरी परिवेश का जिक्र करते हुए, कैलाश वाजपेयी का दलित अपनी विवशता को बयाँ कर रहा है कि सेठों की इस सड़ायँध से भरी नगरी में, मैं जैसे-तैसे जी रहा हूँ—

चरित रिक्त शासक।
और संक्रामक सेठों की सड़ायँध से भरी
इस नगरी में
मैं जी रहा हूँ जीवन की व्याकृति!

दलितों की वर्तमान स्थिति का जिक्र करते हुए दुष्यन्त कुमार लिखते हैं कि एक दिन हम सभी मर जायेंगे, भूख-भूख चिल्लाते हुए—

हम सब मर जायेंगे एक रोज।
पेट को बजाते।
और भूख-भूख चिल्लाते।

समकालीन कविता में दलित बोध

समकालीन कवियों की शृंखला यों तो लम्बी है किन्तु जिनमें दलित चेतना स्पष्टतः दिखायी पड़ती है, वे हैं सुदामाप्रसाद पाण्डेय 'धूमिल', कैलाश वाजपेयी, सोमदत्त, अदम गोण्डवी, डॉ. रणजीत, लीलाधर जगूड़ी, चन्द्रकान्त देवताले, मंगलेश डबराल, लीलाधर मण्डलोई, राजकमल चौधरी, राजेश जोशी, हरिश्चन्द्र पाण्डेय, आलोक श्रीवास्तव, दिनेश शुक्ल और गोरख पाण्डेय इत्यादि।

'मोचीराम' कविता 'धूमिल' की सर्वश्रेष्ठ रचनाओं में से एक है। जिसमें मोची की व्यथा का वर्णन है। 'मोचीराम' में मोची के लिए हर आदमी एक जोड़ी जूता है। जाति के नाम पर अपमानित होता हुआ मोची दिन भर न जाने कितनी प्रताड़ना सहता है? जातीयता की मानसिकता की जकड़ बहुत मजबूत है और उससे भी मजबूत पकड़ है जाति से जुड़े पेशे की, जो जाति के साथ चिपकी हुई है—

असल में वह एक दिलचस्प ग़लतफहमी का शिकार है
जो यह सोचता है कि पेशा एक जाति है।
और भाषा पर
आदमी का नहीं, किसी जाति का अधिकार है?

आज अधिकांश दलित सोचते हैं कि पेशा जन्मना ही निर्धारित होती है, कर्म करने से कुछ नहीं होगा इससे तो पेशा बदल नहीं जायेगा। कवि सकारात्मक सोचते हुए आशा करता है एक दिन सामाजिक बुराईयाँ कम होंगी। मोचीराम कविता में जाति के आधार पर शोषण उत्पीड़न है, कवि कहता है—कैसे आदमी हो अपनी जाति पर थूकते हो। ग़ैर दलित कवियों की दलित सम्बन्धी रचनाओं में 'धूमिल' की कविता का महत्त्वपूर्ण स्थान है वैसे मोचीराम कविता पर शब्दाडम्बर का आरोप लगता रहा है परन्तु अकविता काव्य धारा की अन्य कविताओं की तरह यह कविता भी सीधे मर्म पर चोट करती है। कवि कहता है—

बाबू जी! सच कहूँ- मेरी निगाह में न कोई छोटा है/ न कोई बड़ा है/ मेरे लिए हर आदमी एक जोड़ी जूता है। समकालीन कविता में व्यवस्था के विरुद्ध तीव्र विद्रोह मिलता है। राजनैतिक अव्यवस्थाएं, सामाजिक भेदभाव, आर्थिक विषमताएँ, सांस्कृतिक पतन और इन सब के बीच मानव का शोषण कविता के केन्द्र में है। कैलाश वाजपेयी अपनी कविता में कहते हैं कि सभ्यता ने चाहे हमें कुछ भी नहीं दिया कम-से-कम इतना तो किया है कि सभी को समान रूप से अमानव बना दिया।

और चाहे कुछ भी नहीं दिया।
सभ्यता ने
कम-से-कम यह तो किया है
सभी को
बराबर अमानव बना दिया।

इस दौर की कविताओं में घोर निराशावाद एवं अतार्किकता की झलक दिखायी पड़ती है।

दलित चेतना को केन्द्र में रखकर लिखी गयी सोमदत्त की कविता 'हरिजन हत्याकाण्ड' में नायक अनेक शत्रुओं द्वारा घिरा हुआ है, किन्तु फिर भी वह विद्रोह की हिम्मत रखता है कवि कहता है कि एक व्यक्ति के खिलाफ सैकड़ों की संख्या में इकट्टा हुए अपराधी उसकी आँखों के तेज से खौफ खाकर ठिठक गये। उस एक व्यक्ति में ही उन अपराधियों को लाखों व्यक्ति दिखायी दिये—

मल समेटने वाले फावड़े की धार पर
फिसलती किरणों की चकाचौंध
आँखों के तेज से खौफ खा
ठिठक गये एक के खिलाफ सैकड़ों में एकत्र अपराधी।
धक्क रह गये उनके जी।
कुंचला हुआ चमरौधों से
गूंगा वह जनम का।
जाग्रत बजरंग-सा।
उसमें उन्हें लाखों दिखे।

समकालीन कवियों में अदम गोण्डवी लोककवि के रूप में प्रसिद्ध हैं। सरल, स्पष्ट शब्दों में काव्य रचना करके जन सामान्य की आँखें खोलना, उनकी कविताओं की मुख्य प्रवृत्ति है। 'चमारों की गली' शीर्षक गजल में अदम गोण्डवी ने चमारों की गली में फुलिया चमारिन की मृत्यु का चित्रण करते हुए भुखमरी को कारण बताया है। भुखमरी से परेशान होकर फुलिया कुएँ में डूबकर आत्महत्या कर लेती है—

आइये, महसूस करिये ज़िन्दगी के ताप को।
मैं चमारों की गली तक ले चलूँगा आपको।।
जिस गली में भुखमरी की यातना से ऊबकर।
मर गयी फुलिया बिचारी कल कुएँ में डूबकर।।.

इतना हृदयद्रावक एवं मार्मिक चित्रण समकालीन कविता में पहली बार उपस्थित हुआ है। आगे कवि एक दलित लड़की कृष्णा की आबरू से खेलने वाले ठाकुरों का चित्रण करता है। हरखू, कृष्णा का पिता बाजार गया था। खेत से घास का गट्ठर लिये हुए कृष्णा आ रही थी, तभी रास्ते में घात लगाये ठाकुरों ने जबरदस्ती कृष्णा की अस्मत

लूट ली। 'चमारों की गली' जो उर्दू के नज्मों की शैली में लिखी गयी है दलित चेतना की महत्त्वपूर्ण कविता है। आज का दलित अपने पूर्वजों की तरह अपनी माँ, बहन, बेटियों के ऊपर होते जुल्म को नहीं देख सकता। उसमें प्रतिरोध करने की शक्ति है। उसमें प्रतिशोध की ज्वाला धधक रही है। आगे कवि लिखता है मंगल ने कहा काका तुम मौन क्यों हो? बेटी से पूछो वो दरिन्दा कौन है? जिसने इसकी इज्जत लूटी। कोई हो हम उससे संघर्ष करेंगे, हम पीछे नहीं हटेंगे उसे हम कच्चा खा जायेंगे, उसे जीवित नहीं छोड़ेंगे। हम इसे होनी मानकर नहीं टाल सकते, क्योंकि इसी की आड़ में ये दुश्मन हमारी बहनों, बेटियों और बहुओं के साथ जोर-जबरदस्ती करते हैं। वे पापी मेरे प्रतिशोध से नहीं बच सकते हैं।

बढ़ के मंगल ने कहा काका तू कैसे मौन है?
पूछ तो बेटी से आख़िर वो दरिन्दा कौन है?
हो कोई, संघर्ष से हम पांव मोड़ेंगे नहीं।
कच्चा खा जायेंगे, ज़िन्दा उसको छोड़ेंगे नहीं।
कैसे हो सकता है होनी कह के हम टाला करें।
और ये दुश्मन बहू बेटी से मुँह काला करें।
बच नहीं सकता वो पापी मेरे प्रतिशोध से।

पहली बार इस कविता में दलित प्रतिरोध करता हुआ दिखायी पड़ रहा है। वह किसी भी प्रकार से पीछे नही हटेगा। वह संघर्ष करेगा और अपना प्रतिशोध लेगा।

दलितों की पीड़ा और संघर्ष को ग़ैर दलित कवि रणजीत ने भी अत्यन्त मार्मिक रूप से अभिव्यक्ति दी है। रणजीत दलित अस्मिता से जुड़े कवि हैं। इनकी कविता में दलित स्वर इस प्रकार है कि यदि तुम मेरी जगह होते और एक भंगी एक चमार, एक रण्डी का बेटा कहकर पुकारे जाते, अपने जातिगत नामों से भंगी या रण्डी का पुत्र कहलाते सोचो तुम्हें कैसा लगता? और कैसा लगता शंकराचार्य का यह वाक्य कि छुआछूत तो हमारे धर्म का अनिवार्य अंग है। मुँह नोच लेने का मन नहीं करता तुम्हारा ऐसे अन्याय को धर्म कहने की हिमाकत करने वाले का—

या तुम्हीं होते मेरी जगह
एक भंगी के, एक चमार के, एक रण्डी के बेटे।
और पुकारे जाते अपने उस नाम से
भंगी की या रण्डी की औलाद कहकर
सोचो कैसा लगता तुम्हें
सिर्फ अपने पारिवारिक नाम से पुकारा जाना
और कैसा लगता शंकराचार्य का यह वाक्य-
कि छुआछूत तो हमारे धर्म का अनिवार्य अंग है

इस कविता में दलितों की पीड़ा को अभिव्यक्ति मिली है। यहाँ छुआछूत को धर्म का अनिवार्य अंग बताने वाले के प्रति कवि का आक्रोश एक दलित आक्रोश का भाव है। यह पंक्तियाँ ओमप्रकाश वाल्मीकि और अन्य दलित कवियों की रचनाओं का स्मरण कराती हैं। गोरख पाण्डेय, लीलाधर मण्डलोई, लीलाधर जगूड़ी, हरिश्चन्द्र पाण्डेय, दिनेश शुक्ल आदि प्रमुख कवियों की कविताओं में दलित उत्पीड़न के प्रति आक्रोश दिखायी पड़ता है।

स्वतन्त्रता के पश्चात् दलित काव्य के परिदृश्य पर नजर डाली जाये तो हमें एक लम्बी शृंखला कवियों की प्राप्त होती है। स्वतन्त्रता के पश्चात् भारतीय समाज में सभी वर्गों ने अपने विचार से इस स्वतन्त्रता का अनुभव किया था। वैसे ही दलितों ने भी इस आजादी को अपने तरीके से अनुभव किया। रूपचन्द जो कि एक दलित कवि थे उनका लोक काव्य संग्रह 'रूपचन्द भजनावली' 1956 ई. में प्रकाशित हुआ।

रूपचन्द ने अपने भजन में लिखा है कि 15 अगस्त, 1947 से अछूतों के आजादी का समय आ गया। अब दलित चाहे मन्दिर में जाकर भजन करें, चाहे कुएँ से जाकर पानी भरें अब जहाँ सभी हिन्दू जाते हैं, वहाँ सभी शूद्र भी जा सकते हैं। यदि कोई 'चमार' शब्द का सम्बोधन किया तो उसे सजा मिलेगी। अछूत कहकर जो भी तुम्हें किसी भी काम को करने से रोकेगा उसे जेल की रोटी पानी मिलेगी—

पन्द्रह अगस्त सन् सैंतालिस से समय अछूतों का आया था।
ग्राम-ग्राम और देश देश में सब ने ही सुन पाया था।।
करो भजन मन्दिर में जाकर भरो कुएँ से जा पानी।
जहाँ अनेक हिन्दू जाते हों वहाँ जाओ शूद्र ज्ञानी।
जाटव से चमार कहे तो सजा मिलेगी लासानी।।
अछूत कहे जो रोके तुमको मिले जेल का उसे पानी।

दलितों को सामाजिक व्यवस्था में सम्मान एवं समान दृष्टि से देखा जाये यहीं उनके लिए आजादी थी।

दलितों के लिए अपने संघर्ष के आरम्भिक काल से ही मुख्य समस्या सामाजिक स्वतन्त्रता रही है। सामाजिक दासता ही उनके विकास में बाधक थी। रूपचन्द ने छुआछूत का खण्डन 'चमार' के सन्दर्भ में ज्यादा किया है। वास्तव में कवि भी जाति का चमार है। अतः वह चमार जाति के प्रति सामाजिक छुआछूत को देखता है। चर्म और चमड़े के प्रति कवि कहता है उसी चमड़े का जूता पहनते हैं, उसी चमड़े को घड़ियों के पट्टे में लगाते हैं। बिना चमड़े का किसी को नहीं देखा सभी चामदार कहलाते हैं। दुनिया में चमारों की कोई कौम नहीं है बल्कि चमार कोई भी व्यक्ति अपने कर्म से कहा जाता है—

उसी चाम को देखो यार अब जूता खूब ले जाते हैं।
उसी चाम को देखो मित्रों घड़ियों में लगवाते हैं।।
बिला चाम का कोई न देखा सब चामदार कहलाते हैं।
कौम चमार नहीं दुनिया में करम चमार कहाते हैं।

कवि का मानना है कि जाति चमार नहीं होती है। बल्कि कर्म चमार होता है। आगे कवि कर्म की प्रधानता को स्वीकार करते हुए लिखता है कि व्यक्ति कर्म के अनुसार ऊँच और नीच होता है, जाति से नहीं—

प्यारे मित्रों कर्म प्रधान होता है
कर्म से ऊँच और नीच होता है।

हिन्दी में साठ के दशक में चन्द्रिका प्रसाद जिज्ञासु दलित चेतना साहित्य के प्रवर्तक थे। वे 'प्रकाश लखनवी' उपनाम से काव्य सृजन करते थे। इन्होंने अपनी साहित्यिक यात्रा कविता से आरम्भ की थी। इनकी कविताओं के लोकप्रियता के कारण जनता ने इन्हें 'राष्ट्रकवि' की उपाधि दी थी। जिस आजादी का कवि ने सपना देखा था, आजादी मिलने पर भी उसका वह सपना पूरा नहीं हुआ। स्वतन्त्र भारत में भी शोषकों को हर तरह का शोषण करने की आजादी मिली हुई है। चोर-बाजारी, रिश्वत खोरी रोकी नहीं गयी है। क्या वह खाक शासन करेगा ? जनता का पैसा नेता लोग पानी की तरह बहा रहे हैं। उनका आना-जाना विमानों से हो रहा है—

मोटों की मदद करना, चुसवाना गरीबों को,
चोर बाजारी रिश्वत रोकी नहीं गयी जिससे,
क्या खाक हुकूमत का, बाँधा है उसने बाना ?
पानी की तरह पैसा, पब्लिक का उड़ रहा है,
होता है विमानों पर लीडर का आना-जाना।

कवि ने आजाद भारत के नेहरू युग की दास्तान सुनायी है जो वर्तमान युग में भी प्रासंगिक है।

नब्बे के दशक में दलित साहित्य आन्दोलन के अन्तर्गत एक विशाल लेखक वर्ग तैयार हुआ जिनका रचना-कर्म दलित सवालों को न केवल प्रखर रूप में उठाया बल्कि उसके पक्ष में दलित साहित्य का वातावरण भी विकसित किया। इन रचनाकारों में भगवानदास, सोहनपाल सुमनाक्षर, ओमप्रकाश वाल्मीकि, श्यौराजसिंह 'बेचैन', मोहनदास नैमिशराय, जयप्रकाश कर्दम, एन.आर. सागर, हरकिशन सन्तोषी, लक्ष्मीनारायण सुधाकर, कँवल भारती, सी.बी. भारती, मलखान सिंह, तेज सिंह, सूरजपाल चौहान, दयानन्द बटोही, रजतरानी 'मीनू', सुशीला टाकभौरे, कुसुम वियोगी, जयप्रकाश लीलवान, ईश कुमार गंगानिया, सुदेश तनवर और हरपाल सिंह 'अरुष' इत्यादि महत्त्वपूर्ण हस्ताक्षर हैं।

सोहनपाल सुमनाक्षर दलित चेतना से सम्पृक्त एक सशक्त हस्ताक्षर है। सुमनाक्षर का कविता संग्रह 'अन्धा समाज बहरे लोग' 1984 ई. में प्रकाशित हुआ। जिसमें कुल 35 कविता संकलित हैं। यह काव्य संग्रह दलित काव्य जगत में एक क्रान्तिकारी विस्फोट था। इस संग्रह में संकलित कविताओं ने दलित चिन्तन को ब्राह्मणवाद एवं पूँजीवाद दोनों मोर्चों पर प्रतिरोध की धार दी। बावजूद इसके इस काव्य संग्रह की दलित साहित्य में कोई चर्चा नहीं हुई। इस संग्रह की दलित काव्य जगत में उपेक्षा हुई जबकि इस संग्रह की कविताएँ विचारोत्तेजक थी। इस संग्रह की कविताओं में वर्ग और वर्ण दोनों के खिलाफ आवाज उठायी गयी है। 'मेरा देश' शीर्षक कविता में कवि ऐसे परिवार का चित्रण करता है जो मेहनतकश है पर गरीब है। बारिश में छप्पर चू रहा है, घर में शादी के योग्य जवान बिटिया बैठी है, घर में आटा, दाल कुछ भी नहीं है—

बारिश में छप्पर चूता हैघर पर बैठी जवान बिटिया के
हाथ पीले करने हैं पर
घर में न आटा है न दाल

दलित चेतना की कविताओं में शुमार 'मगरमच्छी आँसू', 'पूर्वजन्म का ढकोसला', 'अन्तर कहाँ रहा'? 'तुमने यह क्यों ढोंग रचाया ?', 'प्रतीक', 'आजादी और गुलामी',

'राम कहाँ था उस दिन ?', अत्यन्त प्रखर कविताएँ हैं। 'अन्तर कहाँ रहा ?' शीर्षक कविता में कवि उच्च जातियों की संस्कृति को कटघरे में खड़ा करता है। कवि कहता है कि तुमने हमें नीच, कमीना, हरामी आदि नामों से सम्बोधित किया। मेरी माँ, बहनों को तो तुम लोगों ने वो पदवी दे दी, जो लाख ढूँढ़ने पर भी कहीं नहीं मिलती है। सभ्य समाज के शब्दकोश में यही सब शब्द हैं। क्यों हम कहें कि तुम सभ्य, शिष्टाचारी मानवता के पक्षधर, सदाचारी हो?

तुमने हमें नीच/कमीन/ढेढ़/हरामी
और न जाने क्या-क्या कहा,
और मेरी माँ बहनों को तो
तुमने वो पदवियाँ दे डाली
जो लाख ढूँढ़ने पर भी कहीं नहीं मिलती है।

इस कविता में कवि का उच्च जातीय मानसिकता से ग्रसित लोगों पर तीखा व्यंग्य है। इस प्रकार हम कह सकते हैं कि 'अन्धा समाज बहरे लोग' संग्रह में संकलित कविताएँ दलित कवि के भावुक मन की अभिव्यक्तियाँ हैं, जिन पर इस समय चल रहे दलित आन्दोलन की छाप दिखायी पड़ती है। इस काव्य संग्रह ने अनेक दलित कवियों के लिए जमीन तैयार की।

सोहनपाल सुमनाक्षर का दूसरा काव्य संग्रह 'सिन्धुघाटी बोल उठी' 1990 ई. में प्रकाशित हुआ। इसमें कुल 53 कविताएँ संकलित हैं। इस संकलन की कविताओं की विशेषता इसकी भाषा में निहित है। यह भाषा विद्रोह की है, जो दलितों की अपनी जन साधारण भाषा है। 'अरे ओ चन्दा' शीर्षक कविता में कवि कहता है कि अरे चन्दा! तुम मेरे अटरिया (छत) पर रातभर चमकते रहना। हम दलितों का तू ही रखवाला है। मेरे गाँव के सभी लोग केवल नाम के बड़े लोग हैं। अँधेरा होते ही वे दलितों के घरों में घुसकर उनकी बहन, बेटियों, पत्नियों के साथ दुर्व्यवहार करते हैं—

अरे ओ चन्दा!/चमकते रहना/मेरे अटरिया पर सारी रात।
अँधेरा पड़ते ही वे दलितों के घरों में लगाते हैं घात।

'अरे ओ सूरज' कविता में कवि ने गाँव की एक दलित स्त्री द्वारा सूरज के न उगने की प्रार्थना करवाता है, क्योंकि दिन निकलते ही जमींदार उसके पति को पकड़ ले जायेगा। उसे दिन भर बेगारी में हल चलाना पड़ेगा। शाम होने पर मजदूरी माँगने पर उसे लाठी-डण्डे से पीटेगा—

अरे ओ सूरज!
आज मत उगना मेरे आँगन में
वरना दिन निकलते ही मेरे आदमी को पकड़ ले जायेगा
दिन भर बेगार में हल चलवायेगा
मजदूरी माँगने पर वह एवज में लट्ठ बरसायेगा।

नवें दशक के अन्तिम वर्ष में दो महत्त्वपूर्ण काव्य संग्रह प्रकाशित हुए। श्यौराजसिंह 'बेचैन' का 'नयी फसल' (1988) तथा ओमप्रकाश वाल्मीकि का 'सदियों का सन्ताप' (1989)। 'नयी फसल' की कविताओं के केन्द्र में जाति से ज्यादा गरीबी है। कवि जाति के सवालों से उतना परेशान नहीं है जितना वर्ग के सवालों से। इस संग्रह की अधिकांश कविताएँ हमें वर्ग-चेतना से अनुप्राणित दिखायी देती हैं। कवि शोषित जनों को अपनी तकदीर स्वयं बदलने की सलाह देता है। हमें अपना निर्माण स्वयं करना होगा। हमें किसी अवतार की राह नहीं देखनी चाहिए—

मजबूत हैं हम कमजोर नहीं
अपना निर्माता और नहीं
मत अवतारों की राह देख
कर स्वयं समस्या हल प्यारे।

'बेचैन' की दलित चेतना भी शोषित जन की चेतना है। कवि की दृष्टि में दलित किसी विशेष जाति से नहीं, वरन् वे सभी लोग दलित हैं, जो शोषित और गरीब हैं। इस सन्दर्भ में कवि कहता है जो दलित भूखा रहता है, नंगा रहता है,

बेघर है उससे तो कोई पूछे यह कौन-सी सदी और कौन-सा जमाना है?

भूखे नंगे बेघर/दलित से तो पूछे कोई/
यह कौन-सी सदी है?/और कौन-सा जमाना है?

दलितों के लिए समय बदलने से क्या फर्क पड़ता है, जब उसकी स्थिति में कोई बदलाव नहीं होता है। श्यौराजसिंह 'बेचैन' अम्बेडकर दर्शन को जाति और वर्ग विहीन समाज के निर्माण के रूप में ग्रहण करते हैं। भीम के सपूत ऐसे भारत का निर्माण करना है जिसमें जाति, धन, धर्म की विषमता न रहे—

जाति, धन, धर्म की/विषमता रहेगी नहीं
भीम के सपूत/ऐसा भारत बनाना है।

ओमप्रकाश वाल्मीकि का काव्य संग्रह 'सदियों का सन्ताप' पूर्ण रूपेण दलित चेतना का काव्य संग्रह है। यह पहला काव्य संग्रह है जिसने मुख्यधारा के काव्यजगत में सबसे ज्यादा हलचल पैदा की। इन कविताओं में भावुकता का कोई स्थान नहीं है। इस संग्रह में दलित विमर्श एवं चिन्तन स्पष्टतया नजर आता है। भाषा और शिल्प इसका बेजोड़ है, जो हिन्दी की मुख्यधारा की कविता से लोहा ले रही है। इस काव्य संग्रह की पहली कविता 'ठाकुर का कुँआ' शीर्षक से है, जिसमें कवि सवर्ण चेतना पर प्रहार करता है—चूल्हा मिट्टी का/मिट्टी तालाब का/तालाब ठाकुर का/भूख रोटी की/रोटी बाजरे की/बाजरा खेत की/खेत ठाकुर का/कुँआ ठाकुर का/पानी ठाकुर का/खेत-खलिहान ठाकुर का/गली-मुहल्ले ठाकुर के/फिर अपना क्या/गाँव? शहर? देश? वही आगे कवि 'युग चेतना शीर्षक कविता में दलितों से झूठी सहानुभूति रखने वाले सवर्ण रचनाकारों से भी मुठभेड़ करता है। आगे कवि लिखता है मैंने दुःख झेले, पीढ़ी दर पीढ़ी कष्ट सहा फिर भी तुम्हें दिखायी नहीं पड़ता, इसलिए समूचा युग मुझे पाखण्डी लगता है—

मैंने दुःख झेले/सहे कष्ट पीढ़ी-दर-पीढ़ी इतने/
फिर भी नहीं देख पाये तुम/
मेरे उत्पीड़न को इसलिए युग समूचा/
लगता है पाखण्डी मुझे।

शम्बूक और एकलव्य जैसे मिथकीय पात्र दलित कविता में दलित अस्मिता के प्रतीक के रूप में प्रयोग किये जाते हैं। वाल्मीकि ने भी 'शम्बूक का कटा सिर' शीर्षक कविता में शम्बूक के बलिदान का चित्रण इस प्रकार किया है—यहाँ गली-गली में/राम है/शम्बूक है/द्रोण है/एकलव्य है/फिर भी सब खामोश हैं/कहीं कुछ है/जो बन्द कमरों से उठते क्रन्दन को/बाहर नहीं आने देता। ओमप्रकाश वाल्मीकि पहली बार उच्च वर्णों की आँखों में आँखें डालकर उनसे प्रश्न करते हैं कि यदि उन्हें दलितों की तरह अपमान सहना पड़ता, दलितों की जिन्दगी जीना पड़ता, तो वे क्या करते ? इस पीड़ा को कवि ने 'तब तुम क्या करोगे' शीर्षक कविता में

व्यक्त किया है—यदि तुम्हें/धकेलकर गाँव से बाहर कर दिया जाये/पानी तक न लेने दिया जाये कुएँ से/दिया जाये खाने को जूठन/मरे जानवर को खींचकर ले जाने के लिए कहा जाये/कहा जाय ढोने को पूरे परिवार का मैला/पहनने को दी जाये उतरन/तब तुम क्या करोगे? इस पूरी सदी की यह पहली दलित कविता थी जिसमें कवि सवर्णों को निरुत्तर कर देता है।

हरकिशन सन्तोषी का पहला काव्य संग्रह 'कमलिनी' 1990 ई. में प्रकाशित हुआ, उनका दूसरा काव्य संग्रह 'वीणा के नूपुर' (1991) दसवें दशक के पहले वर्ष में प्रकाशित हुआ था। 'कमलिनी' में दलित चेतना के अंकुर फूट गये थे, पर 'वीणा के नूपुर' में वे कुछ और विकसित हो गये थे पर अभी परिपक्व नहीं हुए थे। हरकिशन सन्तोषी की एक लम्बी कविता 'मुट्ठी में बन्द अँधेरा' है जिसमें गरीब की झोंपड़ी की अँधेरे की समस्या जुगनू और किरणों के बीच उलझकर विचार से ही दूर हो गयी है। इस संग्रह में पचास कविताएँ संकलित हैं, जो तीन खण्डों में हैं। हरकिशन सन्तोषी ने अपने कविताओं का विषय आरक्षण विरोधी लोगों को बनाया है। 'मानव-शृंखला बनाने वालों' शीर्षक कविता में कवि आरक्षण विरोधियों से प्रश्न करता है—योग्यता को आधार बनाने वालों/जनसम्पत्ति आग लगाने वालों/रेल पथ अवरोध कराने वालों/क्या तुम सड़क किनारे बैठ/फटा-जूता भी सी पाओगे? आगे कवि 'जो तुमने कहा' है शीर्षक लम्बी कविता में मण्डल के खिलाफ कमण्डल के आन्दोलन पर सवाल खड़े करता है। कवि कहता है कि आखिर कब तक ऐसा अत्याचार चलेगा, कि एक भाई! भूखा सोये, दूसरा भाई पेट भरने के बाद खाना फेंके। एक भाई आकाश को छूये दूसरा जमीन में धँस जाये—

और कब तक चलेगा/यह जुल्म और सितम का सैलाब
कि एक भाई भूखा सोये/दूसरा भाई पेट भर कर खाना फेंके।
एक भाई नभ को छूये/दूजा भाई जमीन में धँसे।

कवि समाज में व्याप्त इस विषमता पर तीखा व्यंग्य करता है। आगे कवि योग्यता की बात करने वाले आरक्षण-विरोधियों से दो टूक शब्दों में बहुत ही विचारोत्तेजक संवाद स्थापित करता है—

योग्यता का प्रश्न चिह्न लगाने वालो
अगर तुम्हीं योग्य थे/ क्यों तुमने पाकिस्तान बनवाया ?
तो क्यों तुमने सोमनाथ का मन्दिर लुटवाया ?

सूरजपाल चौहान का काव्य संग्रह 'प्रयास' 1994 ई. में प्रकाशित हुआ। काव्य संग्रह नाम से ही लगता है कि कवि के रूप में सूरजपाल का यह प्रथम प्रयास था। फिलहाल इस संग्रह की कविताओं में दलित कविता का कोई संघर्ष देखने को नहीं मिलता, जबकि उस समय दलित साहित्य के उभार से साहित्य के सिंहासन

पर विराजमान उच्च वर्गों में अपने वर्चस्व को लेकर चिन्ता, डर और बौखलाहट पैदा हो गयी थी।

श्यौराजसिंह 'बेचैन' का दूसरा काव्य संग्रह 'क्रौंच हूँ मैं' 1995 ई. में प्रकाशित हुआ। जिसमें कवि कहता है—आदि कवि वाल्मीकि ने रामायण की शुरुआत बहेलिया द्वारा क्रौंच पक्षी के वध से किया है। इसी को आधार बनाते हुए 'बेचैन' ने दलित वेदना को चित्रित किया है। इस कविता में कवि कहता है कि आदि कविता की शुरुआत क्रौंच पक्षी का वध देखकर हुआ था, किन्तु मैं कवि होने के बावजूद वाल्मीकि के वंश से नहीं हूँ। मैं वाल्मीकि नहीं हूँ, मैं क्रौंच हूँ—

आदि कविता/क्रौंच का वध देखकर पैदा हुई थी।
मैं परन्तु/वाल्मीकि मैं नहीं हूँ/क्रौंच हूँ मैं।

इसमें कवि ने स्वानुभूति बनाम सहानुभूति के प्रश्न का भी जवाब दिया है। सहानुभूति का लेखन करने वाले सवर्ण लेखक का प्रतीक यहाँ 'वाल्मीकि' है, जबकि अपनी पीड़ा का स्वयं अनुभव करने वाला 'क्रौंच' पक्षी दलितों का प्रतीक है।

सन् 1995 ई. में कुसुम वियोगी का 'व्यवस्था के विषधर' काव्य संग्रह प्रकाशित हुआ। कुसुम वियोगी की दलित कविता का संघर्ष सामन्तवादी और ब्राह्मणवादी व्यवस्था के साथ लोकतन्त्र विरोधी धार्मिक उन्माद के विरुद्ध भी दिखायी देता है। 'प्रतिरोध' शीर्षक कविता उस उच्चवर्गीय जातीय मानसिकता के विरुद्ध दलित आक्रोश को व्यक्त करती है, जिससे दलित दूल्हा को घोड़ी पर बैठा देखकर न जाने क्यों सवर्णों को तकलीफ होती है—

दलित दूल्हा/जब घोड़ी पर चढ़कर निकलता है/
न जाने क्यों/उनके कलेजे का पानी हिलता है ?

आगे कवयित्री ने दलितों के आक्रोश को इस प्रकार व्यक्त किया है—हम ही फटेंगे बनके बारूद/जब तुम्हारे घर बस्तियों व आँगन में/लेने को प्रतिशोध सोचो, तब तुम्हें कैसा लगेगा ?

पिछड़ी जातियों के हित हेतु मण्डल आयोग की सिफारिश 1990 में लागू हुआ था। जिसके विरोध में सवर्ण जातियों ने सम्पूर्ण देश में आन्दोलन चलाया। सरकारी सम्पत्ति को नष्ट किया, इमारतों में आग लगायी। न जाने कितने छात्रों ने आत्मदाह किया ? कुसुम वियोगी ने 'राष्ट्रीयता के नाम पर' शीर्षक कविता में उस उग्र प्रदर्शन का तीखा विरोध किया। इस उन्माद के विरोध में लगभग सभी दलित कवियों ने अपनी कलम चलायी है। कुसुम वियोगी ने इसे ब्राह्मण संस्कृति को बचाने का प्रयास माना है। उनका कहना है कि मण्डल आयोग की सिफारिशें लागू होने पर सारे वायुमण्डल में हाहाकार मच गया। सारे देश में आग लग गयी। लोग सड़कों पर आकर आत्मदाह करने लगे—

मण्डल आयोग की सिफारिशें/क्या लागू हुईं
समस्त वायु मण्डल ही हिल गया/आग लगवा दी पूरे देश में
बचाने को ब्राह्मणी संस्कृति।

ऐसे ही समय में दलित कवि एन.आर. सागर का काव्य संग्रह 'आजाद हैं हम' 1995 ई. प्रकाशित हुआ। कवि ने अपने काव्य संग्रह का समर्पण उस दलित खून को किया है, जो अपनी स्वतन्त्रता की प्राप्ति हेतु सदियों से अनवरत बहता चला आ रहा है। एन.आर. सागर की कविता दलित मुक्ति के संघर्ष लिए समर्पित थी। वे दलितों को आजाद मानते हैं, पर गुलाम की तरह। 'आजाद हैं हम' शीर्षक कविता में कवि कहता है—आजाद हैं हम आज पर गुलाम की तरह/आबाद बन जाँबाज, पर गुलाम की तरह/गिनती में हम नहीं, हैं तो वोट की खातिर/वरना तो जी रहे हैं, उप-नाम की तरह। दलित कवि एन.आर. सागर देश की गुलामी का कारण ब्राह्मणों को मानते हैं। वे ब्राह्मणों को बेईमान, शीलहीन, लम्पट, पाखण्डी, कुजात और समाज को विषाक्त बनाने वाला शब्दों का प्रयोग करते हैं—तेरी ओछी जात कुजात कमीने ब्राह्मण बेईमान/तू ढोंगी-कपटी-पाखण्डी/शीलहीन, बदचलन बने तू फिर भी श्रेष्ठ महान।

दलित कवि लक्ष्मीनारायण सुधाकर का काव्य संग्रह 'उत्पीड़न की यात्रा' 1996 ई. में प्रकाशित हुआ। इनकी कविताओं में उत्पीड़न की व्यथा साफ तौर पर देखी जा सकती है। कवि कहता है कि हमारी माता, बहनों के पुत्रों को छीनकर कुएँ में फेंक दिया जाता है। हमारे पुत्रों को नंगा करके गलियों में घुमाया जाता है। ब्राह्मणशाही के दास हमें जी भरके सताते हैं। मौका मिलते ही वे पापी हमें बाँधकर जिन्दा ही जला देते हैं।

माता-बहिनों के लाल छीन कुँओं में फेंकें जाते हैं।
ललनाओं को को नंगा करके, गलियों में दुष्ट घुमाते हैं।।
मौका पाकर पापी हमको, जिन्दा ही बाँध जलाते हैं।

दलित काव्य जगत में कँवल भारती एक सशक्त कवि के रूप में अपनी उपस्थिति दर्ज कराते हैं। 'तब, तुम्हारी निष्ठा क्या होती ? काव्य संग्रह 1996 ई. में प्रकाशित हुआ। दलित कविता में इस संग्रह को विशेष स्थान मिला। 'तब, तुम्हारी निष्ठा क्या होती ?' शीर्षक कविता में कवि वेद, स्मृति, पुराण और धर्मसूत्रों पर तीखा व्यंग्य करता है। इस कविता में दलित उत्पीड़न की मार्मिक अभिव्यक्ति मिलती है। कवि कहता है—यदि स्मृतियों का यह विधान लागू हो जाता/तुम ब्राह्मणों, ठाकुरों और वैश्यों पर/कि तुम नीच हो,/श्मशान भूमिवत् हो/तुम्हारे आवास हो गाँवों के बाहर। आगे कवि दलितों के द्वारा किये गये रोजमर्रा के कार्यों पर क्षोभ प्रकट करते हुए सवर्णों से प्रश्न करता है—तुम्हारे पेशे हों घृणित/मरे जानवरों को उठाना/मल-मूत्र साफ करना/कपड़े धोना, बाल काटना/

हमारे खेतों-घरों में दास-कर्म करना/तब तुम्हारी निष्ठा क्या होती? इसी वर्ष महशूर दलित कवि सी.बी. भारती का काव्य संग्रह 'आक्रोश' (1996 ई.) प्रकाशित हुआ। उन्होंने सर्वप्रथम मानव विरोधी उस प्रथा और व्यवस्था पर व्यंग्य किया जो मानव-मानव के बीच अलगाव करती है। 'गति' शीर्षक कविता में कवि कहता है—यह लाजमी है कि थूँकें/उस प्रथा पर/करती हो जो, मनुष्य का विरोध/जो तोड़ती हो मनुष्यता के रिश्ते को। शोषक वर्ग के प्रति उनका हिंसात्मक विरोध नहीं है, वरन् कलम के द्वारा वैचारिक क्रान्ति करने का है। 'कलम के जरिये' शीर्षक कविता में कवि का यही भाव व्यक्त हुआ है तुम फैलाते रहे गन्दगी/और मैं करता रहा सफाई/चलाता रहा अपनी झाड़ू/रहा फिर भी ओछा मैं और ऊँचे तुम/मैंने अब उठा ली है कलम/झाडू के बदले।

इसी समय दलित कविता के दो नये हस्ताक्षर सामने आते हैं—मलखान सिंह और जयप्रकाश कर्दम। मलखान सिंह का काव्य संग्रह 'सुनो ब्राह्मण' 1996 ई. में प्रकाशित हुआ। जयप्रकाश कर्दम का काव्य संग्रह 'गूंगा नहीं था मैं' 1997 ई. में प्रकाशित हुआ। ठीक इसी समय ओमप्रकाश वाल्मीकि का दूसरा काव्य संग्रह 'बस्स बहुत हो चुका' इन तीनों काव्य संग्रहों की विशेषता यह है कि इनमें दलित कविता के संघर्ष के साथ-साथ उनके कवियों का आत्मसंघर्ष भी अभिव्यंजित हुआ है। मलखान सिंह की कविता का हिन्दी दलित काव्य जगत में कोई नोटिस नहीं लिया गया, यहाँ तक कि दलित कवि ओमप्रकाश वाल्मीकि ने भी इसे जनवादी कविता कहकर नकार दिया। 'सुनो ब्राह्मण' शीर्षक कविता इस काव्य संकलन की अन्तिम कविता है। गाँव की सामन्तवादी अलोकतान्त्रिक व्यवस्था से दलित कविता का संघर्ष हमें पहली बार 'सुनो ब्राह्मण' कविता में दिखायी देता है। मलखान सिंह ने इस संग्रह की पहली कविता 'मैं आदमी नहीं हूँ' कविता से अन्तिम कविता सुनो ब्राह्मण तक में हमें दलितों के गाँव से रू-ब-रू करवाया है। कवि 'सुनो ब्राह्मण' शीर्षक कविता में ब्राह्मणों को फटकारता है और कहता है कि हमारी दासता की शुरुआत तुम्हारे जन्म लेने से ही प्रारम्भ होता है और इसका अन्त भी तुम्हारे अन्त के साथ होगा—

सुनो ब्राह्मण/हमारी दासता का सफर तुम्हारे जन्म से शुरू होता है
और इसका अन्त भी/तुम्हारे अन्त के साथ होगा।

आगे कवि 'वशिष्ठ' और 'द्रोणाचार्य' पर व्यंग्य करता है और कहता है कि हम तुमसे घृणा करते हैं। तुम्हारे अतीत और आस्थाओं पर थूकते हैं—

तो सुनो बशिष्ठ, द्रोणाचार्य तुम भी सुनो। हम तुमसे घृणा करते हैं,
तुम्हारे अतीत तुम्हारी आस्थाओं पर थूकते हैं।

मलखान सिंह ने रोटी और सम्मान की जिस लड़ाई की शुरुआत अपनी कविता द्वारा की, उसी को आगे बढ़ाया मशहूर दलित कवि जयप्रकाश कदर्म ने। इनका

काव्य संग्रह 'गूँगा नहीं था मैं 1997 ई. में प्रकाशित हुआ। 'गूँगा नहीं था मैं' काव्य संग्रह में सवर्णों द्वारा दलितों के प्रति होने वाले भेदभाव को विषय बनाया गया है। कवि कहता है, मैं गूँगा नहीं था मैं प्रतिरोध कर सकता था किन्तु मैं भयभीत था, कवि कहता है—अगर मैं बोल जाता/जंगल की आग की तरह यह बात फैल जाती कि/मिसलगढ़ी का एक चमार का लड़का काजीपुरा के/एक जाट के छोरे सै अड़ गया है/तुरत-फुरत स्कूल के/सारे सवर्ण छात्र गोलबन्द हो जाते, और कई दलित छात्रों के हाथ-पैर टूटते/और फिर झगड़ा करने के जुर्म में हम ही स्कूल से/ 'रेस्टीकेट' कर दिये जाते। जयप्रकाश कर्दम का यह काव्य संग्रह गूँगा नहीं था मैं तीन क्षणिकाओं में समाप्त होता है। जिनमें पहली है 'जिन्दगी', दूसरी है 'भूख' तीसरी है 'सभ्यता' और चौथी 'आग' है। जीवन है तो भूख है, भूख है तो संघर्ष है, जिसमें कमाकर खाना दलित की 'सभ्यता' है और यही 'सभ्यता' ही दलित की आग है। वर्ष 2000 में जिन दलित कवियों के काव्य संकलन ने नये जीवन मूल्यों के साथ दस्तक दी है उनमें ईश कुमार गंगानिया का काव्य संग्रह 'हार नहीं मानूँगा' विशेष ख्यातिप्राप्त है। 'गंगानिया' अपने संघर्ष को जारी रखते हुए कहते हैं कि चाहे हमारे बीच आपसी फूट डालने के कितने ही बीज बो दिये जायँ ? कुचल दूँगा इन्हें अंकुरित होने से पहले अपना संघर्ष, संकल्प नहीं त्यागूँगा चाहे रास्ता कितना ही कठिन क्यों न हो ? मैं हार नहीं मानूँगा।

चाहे कितने ही बोये जायँ बीज/डालने को आपसी फूट/कुचल दूँगा इन्हें अंकुरित होने से पहले/कितनी ही दुर्गम हो जायें राहें/मैं हार नहीं मानूँगा।

आगे कवि भारत की आजादी को पूँजीवादी तानाशाही का गुलाम मानता है। 'क्यों न फड़फड़ाएँ' शीर्षक कविता में कवि कहता है झूठे हैं वे लोग/जो कहते हैं/भारत आजाद है/भारत गुलाम है आज भी/ब्राह्मणशाही और पूँजीवाद की तानाशाही मोहनदास नैमिशराय का काव्य संग्रह 'आग और आन्दोलन' 2000 ई. में प्रकाशित हुआ। जिसमें कुल 46 कविताएँ संकलित हैं। मोहनदास नैमिशराय ऐसे दलित कवि हैं, जिनका सरोकार आम आदमी से जुड़ा है। 'खून और शहद' शीर्षक कविता में कवि जूठी पत्तलों पर कुत्तों और आदमियों के मध्य भूख मिटाने के आपसी संघर्ष को चित्रित करता है। वहीं 'कांच और लड़की' कविता में कवि कूड़े के ढेर से काँच के टुकड़े बीनने वाली लड़की के भीतर छिपे गीत को चित्रित करता है। वह लड़की, कूड़े के ढेर में/ ढूँढ़ती हुई काँच के टुकड़े रंग-बिरंगे/ कटे-फटे, छोटे-बड़े/ कोई गीत गुनगुना रही थी।

मोहनदास नैमिशराय की काव्य चेतना जातिवाद से मुक्त है। वह सम्पूर्ण शासक वर्ग को शोषक मानते हैं। कवि के 'शब्द' शीर्षक कविता में हमें पहली बार दलित चेतना का दर्शन होता है। वे लिखते हैं—दलितों के सीने जब छलनी होते हैं/शब्द बनते हैं धारदार/जहर बुझे चाकू की तरह। वही आगे कवि 'झाडू और

कलम' कविता में दलितों में आये वैचारिक परिवर्तन को अभिव्यक्ति देता है—कल मेरे हाथ में झाडू था/आज कलम/कल झाडू से मैं तुम्हारी गन्दगी हटाता था। आज कलम से/तुमने गन्दगी फैलाने के लिए/वेद/पुराण/मनुस्मृति का सहारा लिया/कल उन्हें जलाने का/मुझे अधिकार नहीं था/आज शब्दों की आँच से/मैं उन्हें जलाऊँगा।का 'आग और आन्दोलन'।

दलित कवियों के अन्य प्रमुख हस्ताक्षर में धर्मवीर, एन. सिंह, सुखवीर सिंह, सुशीला टाकभौरे, रजनी तिलक, रजतरानी 'मीनू', प्रेमशंकर, पुरुषोत्तम सत्यप्रेमी, दयानन्द बटोही, कर्मशील भारती और सुदेश तनवर इत्यादि कवियों में प्रखर रूप से दलित चेतना दिखायी देती है। इन सभी कवियों के यहाँ प्रतिरोध का स्वर, आक्रोश हमें देखने को मिलता है।

ग. दलित एवं ग़ैर दलित काव्य का साम्य-वैषम्य

जहाँ तक दलित एवं ग़ैर दलित कवियों के काव्य में साम्य-वैषम्य का प्रश्न है तो दोनों कवियों के काव्यों में समानता एवं विषमता दिखायी देती है। समानता की बात करें तो दोनों काव्य में ज्यादातर जगहों पर वर्ण-व्यवस्था, दलित दीन-हीनों का चित्रण और उनकी यातना, पीड़ा, सन्त्रास और मुक्ति की आकांक्षा पर दलित एवं ग़ैर दलित कवियों ने अपनी लेखनी चलायी है। ग़ैर दलित कवि भी दलितों को समाज में सम्मान से जीवन जीने का हक दिये जाने का वकालत करते नजर आते हैं। ठीक इसी प्रकार की चर्चा हमें दलित कवियों के काव्य में भी देखने को मिलती है। दलित एवं ग़ैर दलित कवियों ने दलितों के उत्पीड़न, शोषण, यातना और उनके संघर्ष का चित्रण बखूबी किया। दलित एवं ग़ैर दलित कवियों ने दलितों की समानता एवं स्वतन्त्रता की पक्षधरता को अपने काव्य का प्रमुख उपजीव्य बनाया है। दलित जीवन जिन कारणों से अभिशप्त व त्रासद हैं, उसके प्रत्येक पहलू पर दलित एवं ग़ैर दलित कवियों ने अपनी पैनी दृष्टि से विचार किया है। इन कवियों का लक्ष्य है कि समाज से उपेक्षित दलित जीवन को समाज की मुख्यधारा से जोड़ा जाये और उन्हें एक मानवीय दृष्टि से देखा एवं स्वीकारा जाये। इस सन्दर्भ में मोहनदास नैमिशराय का कहना है—दलित कविता एक सामाजिक आन्दोलन का सामाजिक प्रतिफलन है। अन्य काव्यधाराओं और साहित्यिक परम्पराओं की अपेक्षा उसका सीधा सम्बन्ध जीवन की जमीन से है।दलित एवं ग़ैर दलित कवियों का लक्ष्य इस ओर भी बराबर बना रहा है कि दलितों में उनके शोषण के प्रति एक चेतना का विकास हो जो उन्हें उनके हक की प्राप्ति के लिए आन्दोलित करें। जिन रूढ़ियों एवं अन्धविश्वासों की बेड़ियों ने उनके जीवन को बद से बदतर बना रखा है, उससे वे मुक्त होने का पुरजोर प्रयास करें। अपनी ऐतिहासिक, सामाजिक पृष्ठभूमि को

तोड़ते हुए अपने जीवन को मानवीय बनाने के लिए दृढ़ संकल्प होकर संघर्ष करें।

विषमता की दृष्टि से देखें तो दलित एवं ग़ैर दलित कवियों के काव्य में सबसे प्रमुख तत्त्व स्वानुभूति बनाम सहानुभूति का उभरकर सामने आता है। इसके साथ ही विषयवस्तु, काव्यभाषा, बिम्ब, प्रतीक एवं शैली की दृष्टि से भी अन्तर देखने को मिलता है। विषयवस्तु के सन्दर्भ में ग़ैर दलित काव्य में दलित आब्जेक्ट ही बन पाया है, वह सब्जेक्ट नहीं बन सका। क्योंकि ग़ैर दलित काव्य में दलित या तो गाँधी के हरिजन अथवा मार्क्स के सर्वहारा के रूप में चित्रित हैं। वे अम्बेडकर के दलित नहीं है। दलित समस्या की सतही समझ ही यहाँ दिखती है। दलित समस्या की समझ के लिए अम्बेडकरवाद की समझ होना आवश्यक है, क्योंकि दलित समझ पर अम्बेडकर के विचार दर्शन का गहरा असर है। ग़ैर दलित धारा के रचनाकार अपनी सारी सहानुभूति एवं समानुभूति के बावजूद अचेतन रूप से उसी यथास्थितिवादी व्यवस्था की बात करने लगते हैं, जिसके खिलाफ दलित चेतना संघर्षरत है। इन कवियों की कविताओं में दलित यातना एवं दुर्दशा का कमोबेश चित्रण तो मिलता है किन्तु उनके स्वाभिमान एवं संघर्ष चेतना के प्रमाण नहीं मिलते। इस सन्दर्भ में ओमप्रकाश वाल्मीकि का कथन है—दलित की व्यथा, दुःख, पीड़ा, शोषण का विवरण देना या बखान करना ही दलित चेतना नहीं है।

दलित साहित्य की भाषा भी ग़ैर दलित साहित्य की भाषा से अन्तर रखती है। दलित साहित्य की भाषा नकार और विरोध की भाषा है जिसमें युगों की यातनाएँ साकार हो उठी हैं। दलित साहित्य में दलितों की पीड़ा, बेबसी, उत्पीड़न और शोषण से उपजे आक्रोश को सामाजिक यथार्थ की भावभूमि पर चित्रित करने के लिए तल्ख एवं विशिष्ट प्रतीकों का प्रयोग हुआ है। दलित कविता में 'पेड़', 'लोकतन्त्र', भेड़िये, जंगली सुअर, कुत्ते, शोषण एवं दमन, गुलामी के प्रतीक हैं। दलित कविता में प्रयुक्त बिम्ब आक्रोश एवं विद्रोह की सशक्त अभिव्यक्ति बनते हैं। ये प्रतीक और बिम्ब दलित जीवन के परिवेश से ही ग्रहित हैं।

दलित जीवन की वेदना, उसकी टूटन स्वयं राह चुनकर उस राह पर चलने की अदम्य आकांक्षा—यह सब दलित कवियों की दलित चेतना की रचनाओं में मिलता है। एक ओर तो ग़ैर दलित कवियों की कविता दलितों की उस मरणान्तक वेदना का आभास दिलाती है जिसमें दलित पशु से भी बदतर जीवन व्यतीत करता है, परन्तु दूसरी ओर इनकी कविता शोषण के विरुद्ध स्वचेतन दलित को निरन्तर बेंधने वाली विद्रोही वृत्ति तथा गहरे विक्षोभ का भी प्रतिनिधित्व करती है, जो उसे अन्य दलित कवियों की रचनाओं से जोड़कर प्रासंगिक बनाती है। इसीलिए ग़ैर दलित कवियों द्वारा रचित होने के बावजूद दलित चेतना के सन्दर्भ में इन कविताओं का प्रासंगिकता ज्यों-की-त्यों बनी हुई है—खासतौर से दलितों की वेदना, शोषण

से जुड़ी हुई कविता । ग़ैर दलित कवियों ने अपनी लेखनी से न केवल दलित संचेतना का प्रचार-प्रसार किया बल्कि उसकी धार भी पैनी की है। हालाँकि दलित आलोचकों का आरोप है कि ग़ैर दलित रचनाकार अपनी सारी सहानुभूति के बावजूद अपनी सवर्णता या सवर्णबोध का परिहार नहीं कर पाता है। इस तरह दलित साहित्य सामाजिक परिवर्तन और गतिशीलता का साहित्य है। जिसमें ग़ैर दलित स्तर से होने वाले प्रयासों की भी अहमियत है। दलित, ग़ैर दलित रचनाशीलता अन्योन्याश्रित एवं साझे प्रयास को जन्म दे रही है।

दलित एवं ग़ैर दलित कवियों का काव्य : तुलनात्मक परिप्रेक्ष्य

काव्य वस्तु के चयन का स्वरूप

जहाँ तक दलित एवं ग़ैर दलित कवियों के काव्य वस्तु के चयन के स्वरूप का प्रश्न है तो दलित एवं ग़ैर दलित कवियों ने दलित आन्दोलन को अपने शब्दों में पिरोया है। दलितों को केन्द्र में रखकर जो भी कविताएँ लिखी गयी हैं वे उनके प्रति शोषण, उत्पीड़न, अन्याय, अत्याचार का डटकर मुकाबला करती हैं। ये कविताएँ आज दलितों की दशा एवं दिशा दोनों का निर्धारण कर रही हैं। इन कवियों की कविताओं में जाति-भेद, वर्ण-भेद, ऊँच-नीच और भाग्यवाद के खिलाफ विद्रोह का स्वर उभरा है। इसमें छुआछूत, असमानता, उत्पीड़न, शोषण के विरुद्ध दलित चेतना मुखरित हुई है।

वर्ण-व्यवस्था एवं अस्पृश्यता ने ही आज भारतीय समाज में दलितों की स्थिति को कमजोर बनाने में अपनी प्रमुख भूमिका निभायी है। प्राचीन काल से ही जातीय आधार पर उच्च वर्ण और निम्न वर्ण निर्मित हुए। प्राचीन काल में समाज को संचालित करने हेतु जिस वर्ण-व्यवस्था को कर्म के आधार पर चार भागों में विभक्त किया गया उसी वर्ण-व्यवस्था को बाद में जन्म के आधार पर निश्चित कर दिया गया। उच्च जाति में जन्म लेने वाला व्यक्ति उच्च हो गया और निम्न जाति में जन्म लेने वाला व्यक्ति निम्न। उच्चता और निम्नता के इस बँटवारे ने देश में छुआछूत की समस्या को जन्म दिया। उन्नीसवीं और बीसवीं शताब्दी में तो यह समस्या इतनी अधिक थी कि महात्मा गाँधी एवं अन्य समाज-सुधारकों को पृथक् रूप से वर्ण-व्यवस्था एवं अस्पृश्यता के खिलाफ बाकायदा आन्दोलन चलाना पड़ा। वर्ण-व्यवस्था एवं अस्पृश्यता के कारण उच्च वर्ण के लोग शोषक बने रहे और निम्न वर्ण के लोग शोषित। बीसवीं सदी की दलित कविता ने वर्ण-व्यवस्था एवं अस्पृश्यता के खिलाफ बड़ी तल्ख टिप्पणी की। भारतेन्दु ने धर्म और छुआछूत पर व्यंग्य करते हुए लिखा-

बहु हमने फैलाए धर्म। बढ़ाया छुआछूत का कर्म।।

भारतेन्दु ने छुआछूत, धार्मिक पाखण्डों और अन्य आडम्बरों पर करारी चोट की। आगे वे लिखते हैं—

यारों यह नहिं सच्चा धरम।
छू-छू कर या नाक मूँदकर जो कि बढ़ाया भरम
बन्धन में ही डालेंगे यह बुरे भले सब करम।

वर्ण-व्यवस्था एवं अस्पृश्यता के पोषकों पर भारतेन्दु करारा प्रहार करते हैं वे इस सन्दर्भ में लिखते हैं—

रचि बहु विधि के वाक्य पुरानन माहि घुसाए।
जाति अनेकन करी नीच अरु ऊँच बनायो
खान-पान सम्बन्ध सबन सों बरजि छुड़ायो।।

महाभारत महाकाव्य का कर्ण एक ऐसा पात्र था जिसको वर्ण-व्यवस्था के कारण ही अपमानित व लज्जित होना पड़ा। रामधारी सिंह 'दिनकर' ने कर्ण को आधार बनाकर वर्ण-व्यवस्था एवं अस्पृश्यता पर प्रहार किया है। कर्ण को अपमानित करने वालों एवं कर्ण के साथ अन्याय करने वालों को लताड़ते हुए दिनकर लिखते हैं—

जाति! हाय री जाति! कर्ण का हृदय क्षोभ से डोला,
कुपित सूर्य की ओर देख वह वीर क्रोध से बोला-
जाति जाति रटते, जिनकी पूँजी केवल पाखण्ड,
*मैं क्या जानूँ जाति ये मेरे भुजदण्ड।*और आगे कर्ण कहता है—
पूछो मेरी जाति, शक्ति हो तो, मेरे भुजबल से,
रवि समान दीपित ललाट से, और कवच कुण्डल से,
पढ़ो उसे जो झलक रहा है मुझमें तेज प्रकाश
मेरे रोम-रोम में अंकित है मेरा इतिहास।

मैथिलीशरण गुप्त 'गाँवों का सुधार' शीर्षक कविता में लिखते हैं, कि अस्पृश्यता के कारण ही समाज का निम्न तबका कुत्ते-बिल्लियों से भी बदतर जीवन स्थिति में है—

कुत्ते-बिल्ली से भी दूर
रखे अपनों को जो क्रूर
क्या अचरज यदि उनको अन्य
समझे घृण्य, असभ्य, जघन्य।

वर्ण-व्यवस्था ही अस्पृश्यता के मूल में है। श्रीधर पाठक मनु से प्रश्न करते हैं कि तुमने ये किस वर्ण-व्यवस्था को बना दिया? जिसके कारण आज समाज के निम्न वर्ग का जीवन बद से बदतर हो गया है—

मनु जी तुमने यह क्या किया।
किसी को पौन, किसी को पूरा किसी को आधा दिया।

और अधिक क्या कहें बाप जी कहते दुखता हिया।।
जटिल जाति का, अटल पात का, जाल है किसका सिया ?
मनु जी तुमने यह क्या किया ?

श्रीधर पाठक की कविता में दलित के साथ अस्पृश्यता का व्यवहार किये जाने की चेतना तो है परन्तु आक्रोश और प्रतिरोध नहीं है। मैथिलीशरण गुप्त अपनी कविता में तो अस्पृश्य 'मेहतर' को 'महत्तर' बना देते हैं किन्तु उसे केवल धन्य और पवित्र घोषित करने से तो कुछ नहीं होगा। सवाल यह है कि 'मेहतर' को महिमामण्डित करने से क्या मेहतर का सामाजिक स्तर ऊँचा हो जायेगा ?

सबके हितविज्ञानादर्श,
पर न घृणा-मय हो अस्पृश्य।
धन्य, 'महत्तर' पावन धन्य।

वैसे मैथिलीशरण गुप्त अछूतों को शुद्धाचार सिखाने के पक्ष में हैं, परन्तु साथ ही उन्हें वे समाज के रक्षक अंगों में भी शामिल करना चाहते हैं अर्थात् अप्रत्यक्ष रूप से गुप्त जी वर्ण-व्यवस्था के हिमायती भी हैं—

करो अछूतों का उद्धार, उन्हें सिखाओ शुद्धाचार।
अन्त्यज वैसे नहीं कठोर, जैसे साह बने वे चोर।
वे समाज के रक्षक अंग, होने पावें विकृत न भंग।

प्राचीन काल से ही निम्नवर्णीय लोगों के साथ उपेक्षापूर्ण व्यवहार होता रहा है। चाहे वह मन्दिरों में प्रवेश का अधिकार हो या शिक्षा प्राप्त करने का, हर जगह अस्पृश्यों के साथ भेद-भावपूर्ण व्यवहार होता रहा है। एकलव्य के साथ हुए अन्याय को आधार बनाकर रामकुमार वर्मा ने 'एकलव्य' खण्डकाव्य की रचना की 'एकलव्य' खण्डकाव्य का नायक एकलव्य है। महाभारतकालीन प्राचीन कथा के जरिये रामकुमार वर्मा ने वर्ण-व्यवस्था एवं अस्पृश्यता की समस्या को उठाया। रामकुमार वर्मा कृत-एकलव्य खण्डकाव्य का उद्द्देश्य यही है कि शिक्षा पर, ज्ञान पर सभी लोगों का समान अधिकार है। ये किसी जाति विशेष की बपौती नहीं है। किसी भी जाति विशेष को ज्ञान प्राप्त करने से वंचित नहीं किया जा सकता। इस सन्दर्भ में एकलव्य कहता है—

जात-भेद नहीं, वर्ग-वंश-भेद भी नहीं,
शिक्षा प्राप्त करने के सभी अधिकारी हैं।
सूर्य की किरण भी क्या जाति-भेद मानती?
अग्नि क्या विशेष जीव-धारियों की श्रेणी में—
सीमित है? और वायु की तरंग उठती—
केवल विशिष्ट व्यक्तियों को साँस देने में?

एकलव्य प्रश्न करता है उस व्यवस्था से जिसने समाज के एक वर्ग-विशेष को अस्पृश्य बना रखा है। क्या सूर्य की किरण भी जाति-भेद को मानती है? क्या आग

और हवा भी जाति भेद को मानते हैं ? यदि नहीं, तो फिर पूछना होगा कि हम सेवा करने के बाद भी शूद्र कहलाते रहेंगे।

शूद्र कहलाते रहें सेवा-भाव मान के
किन्तु जब मानव को विद्या का निषेध हो,
बात क्या नहीं है क्रान्तिकारी बन जाने की?

एकलव्य कहता है कि जब हमारे साथ ऐसा अन्याय हो रहा है तब क्यों नहीं क्रान्ति ही कर देनी चाहिए ? दलितों की दयनीय स्थिति के लिए 'निराला' ब्राह्मणवादियों को दोषी मानते हैं, और कहते हैं कि उन्हीं ने हमें पतित किया और यदि आज हम शूद्र हैं, तो उन्हीं के कारण हैं—

एक दिन ब्राह्मणों ने हमें पतित किया था
शूद्र कहलाये हम।

भगवतीचरण वर्मा समाज में दलितों की स्थिति को रेखांकित करते हुए कहते हैं—

पशुओं पर है दया, मनुष्यों पर है अत्याचार।
व्यंग्य-मात्र है अरे पतीत यह सब तेरा आचार!
अरे ये इतने कोटि अछूत, तुम्हारे बे-कौड़ी के दास।
दूर है छूने की ही बात, पाप है आना इतना पास।

एकलव्य का उदाहरण देकर दलितों के साथ होने वाले अन्याय और उपेक्षापूर्ण व्यवहार का वर्णन हरिवंशराय बच्चन इस प्रकार करते हैं—

तीन वर्णों से बहिष्कृत उस निषाद-सुपुत्र को
जब धनुर्विद्या-दान देने से किया इन्कार
द्रोणाचार्य ने था, कौन जीती थी बड़ाई?
लीक ही पीटी नहीं थी?

एकलव्य की भाँति कर्ण के साथ भी वर्ण-व्यवस्था के नाम पर अन्याय किया गया। भगवतीचरण वर्मा 'त्रिपथगा' नाटक की भूमिका में लिखते हैं, कर्ण के प्रति मैंने एक अजीब तरह की सहानुभूति का अनुभव किया है। उसका समस्त जीवन कटुता और निराशा का जीवन रहा है, उसे दुनिया में कहीं भी प्रेम नहीं मिला। जारज-पुत्र होने के कारण उसे पिता और माता की ममता से वंचित रहना पड़ा। सूत-पुत्र कहलाने के कारण उसे अविवाहित रहना पड़ा। समाज द्वारा वह अपमानित और लांछित था और इस कटुता, घृणा के वातावरण में भी कर्ण कहीं नीचे नहीं गिरा। एक अडिग साधक की भाँति वह अपने धर्म पर रत रहा।

द्रौपदी स्वयंवर में उसका अपमान सिर्फ इसलिए किया गया क्योंकि वह निम्न कुल का था। भगवतीचरण वर्मा ने उच्च वर्ण की मानसिकता दर्शाते हुए द्रौपदी द्वारा कर्ण के प्रति किये गये दुर्व्यवहार को इस प्रकार व्यक्त किया है—

कर्ण! रुको, तुम सूत-पुत्र क्या कर्ण हो?

मुझको वरने का अधिकार तुम्हें नहीं
राज-सुता मैं कृष्णा हूँ, यह जान लो
वर्णहीन तुम केवल दर्शक भर रहो।

वर्ण-व्यवस्था और अस्पृश्यता ही व्यक्ति को व्यक्ति से दूर करती है, उनके बीच ऊँच-नीच का भाव पैदा करती है। इसी वर्ण-व्यवस्था और अस्पृश्यता के कारण भारत का विकास अवरूद्ध हुआ है, सामाजिकता का क्षरण हुआ है और लोगों में एक भावना भर गयी है कि आदमी की भी किस्में हुआ करती हैं। यदि समतावादी समाज की स्थापना करनी है तो सबसे पहले वर्ण-व्यवस्था और अस्पृश्यता को जड़ से समाप्त करना होगा। दलित कविता में यही बात गूँजती है। वर्ण-व्यवस्था और अस्पृश्यता के नाम पर दलितों का बहुत शोषण हुआ अब नहीं, बिलकुल नहीं। अब तथाकथित ब्राह्मणवादियों द्वारा बनाये गये शोषण के ये औजार तोड़ दिये जायेंगे। दलित कविता में इस व्यवस्था को लेकर एक तीव्र आक्रोश है दलित कविता इस व्यवस्था को जड़ से उखाड़कर ही दम लेगी। इस वर्ण-व्यवस्था ने आदमी और आदमी के बीच विषमता की खाई को कितना चौड़ा कर दिया है...? गम्भीरता से सोचने पर रूह काँप जाती है। इस सन्दर्भ में सोहनपाल सुमनाक्षर की यह काव्य पंक्ति कितनी मार्मिकता को प्रदर्शित करती है—

तुमने कहा 'राम राम'/हमने कहा 'राम राम'...
तुमने कहा 'सीताराम'/हमने कहा 'सीताराम'
फिर अन्तर कहाँ रहा ?
तुम्हारी हर खुशी में हम नाचे/खुशी के गीत हमने गाये
बड़े साहब कह तुमको भी हमने तरजीह दी
अपने से छोटे को भी 'छोटे साहब' कह
हमने उसे अपने से ऊँची पदवी दी...
बदले में इसके तुमने हमें 'नीच'/'कमीन'
'ढेढ़'/'हरामी'/और न जाने क्या-क्या कहा...
यही तुम्हारा न्याय है ? यही तुम्हारा 'समभाव' है?

'बड़े लोग' शायद इसलिए बड़े होते हैं क्योंकि हम उन्हें अपने कन्धो पर बिठाये होते हैं। कन्धे पर बिठाया वर्ण-व्यवस्था के डण्डे से अब कन्धा खाली कराना है।

पहले दिन जब मैं स्कूल गया तो
मास्टर जी ने फरमाया/अरे ओ अछूत के...
तुम सबसे अलग बैठोगे...
तब मुझे पहली बार यह अहसास हुआ कि
या तो हमारा बनाने वाला भगवान दोगला है

या फिर समाज के ये तथाकथित
बड़े लोग दोगले हैं जो इन्सान-इन्सान में भेद करते हैं।

जब एक मासूम बच्चे के दिमाग में ही ऐसी बात भर दी जायेगी, और वहाँ उस जगह पर, जहाँ कहा जाता है—'अज्ञान का नाश होता है।' तो अस्पृश्यता की भयावहता के वर्णन की आवश्यकता नहीं है। वास्तव में अस्पृश्यों और दलितों को जीवन के हर कदम पर पदाघात सहना पड़ता है। सवर्णों से इस प्रकार की उपेक्षा, दलितों को बौद्ध धर्म की ओर प्रवृत्त कर रही है। प्राचीन काल से ही तुलनात्मक दृष्टि अपनाता हुआ कवि वर्ण-व्यवस्था और अस्पृश्यता के चलते हिन्दू धर्म को छोड़कर बुद्ध की शरण में जा रहा है—

आदि गुरु शंकराचार्य ने धर्म का ढोंग रचाया।
अद्वैतवाद का दिखावटी नाटक जग को दिखलाया।।
बौद्ध ज्ञान को सीख बौद्धों से छल-कपट किया था।
बौद्ध-दार्शनिक नागार्जुन के साथ प्रपंच किया था।।
शास्त्रार्थ का पूर्व नियोजित था षड्यन्त्र रचाया।
भूप सुधन्वा, की सेना ने जीत का बिगुल बजाया।।
खोज-खोजकर बौद्ध-उपासक, भिक्षु-श्रमण मरवाये।
बौद्धों के हर एक शीश पर पुरस्कार दिलवाये।।
जैसे हिन्दू वैसे ही सिख जाति-पाँति दोऊ मानें।
कहने को सरदार किन्तु व्यवहार में भेद बखानें।।
'बुद्धं शरणं गच्छामि' भारत में गूँज उठेगा।
भारत का हर नर-नारी समता में झूम उठेगा।।

लक्ष्मीनारायण सुधाकर के काव्य संग्रह 'उत्पीड़न की यात्रा' में 'अस्पृश्यता' शीर्षक कविता में दलितों के साथ किये जाने वाले षड्यन्त्रों को बताया गया है। कुछ तर्क वाकई विचारणीय हैं लेकिन कुल मिलाकर कवि की मंशा यही है कि एक समतावादी समाज की स्थापना हो। लक्ष्मीनारायण सुधाकर धर्म की विशेषता को रेखांकित करते हुए कहते हैं कि वास्तव में धर्म तो जोड़ता है, आदमी को आदमी से जोड़ता है, फिर तोड़ने की बात कहाँ से आयी 'सुधाकर' लिखते हैं—

धर्म आदमी को आदमी से जोड़ता है।
अज्ञानता, असमानता अन्याय को तोड़ता है।
'स्वतन्त्रता, समता और भ्रातृत्व, धर्म' की धुरी है
अस्पृश्यता धर्म की गर्दन पर छुरी है।।

अस्पृश्यता धर्म की गर्दन पर छुरी है। इस काव्य पंक्ति में यथार्थ व्यक्त हुआ है अस्पृश्यता धर्म को गड्ढे में धकेल रही है। दलित कविता इस छुरी को नष्ट कर देना चाहती है—

आदमी ही आदमी की पूछता है जाति को,
आदमी और आदमी के बीच में दीवार क्यों।

दलित कविता जाति, धर्म की जंजीरों को तोड़कर स्वतन्त्रता व समता की बात कहती है, ये समता कैसे आयेगी? कवि उसका उपाय लिखता है—

जाति धर्म को तोड़ श्रृंखला खुली हवा में आओ।
दुनिया के शोषित मिलकर अब एक सभी हो जाओ।।
पूँजीवाद मिटा दो समता तभी विश्व में होगी।
'मनुवाद' मिटा दो दुनिया से तो मानवता पनपेगी।।

वर्ण-व्यवस्था एवं अस्पृश्यता के औजारों से दलितों का बहुत शोषण किया गया। आज भी किया जा रहा है। ब्राह्मणवाद इस शोषण के केन्द्र में है। इस सन्दर्भ में ब्राह्मणों के प्रति कवि का आक्रोश इस प्रकार व्यक्त हुआ है—

तेरी ओछी जात कुजात-कमीने ब्राह्मण बेईमान
तू ढोंगी-कपटी-पाखण्डी, क्रूर-कुकर्मी-कुटिल शिखण्डी,
शीलहीन, बदचलन बने तू फिर भी श्रेष्ठ महान।।
स्वर्ग-नर्क की रचकर माया, पाप-पुण्य का स्वांग सजाया।
माल मुफ्त का खाये हरामी कहे दक्षिणा, दान।।
तू झूठा, तेरा ईश्वर झूठा, वेद-पुराण-उपनिषद् झूठा।
लम्पट देवी-देव, आचरण हीन तेरे भगवान।

गालियों का सौन्दर्यशास्त्र होता है, खासकर दलित साहित्य आन्दोलन के तहत

लिखी जाने वाली कविता के लिए। जिसके पीछे कारण यह है कि जिस अन्याय का चित्रण किया जा रहा है, वर्ण-व्यवस्था और अस्पृश्यता का विरोध किया जा रहा है उसके लिए भाषा फुंफकारती हुई होगी ही। वर्ण-व्यवस्था के आधार पर शोषण करने वाले को शिकारी मानते हुए कवि श्यौराजसिंह 'बेचैन' उसे अभियुक्त बनाते हुए कटघरे में खड़ा करते हैं—

क्रौंच हूँ मैं।
भुक्तभोगी मैं/तुम्हारे तीर का, दर्द मेरा/औ मेरा सन्ताप
दूसरों के/पाप का मैं भोगता अभिशाप।
आँख में अपराधियों के तैरते हैं चित्र।
वह शिकारी/आज का अभियुक्त।
दण्ड भोगे/बिन रहा/वह मुक्त।

कँवल भारती वर्ण-व्यवस्था के पोषकों से तर्कपूर्ण लहजे में कुछ प्रश्न करते हैं और कहते हैं कि यदि ऐसा होता तब तुम्हारी निष्ठा क्या होती?

यदि वेदों में लिखा होता
ब्राह्मण ब्रह्म के पैर से हुए हैं पैदा।

उन्हें उपनयन का अधिकार नहीं।
तब, तुम्हारी निष्ठा क्या होती?
यदि स्मृतियों का यह विधान लागू हो जाता
तुम, ब्राह्मणों, ठाकुरों और वैश्यों पर
कि तुम नीच हो
श्मशान-भूमिवत् हो,
तुम्हारे आवास हों, गाँवों के बाहर
तुम्हारे पेशे हों घृणित
मरे जानवरों को उठाना
मल-मूत्र साफ करना
कपड़े धोना, बाल काटना
हमारे खेतों-घरों में दास कर्म करना
तब, तुम्हारी निष्ठा क्या होती?''

इस जाति-व्यवस्था से व्यथित होकर कवि ओमप्रकाश वाल्मीकि इससे निबटने के रास्ते ढूँढ़ते हैं, और स्वयं जागकर औरों को भी जगाते हैं। उनके सब्र का ज्वालामुखी बस अब फटने को तैयार हैं—

बाँहे फड़कती हैं/जिह्वा मचलती है/प्रगति अवरूद्ध
जाति व्यवस्था के बन्धन में अतीत शोषित, प्रताड़ित
इतिहास गहन अन्धकार में डूब गया है।
शेष बचा यदि कुछ/मेरा अस्पृश्य शरीर
गन्दे कूड़ेदान-सी बास शहर, गाँव, बस्ती से बाहर मेरा डेरा-
अतीत का राग अलाप रहा है
सूर्य की एक किरण/घने बादलों के बीच चमककर
मुझे जगा गयी है/मेरे हाथों की शक्ति
सहनशीलता, फौलादी दृढ़ता हिला देगी जाति व्यवस्था को
बहुत हो चुका/शोषण/प्रताड़ना
और उपेक्षा
बस, अब मेरा ज्वालामुखी फट पड़ेगा।

ओमप्रकाश वाल्मीकि मिथकीय पात्रों के साथ होने वाले अन्याय को गहरी साजिश करार देते हैं। इसके साथ ही वर्ण-व्यवस्था के पोषकों की अँगुलियों को खून से सनी हुई बताते हुए उनको प्रश्नांकित करते हैं—

यहाँ गली-गली में
राम है/शम्बूक है/द्रोण है/एकलव्य है
फिर भी सब खामोश हैं/ कहीं कुछ है

जो बन्द कमरों से उठते क्रन्दन को
बाहर नहीं आने देता
कर देता है
रक्त से सनी उँगलियों को महिमामण्डित।

जो लोग वर्ण-व्यवस्था के ऊपरी पायदान पर खड़े हैं, ओमप्रकाश वाल्मीकि उनसे प्रश्न करते हैं कि जो व्यवहार आज जाति के आधार पर दलितों के साथ किया जा रहा है। वही व्यवहार यदि तुम्हारे साथ किया जाय तब तुम क्या करोगे ?

यदि तुम्हें/धकेलकर गाँव से बाहर कर दिया जाये
पानी तक न लेने दिया जाये कुएँ से
दुतकारा, फटकारा जाये/चिलचिलाती दुपहर में
कहा जाये तोड़ने को पत्थर
काम के बदले/दिया जाये खाने को जूठन
तब तुम क्या करोगे?
यदि तुम्हें/मरे जानवर को खींचकर/ले जाने के लिए कहा जाये
और, कहा जाये ढोने को/पूरे परिवार का मैला
पहनने को दी जाये उतरन/तब तुम क्या करोगे?
यदि तुम्हें/अपने ही देश में नकार दिया जाय।

धूमिल की एक बहुत ही प्रभावित करने वाली कविता है 'मोचीराम' जिसमें जाति के आधार पर शोषण, दमन और उत्पीड़न की चर्चा मिलती है—

पेशेवर हाथों और फटे हुए जूतों के बीच
कहीं-न-कहीं एक अदद आदमी है
जिस पर टाँके पड़ते हैं,
जो जूते से झाँकती हुई अँगुली की चोट
छाती पर
हथौड़े की तरह सहता है...
कैसे आदमी हो
अपनी जाति पर थूकते हो।

जाति के नाम पर अपमानित होता हुआ मोची दिन-भर में न जाने कितना उत्पीड़ित होता है। जातीय मानसिकता की पकड़ बहुत मजबूत है और उससे भी मजबूत पकड़ है जाति से जुड़े पेशे की, जो जाति के साथ सम्बद्ध है—

असल में वह एक दिलचस्प ग़लतफ़हमी का शिकार है
जो यह सोचता है कि पेशा एक जाति है

और भाषा पर
आदमी का नहीं; किसी जाति का अधिकार है

जाति पेशा-पेशा जाति के अनुसार है। जाति जन्म पर आधारित है, और जन्मते ही जाति और पेशे का ठप्पा लग जाता है, और ठप्पा लगते ही चन्द तथाकथित लोगों को कुछ निम्नवर्णीय लोगों को प्रताड़ित करने का अधिकार मिल जाता है। जिसके सन्दर्भ में नागार्जुन की यह काव्य पंक्तियाँ द्रष्टव्य हैं—

...और ऊँची जातियों वाली वो समूची आबादी
आ गयी हो होली वाले 'सुपर मौज' के मूड में
और इस तरह जिन्दा झोंक दिये गये हों
तेरह-के-तेरह अभागे मनुपुत्र
सौ-सौ भाग्यवान मनुपुत्रों द्वारा
ऐसा तो कभी नहीं हुआ था...

दलितों को दलित बनाये रखने में उसकी मानसिकता को प्रभावित करने में दो प्रमुख कारक अपनी भूमिका अदा करते हैं—पहला अन्धविश्वास और दूसरा भाग्यवाद। सामाजिक बुराइयाँ, बाह्य आडम्बर और कुरीतियाँ, दलितों को दलित बनाये रखने में महत्त्वपूर्ण भूमिका अदा करती है। आधुनिक हिन्दी कविता में दलित वर्ग की मानसिकता को बदलने का प्रयास किया गया है। रामधारी सिंह 'दिनकर' भाग्यवाद का प्रबल विरोध करते हुए कहते हैं—

भाग्यवाद आवरण पाप का
और शस्त्र शोषण का
जिससे रखता दबा एक जन
भाग दूसरे जन का।
एक मनुज संचित करता है
अर्थ पाप के बल से,
और भोगता उसे दूसरा
भाग्यवाद के छल से।

इस प्रकार स्पष्ट है कि दलित वर्ग के भाग्यवादी होने के कारण ही उसका शोषण किया जाता रहा है। दलितों में व्याप्त अन्धविश्वास को प्रकट करते हुए सुमित्रानन्दन पन्त लिखते हैं—

विधि यज्ञ कर्मकाण्डों के
कृश ढाँचे में जकड़े जन
अन्धविश्वासों, थोथी
आस्थाओं में खोये मन।

सुप्रसिद्ध कवि हरिवंशराय बच्चन तो यहाँ तक लिखते हैं कि मठ, मस्जिद और गिरजाघर ही दलितों की निराशावादी मानसिकता और पराजय के स्मारक हैं—

मनुज-पराजय के स्मारक हैं, मठ, मस्जिद, गिरजाघर,
प्रार्थना मत कर, मत कर, मत कर।

दलित स्वयं को इतना ज्यादा भाग्यवादी समझता है और वह स्वयं स्वीकार करता है कि उसको तो भगवान ने निम्न जाति में पैदा करके ही असमर्थ बना दिया। यही सोचकर दलित हताश व निराश हो जाता है हरिवंशराय बच्चन की इस काव्यपंक्ति में दलितों के वास्तविक जीवन का सटीक चित्रण मिलता है—

इस पार नियति ने भेजा है
असमर्थ बना कितना हमको।

आज का दलित क्या सोचता है? उसकी मानसिकता कैसी है? आज वह छुआछूत, ऊँच-नीच और भेदभाव को किसी भी कीमत पर सहन नहीं करना चाहता। इन कुरीतियों के खिलाफ वह संघर्ष की स्थिति में है और संघर्ष की स्थिति में न सही तो विरोध की स्थिति में तो है ही। आज दलित मानसिक रूप से अपने अधिकारों के लिए समाज में अपने स्थान के लिए और आत्मसम्मान के लिए सचेत हो गया है।

मैं देखता हूँ जब...।
मेरी माँ बहनें
बीनती हैं अन्न के दाने गोबर से
तब आक्रान्त हो जाता है मेरा मन
'जमींदारों और लालाओं के
अनाज के ठेकों और गोदामों को देखकर।
जब देखता हूँ मैं/अपने रोते हुए
दुधमुँहे बच्चों को छोड़
मेरी माताएँ बहनें जुटी हैं तीमारदारी में बड़ों की
या छोटे-छोटे बच्चे साफ कर रहे होते हैं
झूठे बर्तन घरों में या होटलों में
या ढो रहे होते हैं अपने सिरों पर
अपने से दूना वजन मालिकों का
खोते हुए अपना बचपन या जवानी
रोटी के टुकड़ों की मजबूरी में।

इस कविता में सोहनपाल सुमनाक्षर ने बाल मजदूरी एवं बालश्रम; की समस्या को प्रश्नांकित किया है। आज का दलित इस शोषण से भली-भाँति परिचित हो चुका है इसीलिए वह 'अप्प दीपो भव' के सिद्धान्त पर ही चलना चाहता है, कवि लिखता है—

स्वाभिमान-सम्मान जगाकर कर दो दूर अँधेरा।
ला सकते हो तुम्हीं देश में फिर से नया सवेरा।।
अपना दीपक बन आप स्वयं अपना उत्थान करो।
जाग उठो, भूले-भटके पथ की पहचान करो।।

कवि लक्ष्मीनारायण सुधाकर दलितों में स्वाभिमान और आत्म सम्मान जगाने के तरीके भी बताते हैं और कहते हैं कि अन्धविश्वास और अशिक्षा के कारण ही तुम दलित बने हो। इन कमजोरियों का परित्याग करो—

घोर अन्धविश्वास-अशिक्षा पिछड़ेपन की जड़ है।
शासन-सत्ता पर सभ्य-जगत की ढीली अभी पकड़ है।।
'हरिजन'-'गिरजन' शब्द जाल की जला रही है ज्वाला।
कब बीतेगा युग काला?

सुशीला टाकभौरे दलितों में साहस के अभाव की बात करती है। रूढ़ियों को तोड़ने के लिए सतत प्रयास करने की आवश्यकता है। इस निरन्तरता को दलितों द्वारा जारी रखनी होगी तभी सफलता प्राप्त होगी—

चेतना है हमारे बीच सदियों से,
पर
साहस का अभाव है रूढ़ियो को तोड़ने की बात
हम करते अवश्य हैं, पर उस लहर की तरह नहीं
जो सागर तट को हर क्षण काटती रहती है।

सामान्यतः दलितों की मानसिकता कुछ इस प्रकार हो गयी है कि वह क्षमतावान और सामर्थ्यवान होते हुए भी अपने आप को कमजोर ही आंकता है। यह बात सच है कि कोई भी व्यक्ति अपना जितना मूल्य लगाता है, उससे अधिक उसका मूल्य कोई दूसरा नहीं आंकता।

दलितों को सम्मान के साथ जीने के लिए आज आँसुओं की नहीं, करुणा और दया की नहीं विद्रोह की, संघर्ष की, प्रतिरोध की आवश्यकता है। अब दलित कविता नये इतिहास को रचने के लिए प्रेरित करती है। इस सन्दर्भ में ओमप्रकाश वाल्मीकि की यह काव्यपंक्ति द्रष्टव्य है—

मेरी पीढ़ी ने अपने सीने पर खोद लिया है संघर्ष
जहाँ आँसुओं का सैलाब नहीं
विद्रोह की चिंगारी फूटेगी जलती झोंपड़ी से उठते धुएँ में
तनी मुट्ठियाँ तुम्हारे तहखानों में नया इतिहास रचेंगी।

आज दलितों में नयी चेतना का विकास हुआ है। आज उसके भीतर आक्रोश, प्रतिरोध और नकार का स्वर सुनायी देता है। सवर्ण हिन्दू के प्रति दलित वर्ग की

मानसिकता को प्रतिबिम्बित करते हुए व्यंग्यपूर्ण लहजे में ओमप्रकाश वाल्मीकि लिखते हैं—

देवी-देवताओं के वंशज तुम
हो जाओगे लूले-लँगड़े और अपाहिज
जो जीना पड़ जाए युगों-युगों तक
मेरी तरह, तब तुम क्या करोगे?

तब तुम क्या करोगे? यह प्रश्न आज प्रत्येक दलित की अन्तरात्मा का प्रश्न है जिसे अभी तक सन्तुष्ट कर देने वाला सटीक उत्तर नहीं मिला है। गाँव में वर्ण-व्यवस्था का कुरूप चेहरा अभी भी मौजूद है, ग्रामीण परिवेश में व्याप्त जातीय भेद-भाव दलित-वर्ग को संघर्ष करने के लिए प्रेरित करता है।

प्राचीन काल से ही वर्ण और वर्ग के आधार पर दलितों का शोषण होता चला आ रहा है। दलित शोषण से मुक्त होने के लिए छटपटा रहा है। ग्रामीण परिवेश में दलितों के रहने का स्थान, उनका सामाजिक सम्मान सब-कुछ हाशिये पर होता है। अब दलित वर्ग हाशिये पर नहीं रहना चाहता। दलितों के इस सामाजिक व्यवस्था में परिवर्तन होना आवश्यक है।

दलित वर्ण की शोषण से मुक्ति के लिए आवाज उठाते हुए कवि लक्ष्मीनारायण सुधाकर लिखते हैं कि देश तो स्वतन्त्र हो गया परन्तु शोषित पता नहीं कब स्वतन्त्र होंगे?

सुधाकर स्वतन्त्र भले भारत हुआ है बन्धु
शोषित स्वतन्त्र जाने होंगे किस काल में?

दलित जिस दलदल में फँसा है, उस दलदल में से उसे निकालने के लिए चेतना की आवश्यकता है। दलितों में चेतना फूँकने का कार्य दलित कविता कर रही है, ताकि शोषण से मुक्त एक समतावादी समाज की स्थापना हो सके। इस सन्दर्भ में ओमप्रकाश वाल्मीकि लिखते हैं—

मैं खटता खेतों में फिर भी भूखा हूँ
निर्माता मैं महलों का फिर भी निष्कासित हूँ
प्रताड़ित हूँ। इठलाते हो बलशाली बनकर
तुम मेरी शक्ति पर फिर भी मैं दीन-हीन-जर्जर हूँ
इसीलिए युग समूचा ? लगता है पाखण्डी मुझको।

कवि शोषण से मुक्ति चाहता है और इस मुक्ति को पाने के लिए वह शोषण की योजनाएँ बनाने वालों को नेस्तनाबूद करना चाहता है। इसीलिए ओमप्रकाश वाल्मीकि आगे लिखते हैं—

दोस्तों,
बिता दिये हमने हजारों वर्ष

इस इन्तजार में
कि भयानक त्रासदी का युग
अधबनी इमारत के मलबे में
दबा दिया जायेगा किसी दिन ज़हरीले पंजों समेत
फिर हम सब
एक जगह खड़े होकर
हथेलियों पर उतार सकेंगे
एक-एक सूर्य
जो हमारी रक्त शिराओं में
हजारों परमाणु क्षमताओं की ऊर्जा
समाहित करके
धरती को अभिशाप से मुक्त करायेगा।

कवि दलितों को सम्बोधित करते हुए कहता है कि आखिर और कितने दिनों और कब तक शोषण की पीड़ा को तुम सहन करते रहोगे ? जब तक अपनी लड़ाई तुम स्वयं नहीं लड़ोगे इसी प्रकार तुम्हारा शोषण होता रहेगा और तुम इन्तजार के प्लेटफार्म पर इसी प्रकार अपने मुक्त होने की प्रतीक्षा करते रहोगे।

कवि एन.आर. सागर शोषक वर्ग को सम्बोधित करते हुए कहते हैं, कि जैसा तुम व्यवहार दलितों के साथ कर रहे हो वैसा ही व्यवहार यदि तुम्हारे साथ भी किया जाये तो तब तुम्हें कैसा लगेगा ?

यदि
तुम पर लाद दिया जाय कर्त्तव्यों का भार....,
करनी पड़े दासता-बेगार
दिन-रात की हाड़तोड़ मेहनत
और तब बदले में
खाने को दिया जाय बासी जूठन.....
तब तुम्हें कैसा लगेगा।

दलित साहित्य आन्दोलन के अन्तर्गत लिखी गयी कविताओं में कुछ कविताएँ ऐसी हैं जिनके भावों की और शब्दों की भी पुनरावृत्ति कई-कई कवियों के द्वारा की गयी है। दलित साहित्य आन्दोलन की प्रमुख विशेषता यह है कि इस आन्दोलन से प्रेरित कविता कल्पनाओं के आधार पर गहरी संवेदना को समेटे हुए नहीं है अपितु सत्य घटनाओं को तीव्र अनुभूति एवं प्रखर प्रामाणिकता के साथ कविता में अभिव्यक्त करने वाला भी है।

निष्कर्ष रूप में हम कह सकते हैं कि आज दलित वर्ग शोषण, दमन, उत्पीड़न से मुक्ति चाहता है। प्रतिरोध, अस्वीकार, नकार संघर्ष और अन्य किसी भी प्रकार से

दलित कविता भी दलितों को शोषण से मुक्त कराने की अपनी भूमिका भली प्रकार निभा रही है।

ख. दलित चेतना के विविध रूप

आधुनिक युग में धार्मिक सन्तों, राष्ट्रीय नेताओं, बुद्धिजीवी वर्गों और समाज सुधारकों ने दलित एवं शोषित वर्ग की सामाजिक, सांस्कृतिक, आर्थिक और राजनैतिक समस्याओं की ओर ध्यानाकर्षित किया। यों तो दलित चेतना को विकसित करने में गाँधीवाद, मार्क्सवाद, लोहियावाद और अम्बेडकरवाद का प्रभाव रहा है। किन्तु हम यहाँ भारतीय परिदृश्य के अन्तर्गत गाँधीवाद, लोहियावाद और अम्बेडकरवाद की चर्चा करेंगे।

गाँधीवाद

आधुनिक भारतीय चिन्तन में दलित चेतना को विकसित करने में गाँधीवाद की विशेष भूमिका रही है। गाँधी द्वारा प्रतिपादित विचार-पद्धति का एक व्यापक नाम गाँधीवाद है। विश्व के शोषित, दमित, दलित मनुष्य का उत्थान करना ही गाँधी का ध्येय था। गाँधी ने अपने व्यक्तित्व के बल पर मनुष्य के भाव, विचार, कार्य, विवेक जैसे समस्त आयामों को प्रभावित किया था, जिनसे मनुष्य को आत्मिक-उत्थान की प्रेरणा मिलती है। सम्पूर्ण मानव समुदाय के क्रियाकलापों में परिवर्तन लाने के लिए ज़रूरी है कि मनुष्य के व्यक्तित्व में बदलाव लाया जाय। आत्मशक्ति के बल पर ही गाँधी ने साम्राज्यवाद तथा पूँजीवाद का विरोध किया तथा समस्त मानव समुदाय को जाग्रत करने की शक्ति और प्रेरणा दी। दलित कविता में भी साम्राज्यवाद एवं पूँजीवाद का पुरजोर विरोध परिलक्षित होता है।

गाँधीवाद मूलतः मानवतावाद पर आधारित है। गाँधी ने समाज में व्याप्त ऊँच-नीच, जातिभेद, रंग भेद तथा वर्गभेद को अस्वीकारा। गाँधी भारत की वह आत्मा है, जिसमें शोषित, दमित, दलित आदमी की पीड़ा को देखा जा सकता है। वे आजीवन दलित एवं शोषित मानव के पक्षधर रहे। उनके विचार चिन्तन में समाज के श्रमजीवी वर्ग एवं निम्न वर्णों के प्रति कल्याण की नीति दिखायी देती है। गाँधीवाद के विचार चिन्तन को यहाँ प्रस्तुत आयामों के द्वारा जाना जा सकता है। साथ ही गाँधीवाद में दलित चेतना के क्या आयाम रहे हैं, दलितों को इस चिन्तन ने कहां तक प्रभावित किया है, इसे निम्न आयामों द्वारा हम जान सकते हैं—

गाँधी जी का लक्ष्य था—सर्वोदय अर्थात् समाज के माध्यम से सम्पूर्ण मानव समुदाय का कल्याण करना। सर्वोदय का सामान्य अर्थ है—उनका उदय अर्थात् समाज के सम्पूर्ण व्यक्ति की उन्नति, प्रगति और उसका समस्त विकास। सर्वोदय की नीति में गाँधी की सामाजिक आदर्श व्यवस्था आती है। जिसके अन्तर्गत पूँजीवादी और साम्राज्यवादी के शोषण का विरोध होता है। गाँधी का लक्ष्य था कि अन्यायी, शोषक,

अनीतिवान् व्यक्तियों का हृदय-परिवर्तन होना चाहिए तथा समाज में ऐसी आदर्श एवं नैतिक भावना का विकास हो, जिससे समाज के प्रत्येक व्यक्ति को विकास के समान अवसर प्राप्त हो सकें। गाँधीवाद में सम्पत्ति के समान वितरण की व्यवस्था है तथा समाज में सभी को समान अधिकार देने की मान्यता है, जिससे सम्भवतः समाज के प्रत्येक व्यक्ति का सर्वव्यापी विकास हो सके। इस सन्दर्भ में इकबाल नारायण का कहना है—दूसरे शब्दों में उनके आदर्श समाज को ऊँच-नीच, जाति-पाँति तथा धर्म व सम्प्रदाय पर आधारित भेद-भाव, वर्ग संघर्ष तथा पारस्परिक प्रतियोगिता पर आधारित नहीं होना है, वरन् उसे सत्य व अहिंसा पर आधारित होना है।

निष्कर्ष रूप में हम कह सकते हैं कि गाँधीवाद में जाति, वर्ग एवं धर्म की रूढ़िवाद का विरोध किया गया है। क्योंकि समाज के शोषित तथा दलित मनुष्य को समाज की विषमताओं को भोगना पड़ता है। समाज में समानता लाना, शोषित वर्ग का कल्याण करना तथा समाज की विषमताओं को दूर करना तथा समाज में एकता एवं शान्ति लाना ही गाँधी का लक्ष्य था।

गाँधीवादी चिन्तन का प्राण तत्त्व सत्य-अहिंसा रहा है। गाँधी ने सत्य-अहिंसा को समाज तथा मनुष्य के जीवन के लिए उपयोगी एवं महत्त्वपूर्ण बताया है। गाँधी के विचार में ईश्वर ही सत्य है तथा सत्य केवल सकारात्मक होता है। सत् में ही सत्य निहित रहता है। गाँधी के अनुसार अहिंसा ही सत्य है और यह सत्य केवल सकारात्मक होता है। प्रताप सिंह के शब्दों में कह सकते हैं—गाँधी जी का अनभुव था कि मानवीय सम्बन्धों के सभी समस्याओं का एकमात्र हल अहिंसा ही है। अहिंसा हिंसा से अधिक शक्तिशाली है। अहिंसा एक दूसरे के प्रति प्रेम और आदर को जन्म देती है तथा सभी मनुष्यों को समान समझने की प्रेरणा देती है। गाँधी जी ने सत्य और अहिंसा का प्रयोग सभी परिस्थितियों में किया और घृणा तथा शंकाओं पर विजय पाने में सफल हुए।" अहिंसा का प्रयोग गाँधी ने विभिन्न अर्थों में किया है। अहिंसा पहले अर्थ में सत्याग्रह का आधार है तथा यह सकारात्मक होता है। दूसरे अर्थ में अहिंसा बुराई-दुराचार करने वालों की इच्छा के सामने दबकर आत्म समर्पण करना नहीं है, बल्कि अत्याचारी शोषक की इच्छा के विरुद्ध अपनी सबल आत्मा का समर्पण करना ही अहिंसा है। तीसरे अर्थ में अहिंसा कर्म का दर्शन है, जिसमें जड़ता नहीं है, बल्कि सत्याग्रह के प्रति मनुष्य की गयात्मकता है। चौथे अर्थ में अहिंसा को शुद्ध रूप में मानवीय प्रेम की उदारता कह सकते हैं। इस प्रकार गाँधी जी ने सत्य अहिंसा के माध्यम से साम्राज्यवाद तथा पूँजीवादी व्यवस्था के शोषण का विरोध किया और मानवता के प्रति मानवीय प्रेम को बढ़ावा दिया।

गाँधीवादी विचारधारा में मानवतावादी मूल्यों का महत्त्व रहा है। गाँधी-विचार पद्धति में जीवित मनुष्यों के प्रति प्रेम करना ही मनुष्यता एवं मानवता है। मनुष्य में मानवता का प्रेम क्षेत्रीय, भौगौलिक सीमाओं को अतिक्रमण कर विश्वजनीन होना चाहिए। गाँधी

के मानवतावादी चिन्तन में विश्व बन्धुत्व की सात्त्विक भावनाएँ विद्यमान रही हैं। गाँधी का मानना था कि समस्त मनुष्य एक नियामक शक्ति से ही उद्‌भूत है, जिनमें आपसी भेद-भाव, रंग भेद, जाति-भेद और ऊँच-नीच के लिए कोई स्थान नहीं होना चाहिए। इसलिए उनका मानना था कि मानवता एक विराट् सागर है, सागर की थोड़ी बूँदें ही गंदली हो सकती हैं। समस्त मानवता का सागर पावन एवं पवित्र ही रहेगा। इस सन्दर्भ में इकबाल नारायण का मत समीचीन प्रतीत होता है, इस प्रकार संसार का मूल परमात्मा को मान कर प्राणियों को उसी की सन्तान जानकर, सब मनुष्यों को समान मानते हुए सत्य व अहिंसा पूर्ण साधनों के व्यक्तिगत व सार्वजनिक प्रयोग द्वारा महात्मा गाँधी ने सभी के कल्याण का प्रयत्न किया।...इस प्रकार गाँधीवाद उन सब सिद्धान्तों का विरोध है, जो समाज को वर्ग स्वार्थ व संघर्ष पर आधारित मानते हैं और जो समस्याओं के समाधान के लिए युद्ध व अन्य हिंसा व छल-कपटपूर्ण साधनों के प्रयोग में विश्वास करते हैं। इस तरह से गाँधी जी के विचारों पर अहिंसा सम्बन्धी दृष्टिकोण का गहरा प्रभाव पड़ा। गाँधी का मानवतावाद सम्बन्धी मूल विशेषताएँ निम्नवत् हैं

* प्रत्येक मनुष्य के साथ सद्य व्यवहार एवं प्रेम भावना होनी चाहिए।
* जाति, रंग, धर्म, वर्ग के भेदभाव को नकारना चाहिए।
* अस्पृश्यता एवं ऊँच-नीच को समाज से दूर करना चाहिए।
* मनुष्यता के कल्याण हेतु विश्व मैत्री एवं विश्व बन्धुत्व की सात्त्विक भावना का विकास करना होगा।

सम्पूर्ण भारत वर्ष को एकता के सूत्र में बाँधने में सबसे बड़ी बाधा अस्पृश्यता और जातिवाद है। समाज में शोषण एवं अन्याय का एक प्रमुख कारण जाति, वर्ण का भेदभाव रहा है। समाज में व्याप्त रूढ़िवादी मानसिकता और अन्ध श्रद्धाभक्ति के कारण उच्च वर्ग अपने से निम्न वर्ग का शोषण करता है। सामाजिक समरसता में बाधक जातिभेद, वर्ण संकीर्णता से उत्पन्न अस्पृश्यता और वर्ग द्वेष का तत्काल अन्त होना चाहिए। गाँधी ने अस्पृश्य कहलाने वाले समाज को 'हरिजन' के नाम से महिमामण्डित किया। इस सन्दर्भ में प्रताप सिंह का कहना है—गाँधी जी ने घोषणा की कि अस्पृश्यता-निवारण के बिना स्वराज का कोई अर्थ नहीं है। अस्पृश्यता एक कृत्रिम बीज है, इसका लोगों के बौद्धिक या नैतिक विकास से कोई सम्बन्ध नहीं है। स्वतन्त्र भारत में अस्पृश्यता को कानूनन दूर कर दिया गया है तथा उसका पालन यदि समाज में होता है तो अपराधी व्यक्ति को सजा देने का प्रावधान बनाया गया। राष्ट्रीय आन्दोलन में गाँधी जी ने हरिजनों को मन्दिर प्रवेश तथा सार्वजनिक स्थलों का प्रयोग करने का समर्थन किया। गाँधी ने हरिजनों के उत्थान हेतु परामर्श दिया कि वे मद्यपान, मांस भक्षण और झूठन आदि का परित्याग करें। गाँधी की हार्दिक इच्छा थी कि उनका पुनर्जन्म यदि होता है तो वे दलित परिवार में जन्म ले ताकि वे उस समाज के कष्ट एवं पीड़ा को समझ सकें।

गाँधी जाति को हिन्दू सामाजिक एवं धार्मिक व्यवस्था की एक बुराई मानते हैं। गाँधी के अनुसार जाति व्यवस्था हिन्दू समाज की वैध व्यवस्था नहीं है। बल्कि हिन्दू समाज की कुरीति मात्र है। इस प्रकार गाँधी ने हिन्दू सामाजिक व्यवस्था में प्रचलित जाति व्यवस्था का विरोध किया किन्तु गाँधी वर्ण-व्यवस्था के पक्के हिमायती थे। यह बात स्पष्ट है कि वर्ण और जाति अलग-अलग संकल्पनाएँ है जहाँ वर्ण की परम्परा प्राचीन हिन्दू सामाजिक व्यवस्था का अंग रही हैं वही जातियों का विकास बहुत बाद में हुआ है। जहाँ वर्णों के पीछे दार्शनिक आधार भूमि (गीता दर्शन, वैदिक दर्शन) विद्यमान हैं, वहाँ जातियों के सन्दर्भ में इस प्रकार के किसी भी दार्शनिक दृष्टिकोण का ज्ञान नहीं प्राप्त होता है। गाँधी वर्ण-व्यवस्था का समर्थन इसलिए करते हैं क्योंकि यह उनके अनुसार हिन्दू धर्म का एक अनूठा आविष्कार है जो एक सामंजस्यपूर्ण सामाजिक व्यवस्था को बनाये रखने के लिए ईजाद की गयी है जबकि जाति सामाजिक व्यवस्था को बनाने के बजाय इसे विघटित करती है।

निष्कर्षतः हम कह सकते हैं कि गाँधीवादी विचार पद्धति में साम्राज्यवादी एवं पूँजीवादी व्यवस्था का विरोध मिलता है। गाँधी मूलतः दलित, उत्पीड़ित, शोषित और पीड़ित जनता के प्रबल पक्षधर थे। गाँधी भारतीय समाज में व्याप्त ऊँच-नीच, वर्ण भेद, जातिवाद, अस्पृश्यता को सर्वोदय समाज के द्वारा समाप्त करना चाहते थे। जिससे प्रत्येक व्यक्ति का हित हो सके। उन्होंने विश्वबन्धुत्व एवं वसुधैव कुटुम्बकम को बढ़ावा दिया। गाँधी ने भारतीय समाज में व्याप्त जातिवाद और अस्पृश्यता की भावना का खुलकर विरोध किया। गाँधी समाज के निम्नवर्ग को समस्त मानवीय अधिकार दिलाने के लिए सदैव प्रतिबद्ध रहे। इस प्रकार गाँधीवादी चिन्तन में दलित एवं शोषित वर्ग के उत्थान के साथ-साथ दलित चेतना मौजूद है।

लोहियावाद

राममनोहर लोहिया समाजवादी व्यवस्था के पक्के हिमयाती थे। समाजवादी व्यवस्था के लिए उन्होंने संघर्ष भी किया। देखा जाये तो समाजवादी व्यवस्था का मूल आधार भी मानवतावाद है। समाजवाद का लक्ष्य है—वर्गहीन समाज की व्यवस्था करना। ऐसी व्यवस्था से ही समाजवाद के लक्ष्य को प्राप्त किया जा सकता है, जिसमें समानता, स्वतन्त्रता और भ्रातृत्व के मूल्यों को महत्त्व दिया गया हो। समाजवादी व्यवस्था के निम्नलिखित उद्देश्य हैं—

* वर्ग-विहीन समाज का निर्माण करना।
* समाज अथवा राज्य को अधिक महत्त्व देना।
* उन्नति के अवसरों में समानता लाना।
* पूँजीवाद का अन्त करना।
* जमींदारों से भूमि प्राप्त करना।

* व्यक्तिगत जोखिम का अन्त करना।
* व्यक्तिगत प्रतिस्पर्द्धा को समाप्त करना।

राममनोहर लोहिया भारत में समाजवादी व्यवस्था को सार्थक ढंग से स्थापित करना चाहते थे। उन्होंने भारत में तत्कालीन आधुनिक सामाजिक, राजनीतिक, आर्थिक और धार्मिक पहलुओं पर गम्भीरता से विचार किया। लोहिया के समाजवादी चिन्तन में सामाजिक तथा आर्थिक जीवन की तमाम विषमता, शोषण, दासता और अन्याय का तल्ख विरोध मिलता है। लोहिया ने सामाजिक विषमताओं में मुख्यतया जाति-प्रथा, नर-नारी असमानता, अस्पृश्यता, रंग-भेद की नीति और साम्प्रदायिकता जैसी तमाम सामाजिक समस्याओं पर तीखा प्रहार किया है।

भारत में जाति प्रथा सबसे बड़ी सामाजिक विडम्बना तथा विषमता है। जब तक भारतीय समाज से जाति-प्रथा खत्म नहीं हो जाती, तब तक समाजवादी व्यवस्था को स्थापित नहीं किया जा सकता। लोहिया ने समाजवाद का पहला लक्ष्य ही सामाजिक-आर्थिक जीवन में समानता लाना रखा है। लोहिया का मानना है—आर्थिक गैर-बराबरी और जाति-पाँति जुड़वा राक्षस है और अगर एक से लड़ना है तो दूसरे से भी लड़ना ज़रूरी है।

भारत में जाति-प्रथा के कारण ही निम्न वर्ग तथा पिछड़े वर्ग को सामाजिक समानता, आर्थिक समस्या और धार्मिक स्तन्त्रता से वंचित रहना पड़ा, क्योंकि भारत की सामाजिक संरचना जातियों-उपजातियों में विभाजित है। पारम्परिक वर्णाश्रम समाज में सवर्ण-अवर्ण, जाति भेद, ऊँच-नीच छुआछूत आदि सामाजिक बुराइयाँ व्याप्त हैं। लोहिया का मानना था कि ब्राह्मणवादी संस्कृति ने हमेशा से वर्ण-व्यवस्था का पोषण किया है। इसीलिए उन्होंने ब्राह्मणवाद का विरोध किया है इस सन्दर्भ में वे लिखते हैं, ब्राह्मणी संस्कृति और ब्राह्मणवाद सामन्तवाद और पूँजीवाद का पोषक तथा जनक है।

लोहिया ने सर्वाधिकार-सम्पन्न ब्राह्मणवाद का विरोध किया। जाति-प्रथा के अन्त के बिना समाज में परिर्वतन आना असम्भव है। समाज के विभिन्न वर्ण ब्राह्मण, क्षत्रिय, वैश्य और शूद्र हैं, जिन्हें तत्काल समाप्त करना जरूरी है। इसका कारण यह है कि एक जाति का व्यक्ति दूसरी जाति या वर्ण में प्रवेश करने में असमर्थ रहता है। जिसके फलस्वरूप वर्तमान समय में जाति-वर्ण सामाजिक परिप्रेक्ष्य में रूढ़ तथा जड़ बन गया है। लोहिया ने जाति-प्रथा को समाप्त करने के लिए सामाजिक जनजागृति को महत्त्व दिया। उन्होंने समाज सुधार करने के लिए दो उपाय बताये हैं—पहला—सहभोज, दूसरा—अन्तर्जातीय विवाह। उनका मानना था कि सहभोज और अन्तर्जातीय विवाह के माध्यम से ब्राह्मण और शूद्रों के मध्य भेद-भाव समाप्त हो जायेंगे।

लोहिया ने जाति-प्रथा को लेकर सामाजिक, आर्थिक, राजनैतिक और धार्मिक दृष्टि से गम्भीर चिन्तन किया है। लोहिया ने जाति-प्रथा पर आर्थिक दृष्टि से स्वतन्त्र विचार किया। समाज में जाति-प्रथा की समस्या के कारण ही निम्न वर्ण, अस्पृश्य और

बहिष्कृत पिछड़ी जातियाँ सार्वजनिक जीवन के विभिन्न क्रियाकलापों से वंचित रहती हैं। दलित, अस्पृश्य और पिछड़ी जातियाँ समाज में आर्थिक अभावों के कारण गरीबी और शोषण का शिकार बनी हुई हैं। लोहिया के अनुसार समाज की सभी पिछड़ी जातियों को आर्थिक दृष्टि से मज़बूत किया जाय, जिससे उनमें आत्म-सम्मान पैदा हो सके। राजनैतिक हिस्सेदारी में निम्न वर्णों के नेतृत्त्व का अभाव रहा है। भारतीय समाज में जाति-प्रथा के प्रतिबन्धों के कारण निम्न जातियों में राजनैतिक संगठन नहीं हो सका।

लोहिया ने दलित तथा पिछड़ी जातियों में अधिकार प्राप्त करने की भावना को जाग्रत किया। वे चाहते थे कि पिछड़ी, दलित जातियाँ राजनैतिक पदों पर, प्रशासन के उच्च पदों पर तथा व्यापारिक पदों पर विराजमान हों ताकि समाजवादी संकल्पना साकार हो सकें। धार्मिक समानता स्थापित करने में भी बड़ी बाधा जाति-प्रथा ही है। जाति भेद, वर्ण भेद, ऊँच-नीच के भेद-भाव आदि धार्मिक विडम्बनाएँ हैं। ऐसी धार्मिक रूढ़ियों का कड़ा विरोध होना चाहिए। समाजवादी व्यवस्था को समाज में लाने के लिए जाति प्रथा सबसे बड़ी बाधा है। लोहिया ने जाति-प्रथा का विरोध करते हुए समाज में सामाजिक समानता की स्थापना की वकालत की है। अतः हम कह सकते हैं कि लोहिया ने भारतीय समाज में व्याप्त जाति, भाषा और सम्पत्ति आदि पर आधारित वर्गों की विषमता तथा शोषण का कड़ा विरोध किया था, जिसमें शोषित वर्गों तथा निम्न वर्गों को सामाजिक समानता, आर्थिक न्याय और राजनैतिक सम्प्रभुता के मानवीय अधिकार प्राप्त हो सकें।

अम्बेडकरवाद

अम्बेडकर का सामाजिक, आर्थिक और राजनैतिक चिन्तन मानवतावादी हैं। भारत में स्वतन्त्रता के पूर्व और पश्चात् इस विचार का व्यापक प्रभाव जनमानस पर रहा है। अम्बेडकर का लक्ष्य शोषित एवं दलित वर्ग का उत्थान करना तथा उपेक्षित मानवता को मानवीय अधिकार दिलाना था। उनके सामाजिक, राजनैतिक, आर्थिक और धार्मिक चिन्तन में मानव की समानता, स्वतन्त्रता, समता, न्याय और भ्रातृत्व के आधारभूत उद्‌देश्य उभर कर आते हैं, जिन्हें हम अम्बेडकर के जनतान्त्रिक मूल्य भी कह सकते हैं। अम्बेडकरवादी विचारधारा में धर्म, व्यक्ति, समाज, राजनीति, जनतन्त्र, समाजवाद, राष्ट्रवाद और मानववाद के विषयों को वैज्ञानिक दृष्टिकोण से परखा गया है। अम्बेडकरवादी चिन्तन को जानने के लिए सर्वप्रथम भारत की उन तात्कालिक विचार-प्रणालियों को समझना जरूरी है, जिनसे अम्बेडकर के गहरे मतभेद थे। भारत की ये प्रमुख विचार-प्रणालियों के माध्यम से दलित समस्या का समाधान ढूँढ़ना व्यर्थ तथा अधूरा ही रहेगा, क्योंकि इन विचारधाराओं में दलितों को समानता, न्याय और स्वतन्त्रता के मानवीय अधिकारों से वंचित रखा गया। अम्बेडकर ने अपने तत्वज्ञान से जिन सामाजिक, राजनैतिक, आर्थिक और सांस्कृतिक आन्दोलनों को गतिमान किया था,

उसके विभिन्न आयाम हैं।

अम्बेडकर के राजनैतिक चिन्तन में राष्ट्रवाद को एक तथ्य के रूप में ग्रहण किया गया है। अम्बेडकर चाहते थे कि राष्ट्र को हमेशा आन्तरिक अन्याय और शोषण के खिलाफ विद्रोह करना चाहिए। साथ ही राष्ट्रवाद का पह ा कर्त्तव्य हो जाता है कि विदेशी शासन या आधिपत्य को हमेशा के लिए समाप्त क ना। अम्बेडकर ने राष्ट्रवाद को एक ऐसी शक्ति माना था जिसके माध्यम से विश्व के साम्राज्यवाद को समाप्त किया जा सकता है। उनका स्पष्ट मानना है—चाहे कोई व्यक्ति राष्ट्रवाद को अबौद्धिक भावना कहे या वास्तविक भ्रम, इसमें एक ऐसी शक्ति निहित है, एक ऐसा गत्यात्मक बल है, जिससे अनेक साम्राज्यों को भिन्न-भिन्न किया जा सकता है।

अम्बेडकर में राष्ट्रीय भावना के उदय का कारण है समाज के शोषित वर्गों और दलितों को मानवीय अधिकार प्राप्त हों। समाज के अस्पृश्य, आदिवासी, बहिष्कृत जातियों को मानवीय समानता के सभी नागरिक, सामाजिक अधिकार प्राप्त होने चाहिए। क्योंकि भारतीय समाज में उन्हें हजारों वर्षों तक अधिकारों से वंचित रखा गया है। जिसके कारण भारतीय वर्णाश्रम के अन्तर्गत शूद्र कहलाने वाले व्यक्तियों को मानवीय अधिकारों और सामाजिक समानताओं से वंचित रहना पड़ा।

सम्पूर्ण भारत में स्वतन्त्रता के लिए राष्ट्रीय आन्दोलन चल रहा था। अम्बेडकर ने देश को एक यथार्थ भूमि पर खड़ा करने का प्रयत्न किया। इस सन्दर्भ में डी. आर. जाटव ने लिखा है—उन्होंने सदैव पृथक्तावाद, क्षेत्रीयवाद, भाषावाद, जातिवाद एवं साम्प्रदायिकता के विरुद्ध संघर्ष करने पर अधिक बल दिया। सभी समाज-विरोधी एवं राष्ट्र-विरोधी क्रियाओं पर रोक लगा देनी चाहिए और उन्हें शीघ्रातिशीघ्र भारतीय समाज से जड़ से उखाड़ फेंक देना चाहिए। जहाँ एक ओर अम्बेडकर ने ब्रिटिश साम्राज्यवाद का अन्त करने में महती भूमिका अदा की, वहीं दूसरी ओर राष्ट्र में समाजवादी व्यवस्था को स्थापित करने का प्रयास भी किया। इसीलिए वह भारत में व्याप्त आन्तरिक शोषण का खण्डन करते थे। उनका स्पष्ट मत था कि ब्रिटिश राज्य में अछूत और आदिवासी जातियों की समस्याओं और उनके आर्थिक जीवन में सुधार लाने का कोई प्रयत्न नहीं हुआ। अतः अम्बेडकर ने राष्ट्र के शासन में बाह्य और आन्तरिक अन्याय का विरोध किया। सम्पूर्ण भारत के आन्तरिक कलेवर में जाति भेद और ऊँच-नीच की अन्यायपूर्ण भावनाएं विद्यमान थीं। राष्ट्रवाद को एकता के सूत्र में बाँधने के लिए सामाजिक समता का होना नितान्त जरूरी है। जातिवाद और वर्णवाद सामाजिक एकता के सबसे बड़े शत्रु हैं। निष्कर्षतः अम्बेडकर के राष्ट्रवादी चिन्तन की मूलभूत विशेषताएँ इस प्रकार हैं—

- ❖ अम्बेडकर के राष्ट्रवाद में मानवतावादी चेतना है।
- ❖ अम्बेडकर विदेशी अंग्रेजी साम्राज्यवाद से स्वाधीनता चाहते थे, साथ ही भारत के उन करोड़ों दलितों, अछूत, आदिवासी, बहिष्कृत व्यक्तियों को पूर्ण स्वतन्त्रता

दिलाना चाहते थे। दलितों को दासता और पराधीनता से मुक्त कराना ही उनका उद्‌देश्य था।

❖ अम्बेडकर ने ब्रिटिश साम्राज्यवाद का कड़ा विरोध किया तथा उन्होंने भारत के लिए ऐसी सरकार का समर्थन किया, जो जनता द्वारा निर्मित हो और जनता के लिए कार्य करें।

❖ उनका राष्ट्रवाद से स्पष्ट तात्पर्य है कि देश के समस्त व्यक्तियों में एकता का मजबूत गठबन्धन होना चाहिए।

❖ अम्बेडकर का लक्ष्य था श्रमिक वर्ग का कल्याण और दलित एवं पिछड़े समाज का उत्थान। वे चाहते थे कि सामाजिक क्षेत्रों में कृषि और लघु उद्योगों में काम करने वाले मजदूरों तथा भूमिहीन किसानों को उचित श्रम का मूल्य प्राप्त हो। उनके जीवन की मूलभूत आवश्यताएँ जैसे, आवास, शिक्षा, रोजगार, स्वास्थ्य और भोजन आदि उपलब्ध होने चाहिए। बड़े औद्योगिक कारखानों में कार्यरत श्रमजीवी वर्ग को उचित वेतन तथा आर्थिक सुविधाएं मिलनी चाहिए। प्रायः देखने में आता है कि मजदूरों को कम वेतन, अधिक घण्टों तक श्रम करना तथा शारीरिक-मानसिक अत्याचारों को भी सहन करना पड़ता है। उनके लिए शिक्षा, स्वास्थ्य का प्रबन्ध नहीं होता। अम्बेडकर ने कानून की प्रक्रिया द्वारा ऐसी समस्याओं का अन्त करना चाहा। उनकी मान्यता थी कृषि और उद्योगों से प्राप्त होने वाले उत्पादन की आय का उचित वितरण होना चाहिए जिससे श्रमिक वर्ग की आर्थिक स्थिति में सुधार हो सके। समाज में समता की भावना का विकास हो सके। अम्बेडकर के मानवतावादी विचारधारा के मूलाधार इस प्रकार हैं—

❖ अम्बेडकर पूँजीवादी व्यवस्था का विरोध करते थे, क्योंकि उत्पादन के साधनों पर पूँजीपतियों का एकाधिकार रहता है। इसलिए श्रमजीवी वर्ग को आर्थिक विषमता और वर्ग भेद के शोषण का शिकार होना पड़ता है। दूसरी तरफ साम्यवादी व्यवस्था के अन्तर्विरोधों को भी उन्होंने यथार्थ ढंग से जाना था। उसका कारण स्पष्ट है कि साम्यवादी समाज में व्यक्ति की व्यक्तिगत स्वतन्त्रता का हनन होता है। इसीलिए अम्बेडकर ने अपने चिन्तन में समन्वय की विचार-पद्धति अपनाकर भारत में लोकतान्त्रिक समाजवाद की अवधारणा को जन्म दिया।

❖ उनके अनुसार व्यक्ति और समाज का कल्याण साधने वाली जनतान्त्रिक संसदात्मक सरकार को चुनना उचित है।

❖ समाज में व्याप्त गरीबी, अशिक्षा, भूख, आवास और स्वास्थ्य की समस्याओं का उचित समाधान होना चाहिए।

❖ सामाजिक, आर्थिक, राजनैतिक और धार्मिक क्षेत्रों में सभी नागरिकों को स्वतन्त्रता, समता और भ्रातृत्व के आधारभूत अधिकारों की प्राप्ति हो।

❖ सामाजिक परिवर्तन के लिए अहिंसा, शान्ति की पद्धति को अपनाना चाहिए। वस्तुतः इसके लिए दलितों को शिक्षित होने, संगठित होने और संघर्ष के लिए तत्पर रहना चाहिए।

❖ समस्त विश्व में शान्ति और प्रेम की स्थापना के लिए समता, स्वतन्त्रता, भ्रातृत्व, समानता, प्रज्ञा, शील, करुणा और मैत्री के मानवीय मूल्यों को महत्त्व देना चाहिए तथा विश्व में व्याप्त अन्याय, शोषण, अत्याचार और हिंसा का प्रतिरोध हो।

निष्कर्षतः कहा जा सकता है कि दलित शब्द का अवधारणा एवं चेतना में समाज का पिछड़ा दलित, आदिवासी, भूमिहीन किसान-मजदूर, शोषित नारी और श्रमजीवी वर्ग सम्मिलित है। एक प्रकार से समाज का निम्न वर्ण एवं वर्ग दोनों दलित वर्ग की परिधि में आते हैं। प्राचीन समय से समाज की वर्ण-व्यवस्था के अन्तर्गत निम्नवर्ण को समस्त मानवीय अधिकार नहीं थे, उन्हें एक तरह से परतन्त्र एवं बन्धक जीवन यापन करना पड़ता था। धीरे-धीरे समाज में वर्ण, रंग, जाति और वर्ग भेद का वैषम्य बढ़ने लगा। कालान्तर में समाज में शोषक और शोषित वर्ग का संघर्ष बढ़ता ही गया।

यों तो दलित चेतना को विकसित करने में विशेषतया गाँधीवाद, मार्क्सवाद, लोहियावाद और अम्बेडकरवाद का प्रभाव रहा है। किन्तु राष्ट्रीय आन्दोलनों ने भी दलित चेतना को विकसित करने में महती भूमिका अदा की है। राष्ट्रीय आन्दोलन द्वारा समाज सुधार, शिक्षा का प्रचार-प्रसार, विज्ञान का विकास, आधुनिक बौद्धिकता का विकास, जातिवाद का विरोध, वर्ण, रंग और ऊँच-नीच का विरोध नारी स्वतन्त्रता की पहल, भूमिहीन किसान-मजदूरों के श्रम और भूमि का संघर्ष, धार्मिक कट्टरता का विरोध, रूढ़ियों एवं विषमता का विरोध, स्त्री-पुरुष की समानता का महत्त्व और शोषित दलित वर्ग के अधिकारों हेतु संघर्ष उभरने लगा। देश में पूँजीवादी और सामन्ती व्यवस्था का विरोध हुआ, वर्ग वैषम्य की विषमता को तोड़कर वर्ग-विहीन समाज का स्थापना करने का संकल्प बना, जमींदारी प्रथा और बँधुआ मज़दूरी का अन्त करने का प्रयास किया गया। पूँजीवादी व्यवस्था के विकल्प में समाजवादी व्यवस्था की स्थापना करना प्रमुख ध्येय था। देश के संविधान में समस्त नागरिकों को समान अधिकार उपलब्ध हुए। देश में जनता की सरकार का गठन हुआ, जनतन्त्र के माध्यम से निर्धनता, अशिक्षा और जाति-प्रथा जैसी समस्याओं का समाधान ढूँढ़ने का प्रयत्न हुआ। लेकिन ऐसा सम्भव नहीं हुआ कि जनतन्त्र में समाजवादी व्यवस्था का विकास हो, बल्कि देश में पूँजीवादी लोकतन्त्र की स्थापना हो सकी।

यह कहना उचित होगा कि समाज में शोषित वर्गों की गरीबी, अशिक्षा, भूख, आवास और स्वास्थ्य का उचित समाधान होना चाहिए। दलित, उत्पीड़ित एवं शोषित वर्ग को मानवीय अधिकार मिलने चाहिए, उनका शारीरिक, मानसिक शोषण बन्द होना चाहिए। दरअस्ल समाज में समानता, स्वतन्त्रता, भ्रातृत्व और न्याय के मूल्यों का प्रचलन तभी होगा, जब जाति, वर्ण, धर्म, रंग और वर्ग की विषमता का अन्त होगा।

लोहिया और अम्बेडकर ने समाजवादी लोकतन्त्र की स्थापना में अपनी महत्त्वपूर्ण भूमिका अदा की तथा गाँधीवादी चिन्तन में समाजसुधार और आत्म उत्थान की प्रेरणा प्रमुख रही। इस प्रकार आधुनिक भारतीय चिन्तन में दलित चेतना को विकसित करने के प्रयास होते रहे हैं। हिन्दी कविता में दलित चेतना को उद्‌बुद्ध करने में विभिन्न आन्दोलनों की भूमिका को अत्यन्त महत्त्वपूर्ण माना जा सकता है।

ग. मिथक एवं इतिहास दृष्टि :

'मिथक' शब्द आंग्ल भाषा के 'मिथ' का हिन्दी रूपान्तरण है, जिसकी व्युत्पत्ति यूनानी भाषा के माइथॉस से मानी जाती है, जिसका तात्पर्य मौखिक कथा से है। मिथक के लिए देववाणी यानी संस्कृत भाषा में 'मिथस' या मिथः का प्रयोग होता है, जिसका अर्थ मिथ्या (झूठ) अथवा असत्य वचन से है। सामान्यतया मिथक का अर्थ हिन्दी भाषा और साहित्य में दन्तकथा, कपोल-कथा, कल्पकथा, सत्या-सत्य वचन के रूप में ग्रहण किया जाता है।

हिन्दी साहित्य में मिथक शब्द का सर्वप्रथम प्रयोग हजारीप्रसाद द्विवेदी ने किया। मिथक को परिभाषित करते हुए हजारीप्रसाद द्विवेदी ने कहा है, आदिमानव के चित्त में संचित अनेक अनुभूतियाँ मिथक के रूप में प्रकट होने के लिए व्याकुल रहती हैं। मिथक वस्तुतः उस सामूहिक मानव की भाव निर्मात्री शक्ति की अभिव्यक्ति है जिसे कुछ मनोवैज्ञानिक आर्किटाइपल इमेज (आद्य बिम्ब) कहकर सन्तोष कर लेते हैं। वहीं नगेन्द्र ने मिथक का सम्बन्ध अतिप्राकृत घटनाओं से जोड़ते हुए कहा है, सामान्य रूप से मिथक का अर्थ है—ऐसी परम्परागत कथा जिसका सम्बन्ध अतिप्राकृत घटनाओं और भावों से होता है। मिथक मूलतः आदिम मानव के समष्टि मन की सृष्टि है, जिसमें चेतन की अपेक्षा अचेतन प्रक्रिया का प्राधान्य रहता है। मिथक की रचना उस समय हुई जब मानव और प्रकृति के बीच की विभाजक रेखाएँ स्पष्ट नहीं थीं। दोनों एक सार्वभौम जीवन में सहभागी थे। वे परस्पर सहयोग एवं संघर्ष के सूत्रों में बँधे हुए थे और चेतन मानव का मन अज्ञात रूप से प्रकृति की घटनाओं को अपने जीवन की घटनाओं तथा अनुभवों के माध्यम से समझने का प्रयास करता था। समष्टि मन द्वारा प्रकृति के तत्वों और घटनाओं के मानवीकरण की यह अचेतन प्रक्रिया ही मिथक रचना का मूल है। भारतीय मिथक परम्परा की उत्पत्ति ऋग्वेद से मानी जाती है। इतिहास, राजनीति, साहित्य, भूगोल, विज्ञान, इत्यादि लौकिक सन्दर्भों के साथ-साथ मिथक साहित्य में अलौकिक आख्यानों का सतत समन्वय बेजोड़ ढंग से अपनी उपस्थिति दर्ज कराता है।

काव्य और धर्म के मध्य मिथक की उपयोगिता को सिद्ध करते हुए विजयेन्द्र स्नातक का कहना है, यदि मिथक का अस्तित्व ना होता तो काव्य और कलाएं भी निर्जीव और नीरस ही रहती। काव्य और धर्म के बीच एक ही तत्त्व उभयनिष्ठ है, और

वह है मिथक। मिथक से काव्य को ऊर्जा मिलती है, शक्ति मिलती है, साथ ही मिथक काव्य को सार्वकालिकता की आधारशिला पर प्रतिष्ठापित भी करते हैं। मिथक युगबोध एवं युगधर्म के रूप में हिन्दी कविताओं में प्रयुक्त हुए हैं। मिथक तर्करहित, प्रमाणरहित और अनुभवरहित सत्य की समष्टि है, जिसमें व्यक्तिगत रूप से कोई तर्क-वितर्क की गुंजाइश नहीं होती। इस सन्दर्भ में पाश्चात्य विचारक आक्टोवियो पाज ने लिखा है, आई एडमिट दैट मिथ इज लॉजिकल बट आई डू नॉट सी हाउ इट कैन बी नॉलेज। वहीं कोल लेवी स्त्रोत का मत पाज से मिलता जुलता प्रतीत होता है और उनका मानना है, मिथक रचना चाहे ऊपर से कितनी ऊलजलूल या अतार्किक क्यों न नजर आये गहरी सतह से उसमें गम्भीर तार्किक प्रबन्ध कार्यशील होता है। इस सन्दर्भ में दोनों पाश्चात्य विद्वानों से सहमति प्रकट करते हुए हजारीप्रसाद द्विवेदी ने कहा है, जो ऊपर से देखने पर झूठ मालूम हो और गहराई में जाने पर सत्य मालूम हो, वहीं मिथक है। ऊपर देखने पर इल्लॉजिकल हो, इर्रेशनल हो और भीतर से देखने पर जो रेशनल हो, लॉजिकल हो मिथक की अपनी लॉजिक होती है। वहीं पाश्चात्य विद्वान रेनेवेलेक ने मिथक के सन्दर्भ में अपना विचार इस तरह प्रकट किया है, इस शब्द का अर्थ निश्चित कर पाना आसान नहीं है। यह एक अर्थ क्षेत्र की ओर संकेत करता है। हम सुनते हैं कि विश्व साहित्य में मिथ को पुनः स्थान दिया जाने लगा है, लेकिन साथ ही यह भी सुनने में आता है कि न तो मिथ की रचना की जा सकती है, न मिथ में विश्वास किया जा सकता है और न किसी से इस पर विश्वास ही कराया जा सकता है।

मिथक एवं इतिहास के विषय में विद्वानों में मतभेद हैं। कुछ विद्वान् इन्हें एक दूसरे का पूरक समझते हैं, तो कुछ विद्वान दोनों को अलग-अलग समझने की सिफारिश करते हैं। वैसे मिथक एवं इतिहास का परस्पर घनिष्ठ सम्बन्ध है। दोनों साहित्य सृजन के क्षेत्र में एक दूसरे के पूरक हैं। इस सन्दर्भ में शम्भुनाथ का मानना है, मिथक इतिहास की गहरी समझ का दरवाजा है। इतिहास का हर संकट मिथक में प्रतिबिम्बित होता है इसलिए मिथक की संरचना को इतिहास विरोधी नहीं कहा जा सकता। तिथिकाल के अभाव तथा कथा की विश्रृंखलता-विरूपता के बावजूद मिथक मनुष्य के ऐतिहासिक जीवन के साथ बदलते और विकसित होते रहते हैं। वहीं पाश्चात्य विचारक विको का मानना है, मिथक ऐतिहासिक सत्य को प्रकट करने का एक प्रकार का काव्यात्मक माध्यम है।

मिथक को इतिहास और प्रकृति के रहस्यों को सुलझाने वाला मानते हुए प्रसिद्ध मार्क्सवादी आलोचक नामवर सिंह का कहना है, मिथक मूलतः दो कार्य करते हैं एक तो प्रकृति के रहस्यों को सुलझाना और दूसरा इतिहास के रहस्यों को सुलझाना। इतिहास की व्याख्या मिथक के माध्यम से लोक मानस करता है। एक ओर प्रकृति के रहस्यों का पता लगाता है तो वहीं दूसरी ओर इतिहास की व्याख्या करता है। वहीं शम्भुनाथ इतिहास और मिथक को सिक्के के दो पहलू मानते हुए कहते हैं, मिथक

के पास इतिहास की तरह तथ्यात्मक दस्तावेजों का भण्डार नहीं होता फिर भी वह इतिहास का इतिहास बतलाता है। इतिहास मिथक का विज्ञान है। मिथक इतिहास की संवेदना। इतिहास जिसके बारे में कोई परिचय नहीं देता, मिथक उसके बारे में बतलाता है। मिथक घटना के साथ बनता है। इतिहास घटना के बहुत बाद बनता है। मिथक इतिहास के बनने में मदद देता है और लम्बे काल के बाद इतिहास भी मिथक बन जाता है।

आधुनिक समीक्षकों का एक वर्ग मिथक को इतिहास के रूप में मानने को तैयार नहीं है, क्योंकि मिथकों का स्त्रोत अज्ञात है। बावजूद इसके मिथकों में आदिमानव की आस्था, रहन-सहन, वेश-भूषा, आचार-विचार, सभ्यता और संस्कृति इत्यादि का व्यापक एवं विशद चित्रण मिलता है, जिसके द्वारा ऐतिहासिक घटनाओं एवं परिस्थितियों को नया आयाम मिलता है। यूनानी अलोचक इ यू हैमरस ने तो मिथक को छिपे रूप में इतिहास स्वीकारा है। इसी तरह का विचार विद्यानिवास मिश्र का भी है। वे कहते हैं, मिथक वस्तुतः देश और काल के घेरों से घटनाओं को निकालकर सनातन में उन्हें स्थापित करने की प्रक्रिया है। वस्तुतः इसी अर्थ में वह इतिहास से अधिक प्रामाणिक है। इतिहास की अपेक्षा मिथक अधिक सक्रिय अधिक गहरा होता है। वह सम्पूर्ण जाति की सर्जनात्मक प्रतिभा की सृष्टि होता है। वहीं आधुनिक दलित कवियों और आलोचकों ने भी मिथकों पर खण्डकाव्य और काव्य लिखे हैं किन्तु किसी कवि और आलोचक ने मिथक को परिभाषित नहीं किया है। मिथक को परिभाषित करते हुए भीमराव अम्बेडकर लिखते हैं, मिथक एक तरह का ज्ञान है, इस ज्ञान की विभिन्न किस्में हैं। प्राचीनकाल से ऐतिहासिक रूप में दो मिथकीय ज्ञान की चर्चा होती रही है। इसमें प्रथम पौराणिक ज्ञान और दूसरा नागरिक ज्ञान। पौराणिक ज्ञान का तात्पर्य ईश्वर की कहानियाँ और उनकी लीला से है। वहीं रमणिका गुप्ता ने मिथक की परिभाषा तो नहीं दी किन्तु दलित साहित्य में आये मिथकों की विशेषता बताते हुए वे लिखती हैं, दलित साहित्य ने नये बिम्ब गढ़े, पौराणिक मिथकों की परिभाषा बदल डाली। नये मिथक बनाये, गौरवान्वित झूठ और आस्था पर चोट की और चमत्कार को तोड़ा। इसके दायरे में अन्धविश्वास, भाग्य, पूर्वजन्म के कर्म, धर्म या भगवान नहीं आते। यह प्रत्यक्ष यथार्थ से मुक्त है, और जीवन्त है।''

काव्य की रचना प्रक्रिया और मिथक की रचना प्रक्रिया एक दूसरे के समान हैं। जहाँ एक ओर काव्य की प्रकृति मिथक से अनुप्राणित होती है वहीं दूसरी ओर मिथक की प्रकृति भी काव्य से अनुप्राणित है। काव्य और मिथक दोनों कल्पनाप्रसूत होते हैं। हिन्दी साहित्य का उद्भव और विकास मिथकों से भरा हुआ प्रतीत होता है। हिन्दी साहित्य का कोई भी कालखण्ड मिथकीय चेतना से अछूता नहीं है। भावपक्ष से लेकर कलापक्ष तक सर्वत्र मिथकों की उपादेयता दृष्टिगत होती है। हिन्दी साहित्य के आदिकालीन रासो, ग्रन्थों, जैन धर्म ग्रन्थों, जैसे- 'भारतेश्वर बाहुबली रास,' 'नेमिनाथ

रास' में रामकथा और कृष्णकथा को मिथकों के माध्यम से नया रूप प्रदान किया गया है।

भक्तिकाल के कबीर, जायसी, सूर और तुलसी जैसे कवियों ने अपने काव्यों में राम, कृष्ण, इन्द्र, शिव, उद्धव आदि मिथकीय पात्रों से सम्बन्धित रचनाएँ की हैं। रीतिकालीन कवि केशव, रहीम, सेनापति, चिन्तामणि, भिखारीदास, कुलपति मिश्र और मतिराम के काव्यों में भी यत्र-तत्र मिथकीय पात्रों का चरित्रांकन मिलता है।

हिन्दी साहित्य के आधुनिककालीन कवियों ने पर्याप्त मात्रा में मिथकों को आधार बनाकर काव्य सृजन किया। वर्तमान समय के कुण्ठा, सन्त्रास, अजनबीपन और खण्डित व्यक्तित्व से ऊब कर यदि कवि मिथकों के द्वारा कुछ समय के लिए आदिम परिवेश में पहुँचना चाहता है, तो वह उतना ही स्वाभाविक है, जितना की उसका आधुनिक होना। आधुनिक काल के ग़ैर दलित एवं दलित कवियों के काव्यग्रन्थों की एक लम्बी सूची बनायी जा सकती है, जिनमें कवियों ने मिथकीय पात्रों का समावेश किया है। ऐसे ही अनेक मिथकीय पात्रों से सम्बन्धित प्रबन्धकाव्य, खण्डकाव्य और मुक्तककाव्य लिखे गये हैं, जिनमें कवियों ने मिथकों का प्रयोग किया है। जैसे-प्रियप्रवास, द्वापर, नहुष, गंगावतरण, उर्मिला, करुणालय, राम की शक्तिपूजा, विषपान, रश्मिरथी, उर्वशी, असाध्यवीणा, लोकायतन, एकलव्य (रामकुमार वर्मा, माता प्रसाद) अन्धायुग, कनुप्रिया, द्रौपदी, संशय की एक रात, महाप्रस्थान, बुद्ध और नाचघर, भस्मांकुर, एक कण्ठ विषपायी, आत्मजयी, शम्बूक, (जगदीश गुप्त, कँवल भारती) अभिशप्त महारथी इत्यादि। यहाँ पर उन काव्यग्रन्थों का उल्लेख नहीं है, जो मात्र कथाधर्मी हैं। बहुसंख्यक दलित कवियों ने मिथकीय पात्रों से सम्बन्धित ऐतिहासिक, पौराणिक कथाओं को आधार बनाकर काफी संख्या में काव्य रचे हैं। दलित एवं ग़ैर दलित कवियों के मिथकीय चेतना से अनुप्राणित कविताओं की तुलना दर्शनीय है। 'एकलव्य' शीर्षक खण्डकाव्य में भील एकलव्य को कथा नायक बनाकर दलित कवि माता प्रसाद एवं ग़ैर दलित कवि रामकुमार वर्मा ने काव्य सृजन किया है।

'एकलव्य' खण्डकाव्य (1957) महाभारत की एकलव्य कथा पर आधारित है। कवि रामकुमार वर्मा ने खण्डकाव्य की भूमिका में लिखा है, महाभारत के सम्भव पर्व में 132वें अध्याय के 31 वें श्लोक से लेकर 60 वें श्लोक तक एकलव्य की कथा वर्णित है। केवल 30 श्लोकों में यह कथा बड़ी शीघ्रता में कही गयी है। सम्भव है, सम्भव पर्व की परिचयात्मक कथाओं की अधिकता, महान पुरुषों के चरित्र-चित्रण की चारुता तथा वर्णन-वैचित्र्य की विशेषताओं के बीच निषाद के चरित्र के लिए यथेष्ठ स्थान प्राप्त न हो सका हो, फिर भी, कथा प्रसंग में ऐसे संकेत अवश्य हैं, जिनसे निषाद संस्कृति का उदात्त रूप हमारे सामने आता है। अतः हम कह सकते हैं कि महाभारत की एकलव्य कथा अति संक्षिप्त है उसे खण्डकाव्योचित विस्तार देने के लिए कवि को कल्पना का सहारा लेना पड़ा किन्तु मुख्य घटनाओं और उनके क्रम को

अक्षुण्ण रखा गया है। 'एकलव्य' खण्डकाव्य चौदह सर्गों में विभक्त है। रामकुमार वर्मा ने निषाद पुत्र एकलव्य को काव्यनायक बनाया है। कवि ने सर्गों के अन्तर्गत 'एकलव्य' कथा में सत्य तथा कल्पना का अद्भुत मिश्रण किया है। प्रारम्भिक छह सर्ग दर्शन, परिचय, अभ्यास, प्रेरणा, प्रदर्शन और आत्मनिवेदन महाभारत के कथा प्रसंगों से मेल खाते हैं, जिनमें द्रोणाचार्य की विगत कथा और एकलव्य से उनका प्रत्यक्षीकरण होता है, जो कथा की पृष्ठभूमि को गतिशीलता प्रदान करता है। इस प्रकार ये प्रारम्भिक सर्ग मुख्यतया क्षत्रिय धर्म को तथा द्रोणाचार्य की आत्मग्लानि और विवशता को समझने के लिए आवश्यक है। इस प्रकार अन्त के पाँच सर्ग साधना, स्वप्न, लाघव, द्वन्द्व और दक्षिणा मुख्यरूप से एकलव्य से सम्बन्धित हैं, जो उसके चरित्र को उदात्तता प्रदान करते हैं और महाकाव्य के उद्देश्य को भी व्यंजित करते हैं।

अंगूठा दान का प्रसंग, चौदहवें सर्ग में काव्य का चरमोत्कर्ष प्रकट करता है। खण्डकाव्य के 13 सर्गों में द्रोणाचार्य और एकलव्य का चरित्रांकन किया गया है। द्रोणाचार्य अपने मित्र द्रुपद से अपमान का बदला लेने के लिए कौरव और पाण्डव राजकुमारों को धनुर्वेद की शिक्षा देते हैं। वे अर्जुन के परिश्रम, अभ्यास, उत्साह एवं शौर्य से इतने प्रभावित थे कि वे उसे सर्वश्रेष्ठ धनुर्धर बनाने का वचन दे देते हैं, इसलिए एकलव्य की पात्रता से प्रभावित होकर भी वे उसे धनुर्वेद की शिक्षा नहीं दे पाते हैं। जब एकलव्य अपने परिश्रम से धनुर्वेद का ज्ञान प्राप्त कर लेता है तो अर्जुन के द्वारा गुरु द्रोण द्वारा दिये गये वचन को याद दिलाने पर वे एकलव्य से गुरुदक्षिणा के रूप में दाहिने हाथ का अँगूठा माँग लेते हैं। यह प्रसंग युगों-युगों तक गुरु के चरित्र को कलंकित करता रहेगा। इस प्रसंग को आधार बनाकर दर्जनों काव्य, नाटक और आख्यान लिखे गये हैं। कुछ कवि और आलोचकों का मानना है कि द्रोणाचार्य राजकुमारों को प्रशिक्षित करने हेतु वचनबद्ध थे, फिर वे धनुर्वेद का ज्ञान एकलव्य को कैसे देते? तो वहीं दूसरी ओर कुछ दलित कवियों और आलोचकों ने इस प्रकरण को इतिहास के काले अध्याय के रूप में चित्रित किया है। एकलव्य को उसके माता-पिता हस्तिनापुर ले जाते हैं, जहाँ प्रशिक्षित राजकुमारों का कौशल प्रदर्शन था। यहीं प्रथम बार गुरु द्रोण एवं एकलव्य की मुलाकात होती है। रामकुमार वर्मा ने षष्ठ सर्ग (आत्म-निवेदन) के अन्तर्गत एकलव्य और द्रोणाचार्य के मध्य विचारोत्तेजक संवाद को बड़ी मार्मिकता से उभारा है। सर्वप्रथम एकलव्य द्रोणाचार्य को अपना परिचय देता है। द्रोणाचार्य से जब वह धनुर्विद्या सीखने की याचना करता है, तो गुरु द्रोणाचार्य का यह उत्तर उसे मर्माहत कर देता है—

धनुर्वेद ब्राह्मणों को क्षत्रियों को चाहिए।
धनुर्वेद नद जो है। उसके दो तट हैं—
ब्राह्मण और क्षत्रिय। इसी सीमा रेखा में इसका
प्रवाह होगा। वैश्य और शूद्र क्या करेंगे धनुर्वेद ले?

वैश्य शब्द-वेधी स्वर से क्या शस्य काटेंगे?
और शूद्र शंख फूँक सेवा में लगेंगे क्या?

द्रोणाचार्य के इस कथन में उनकी विवशता परिलक्षित होती है। वे भीष्म की राजनीति के वशीभूत थे। वे अनेक प्रकार के बहाने करके एकलव्य को शिष्य रूप में अस्वीकृत कर देते हैं। अन्त में एकलव्य के तर्कों से प्रसन्न होकर द्रोणाचार्य कहते हैं कि इस पृथ्वी पर तुम्हारा गुरु श्रेष्ठ है किन्तु तुम मेरे शिष्यत्व के अधिकारी नहीं हो सकते क्योंकि तुम भूमि पुत्र हो। मैं राजगुरु हूँ, मेरी कुछ मर्यादा है। मैं अपनी मर्यादा में रहकर तुम्हें धनुर्वेद का ज्ञान नहीं दे सकता। यदि दूँगा तो तुम निश्चित ही राजपुत्रों को धनुर्वेद में पराजित करोगे इसलिए तुम मेरे धनुर्वेद शिक्षा के लिए अस्वीकृत हो। इस सन्दर्भ में द्रोणाचार्य एकलव्य से कहते हैं—

राजगुरु हूँ, विशेष पद की मर्यादा है।
शिक्षा-नीति राज-नीति के पदों है चलती।
'गुरुकुल' है कहाँ! यहाँ तो 'राजकुल' है!
जानता हूँ, मैंने दिया इसको ही प्रश्रय,
आते सभी राजपुत्र मेरे ज्ञानपीठ में। किन्तु
मैं स्वयं ही चला आया राजधानी में,
राजपुत्र हीनता को निश्चय प्राप्त होंगे
जब तुम भूमि-पुत्र उनके समीप हो
एक पंक्ति में खड़े हो, लक्ष्य-वेध सीखोगे।
जाओ, हे निषाद पुत्र! तुम हो अस्वीकृत।

इस प्रकार द्रोणाचार्य द्वारा एकलव्य को भूमिपुत्र कहे जाने पर भी उसे अपने अस्मिता पर गर्व है। वह शूद्र होकर भी हीन भावना से ग्रस्त नहीं हैं, अपितु वह इसमें अपना गौरव समझता है, रामकुमार वर्मा ने इस कथा के मार्मिक पक्ष को चौदहवें सर्ग में रखा है। जब अर्जुनादि राजकुमारों समेत गुरु द्रोणाचार्य एकलव्य के समीप पहुँचते हैं, तब एकलव्य गुरु द्रोण को देखकर भाव विह्वल हो जाता है। द्रोणाचार्य एकलव्य की साधना को देखकर कहते हैं—

साधु एकलव्य! तुम साधना के स्वामी हो!
जानते नहीं हो, ज्ञान आ गया है कितना,
किन्तु जानता हूँ धनुर्वेद, कहता हूँ मैं-
तुम-सा कुशल धन्वी दूसरा नहीं हुआ
इतना सुनते ही अर्जुन ने कहा—
गुरुदेव! आपका कथन सत्य है।
फिर जो प्रतिज्ञा की थी श्री-मुख से आपने,
उसका महत्त्व क्या रहेगा आर्य-वंश में?

अर्जुन की बात सुनकर एकलव्य ने श्रद्धापूर्वक पूछा कौन-सी प्रतिज्ञा? क्या मैं गुरु की प्रतिज्ञा सुनने का पात्र हूँ? क्या मैं गुरु की प्रतिज्ञा पूर्ति में कुछ योगदान कर सकता हूँ, जिससे मैं अपने को सौभाग्यशाली समझ सकूँ? द्रोणाचार्य ने हँसकर कहा—शिष्य एकलव्य मेरा प्रण था कि अर्जुन को मैं अद्वितीय धनुर्वेद का ज्ञान दूँगा, परन्तु जब से अर्जुन ने तुम्हारा अद्वितीय लक्ष्य देखा है तब से अर्जुन मेरी प्रण-रक्षा हेतु विचलित है। इतना सुनते ही गुरु की प्रण-रक्षा हेतु एकलव्य ने धनुष फेंक दिया, बाण तोड़ डाले और उसने प्रण किया कि वह धनुष-बाण को कभी भी हाथ नहीं लगायेगा। अर्जुन ने मुस्कुराते हुए व्यंग्य किया—

पार्थ भी है क्षत्रिय, विराट् व्रतधारी है;
क्या निषाद-पुत्र की कृपा की भीख माँग के
अद्वितीय धन्वी की पताका फहरायेगा?

रामकुमार वर्मा ने गुरु और शिष्य दोनों की मर्यादा को अक्षुण्ण रखने का प्रयास किया है। वहीं महाभारतकार ने गुरु द्रोणाचार्य को गुरु गरिमा से गिराया है। व्यास लिखते हैं कि गुरु द्रोण छल से एकलव्य के दाहिने हाथ का अँगूठा माँग लेते हैं, किन्तु रामकुमार वर्मा ने गुरु द्रोण का चरित्र गिरने नहीं दिया है। द्रोणाचार्य एकलव्य से उसका अंगूठा स्वयं नहीं माँगते। वे तो पितामह से वचनबद्ध होने के कारण विवश, असहाय और आत्मग्लानि से पीड़ित थे। उनके मुख से उस प्रसंग में 'दक्षिणा' शब्द निकलता है, जिससे एकलव्य को गुरु दक्षिणा देने की सूझ आती है। 'दक्षिणा' शब्द को सुनते ही एकलव्य स्वयं दक्षिणा देने के लिए तत्पर होता है। वह अपने गुरु को विवशता, आत्मग्लानि, पीड़ा और अपयश से मुक्त करना ही अपना कर्त्तव्य समझता है, इसलिए अपने गुरु के मूर्ति के समीप दाहिना हाथ रखकर, बाँये हाथ से बाण द्वारा अपने अँगूठे को काट डालता है और उसे गुरु को अर्पित करता है, न कि द्रोणाचार्य के माँगने पर। एकलव्य कहता है—

गुरु का हृदय खण्ड-खण्ड हो, असम्भव!
दक्षिणांगुष्ठ ही हो खण्ड-खण्ड मेरा जो कि
पार्थ को बना दे अद्वितीय धन्वी विश्व में।
गुरु-प्रण-पूर्ति करे सब काल के लिए,
जय गुरुदेव! यह रही मेरी दक्षिणा।

एकलव्य के इस कार्य से गुरु द्रोण को अपार कष्ट हुआ और उन्होंने कहा कि तुमने मेरी प्रण-पूर्ति के लिए अपनी साधना को नष्ट कर दिया। तुम धन्य हो एकलव्य और उसे अपने हृदय से लगाकर बोले सवर्ण-अवर्ण का माप-दण्ड व्यक्ति के कुल से नहीं अपितु उसके द्वारा अपनाये गये मूल्यों, आस्थाओं और चरित्र के द्वारा होना चाहिए। आगे द्रोण कहते हैं—

तुम विप्र हो, हे शिष्य! गुरु द्रोण शूद्र है!
हा, तुम्हारी गुरुता में गुरु हुआ लघु है!

इस प्रकार रामकुमार वर्मा ने गुरु और शिष्य दोनों की गरिमा बनाये रखी है। द्रोणाचार्य द्वारा 'तुम नहीं' वत्स यह समय ही शूद्र है! कहलाकर रामकुमार वर्मा ने दलित चेतना को उच्च सोपन पर पहुँचा दिया। समय की शूद्रता और निम्नता उस समय की समाज की क्षुद्र सोच को प्रकट करती है। एकलव्य का त्याग शायद आज सवर्णों और शासकों के दिलों में बैठी वर्ण-भेद, वर्ग-भेद और ऊँच-नीच की भावना मिटा सके; जिससे समाज में वर्ण विहीन और वर्ग विहीन समाज की स्थापना हो सके। 'एकलव्य' खण्डकाव्य की मूल संवेदना गुरु-शिष्य के उदात्त सम्बन्धों की प्राण प्रतिष्ठा करना है। द्रोण की विवशता और पराधीनता है कि वह व्यवस्था के पोषक हैं और उसका अतिक्रमण करने में असमर्थ हैं। इस खण्डकाव्य में द्रोणाचार्य और एकलव्य दोनों पात्रों का विशेष महत्त्व है। शिष्य गुरु को लांछित नहीं होने देना चाहता है, तो वहीं गुरु भी अपनी शिष्य की प्रतिभा, परिश्रम, साधना और त्याग की प्रशंसा किये बिना नहीं रह सका। दलित कवि माता प्रसाद द्वारा 'एकलव्य' खण्डकाव्य 1981 ई. में लिखा गया। बारह कथा शीर्षकों में विभाजित यह खण्डकाव्य उदात्त मनोवृत्ति का सुन्दर परिचायक है। इस खण्डकाव्य की कथा महाभारतकालीन प्रसिद्ध एकलव्य की कथा है। माता प्रसाद ने नवीन पद्य शैली एवं दोहा जैसे सरल एवं सहज छन्द में एकलव्य खण्डकाव्य की रचना की है। इसमें महाभारतकालीन चरित्र द्रोणाचार्य, एकलव्य, कौरव और पाण्डव आदि हैं।

एकलव्य खण्डकाव्य की भूमिका में कवि ने इसके उद्देश्य को व्यंजित करते हुए लिखा है, एकलव्य की कथा के माध्यम से वर्ण और जाति सम्बन्धी दलित जनजातियों और पीड़ित जनों के युवकों की भावनाओं को व्यक्त किया गया है। किसी जाति या वर्ग के प्रति दुर्भावना का उद्देश्य कदापि नहीं है; बल्कि सभी जातियों, धर्मों का सम्मान कर आपस में सौहार्द पैदा करके राष्ट्रीय एकता को सुदृढ़ बनाने की भावना से इसे लिखा गया है।

तीसरे काव्य शीर्षक 'बाल्यावस्था एवं शिक्षा' के अन्तर्गत एकलव्य के बचपन में शिकार और उसके शिक्षा हेतु पिता की चिन्ता को दर्शाया गया है। एकलव्य बचपन से ही कुशल धनुर्धर था। हिरण्य धनु एकलव्य को राजकुमारों जैसी शिक्षा देने के लिए सोचते थे। एक दिन भीलों के दरबार में हिरण्य धनु ने अपने मन की बात इस प्रकार व्यक्त की—

शिक्षा हेतु नगर सुत भेजूं, मैंने मन में ठाना।
द्रोण पूजनीय स्वीकारें, यदि विद्या सिखलाना।।
समुचित शिक्षा दीक्षा हो, हो भीलों की हित रक्षा।
कुल की उड़े पताक, दीन, दलित की बढ़े सुरक्षा।।

'एकलव्य' खण्डकाव्य के चौथे काव्य शीर्षक 'शूद्र को शिक्षा पाने का अधिकार नहीं' इस खण्डकाव्य का मेरुदण्ड है। हस्तिनापुर में गुरु द्रोणाचार्य राजकुमारों की परीक्षा लेते हैं। गुरु द्रोण ने कृत्रिम पक्षी को डाल पर टाँगकर सभी शिष्यों से उसके आँख में निशाना लगाने को कहा—युधिष्ठिर, भीम, दुर्योधन, क्रमशः आते हैं, किन्तु कोई भी लक्ष्य भेद नहीं पाता अन्त में अर्जुन ने लक्ष्य सन्धान किया, किन्तु बाण पक्षी को छूकर आगे निकल गया। एकलव्य ने पक्षी पर दृष्टि गड़ाते हुए अर्जुन से कहा—

थोड़ा यत्न और हो निश्चय, लक्ष्य-भेद हो जाय।
एकलव्य ने कहा अचानक, खग पर दृष्टि गड़ाये।।

एकलव्य की बात सुनकर गुरु द्रोण ने कहा क्या तुम लक्ष्य भेद सकोगे? यदि तुम धनुर्विद्या में दक्ष हो तो आगे आओ और अपनी कला का प्रदर्शन करो। एकलव्य ने सहजता से लक्ष्य पर प्रहार किया और उसका तीर पक्षी के नेत्र को भेदते हुए आर-पार हो गया। इस सन्दर्भ में माता प्रसाद लिखते हैं—

एकलव्य ने सहज लक्ष्य पर, उठकर किया प्रहार।
काष्ठ विहग का नेत्र भेद कर, तीर गया उस पार।।

माता प्रसाद ने एकलव्य की कथा में यह नवीन प्रसंग जोड़ा है ऐसा वर्णन किसी अन्य कवि ने नहीं किया है। जहाँ रामकुमार वर्मा ने हस्तिनापुर में राजकुमारों के दीक्षोपरान्त शक्ति प्रदर्शन को देखने के लिए एकलव्य की उपस्थिति का चित्रण किया तो वहीं माता प्रसाद ने पक्षी के लक्ष्यभेद प्रकरण से ही एकलव्य की उपस्थिति दर्शायी है। 'अभ्यास और गुरु दक्षिणा' काव्य शीर्षक में कवि ने एकलव्य के अभ्यास और गुरु दक्षिणा का बड़ा ही मार्मिक वर्णन किया है। एकलव्य अभ्यास के लिए माता-पिता से आज्ञा लेकर निर्जन जंगल में एक कुटी बनाता है। एकलव्य कुटी के समीप मंच पर गुरु द्रोण की मूर्ति रखकर रात-दिन अभ्यास करता है। एक दिन गुरु द्रोण कुत्ता और शिष्यों समेत एकलव्य के साधना स्थल पर विचरण करते हुए पहुँचते हैं। गुरु द्रोण के कुत्ते की आवाज सुनकर एकलव्य ने उसके मुख को बाणों से भर दिया। एकलव्य के इस कौशल को देखकर गुरु द्रोण एकलव्य से उसके गुरु और उसका परिचय पूछते हैं। एकलव्य ने कहा—

गुरु शिष्यों का अभिवादन कर, कहा-हूँ, एक अनार्य।
हिरण्य धनु का बालक हूँ, हैं गुरु द्रोणाचार्य।।
शूद्र वर्ण में जन्म इसी से, विद्या नहीं सिखायी।
श्रद्धा से गुरु मान, उन्हें तब उनकी मूर्ति बनायी।।

एकलव्य की बातें सुनकर गुरु द्रोण और अर्जुन एक दूसरे का मुहँ देखने लगे। अर्जुन ने कहा, यह मुझसे बड़ा धनुर्धर है। एकलव्य गुरु द्रोण को देखकर बोला आज मेरा जीवन धन्य हो गया। आपके दर्शन से मेरी सारी मनोकामनाएँ पूर्ण हो गयीं। एकलव्य की बात सुनकर गुरु द्रोण कुटिल मन से बोले कि तुम प्रिय शिष्य तब तक

नहीं हो सकते, जब तक मेरे इच्छानुसार तुम गुरु दक्षिणा न दो। गुरु दक्षिणा माँगे जाने पर एकलव्य ने कहा—

दक्षिणा क्या लाऊँ बोला, गुरु विनत कर जोड़कर।
दूँगा तुरन्त मैं आपको वह, गगन से तोड़कर।।

इतना सुनते ही गुरु द्रोण ने कहा—

हे, शिष्य दायें हाथ का, तेरा अंगूठा चाहिए।
दो काट कर तत्काल मन में, कुछ विषाद न लाइये।।

इतना सुनकर एकलव्य ने अपने बाणों से अंगूठा काटकर अपने हाथों में रखकर बोला—

रख अंजलि में वह अँगूठा, कर मन में बहुत सम्मान।
गुरु-दक्षिणा करिये, ग्रहण, गुरुदेव हे भगवान।।
यह दृश्य देखा द्रोण ने, मन पर लगा आघात।
कर प्रकम्पित हो रहे, जड़ बन गया था गात।।

एकलव्य के इस गुरुभक्ति को देखकर गुरु द्रोण को बहुत कष्ट हुआ। वे कुछ क्षणों के लिए शान्त हो गये, उनकी आँखें खुली रह गयीं, उनको अपना ध्यान तक न रहा। एकलव्य के इस महान त्याग, कौशल, ज्ञान और बलिदान को देखकर गुरु द्रोणाचार्य ने कहा—

है शूद्र यद्यपि जन्म से, पर कर्म से है श्रेष्ठ।
त्याग, कौशल, ज्ञान में, क्या है नहीं यह ज्येष्ठ।।
तब अंजलि में ग्रहण कर, गुरु-दक्षिणा-सम्मान।
गुरु ने कहा सन्ध्या हुई, करना हमें प्रस्थान।।

द्रोणाचार्य के इस कुटिलता से, एकलव्य द्वारा गुरु दक्षिणा देने के पश्चात् अर्जुन के समान अब कोई धनुर्धर नहीं रहा। माता प्रसाद ने अपने 'एकलव्य' खण्डकाव्य में एकलव्य के मन में गुरु दक्षिणा के पश्चात् उठते हुए द्वन्द्व और छले जाने को बड़ी मार्मिकता से चित्रित किया है। माता प्रसाद ने नवें काव्य शीर्षक 'विद्रोह एवं हिरण्य धनु सन्देश' में लिखा है—

शान्त मन जब हुआ, सोचा, द्रोण का व्यवहार।
पहले चकित थे, बाद में, खुश क्यों थे राजकुमार?
यह है किया छल द्रोण ने, कैसे करूँ सम्मान अब।
है व्यर्थ उनकी वन्दना, मन घट गया सब मान अब।।
विक्षिप्त-सा गुरु मूर्ति धरती, पर गिराकर तोड़ दी।
अश्रु पूरित नेत्र थे, गुरु-भक्ति से मुँह मोड़ ली।।

इस प्रकार माता प्रसाद ने रामकुमार वर्मा से एकलव्य कथा काव्य को आगे बढ़ाया है। माता प्रसाद का एकलव्य अपने को छला हुआ महसूस करता है। गुरु दक्षिणा के

पश्चात् उसकी गुरु के प्रति श्रद्धा भी नहीं रह जाती है, किन्तु रामकुमार वर्मा के खण्डकाव्य में यह बात नहीं दिखायी देती। यहाँ दलित कवि के मिथक और ग़ैर दलित कवि के मिथक के मध्य एक बड़ा अन्तर दृष्टिगोचर होता है। इस प्रकार हम कह सकते हैं कि दोनों खण्डकाव्यों में सत्य और कल्पना का सुन्दर समन्वय दिखायी देता है।

माता प्रसाद के 'एकलव्य' खण्डकाव्य का उद्‌देश्य पुरुषार्थ की सिद्धि है। मनुष्य अपने परिश्रम, त्याग, दृढ़इच्छाशक्ति और साहस से असम्भव को भी सम्भव बना सकता है। व्यक्ति के इसी अमोघ पुरुषार्थ को जगाने का सन्देश इस खण्डकाव्य में दिया गया है। अभी तक एकलव्य की चारित्रिक विशेषताएँ उसकी गुरु भक्ति में ही सीमित थीं, और इसमें सन्देह भी नहीं कि ऐसी गुरु भक्ति को जितना भी महत्त्व दिया जाय उतना कम है।

हरिवंशराय बच्चन ने 'मिट्टी का द्रोणाचार्य' कविता में एकलव्य का उदाहरण देते हुए दलितों के साथ होने वाले अत्याचार, उपेक्षा, अपमान और अन्याय को रेखांकित किया है। सवर्ण मानसिकता से प्रेरित लोगों से प्रश्न करते हुए 'बच्चन' लिखते हैं—

तीन वर्णों से बहिष्कृत उस निषाद-सुपुत्र को।
जब धनुर्विद्या-दान देने से किया इनकार।।
द्रोणाचार्य ने था, कौन जीती थी बड़ाई?

दलित कवयित्री सुशीला टाकभौरे के काव्य संग्रह 'हमारे हिस्से का सूरज' में 'भील एकलव्य' शीर्षक से कविता संग्रहीत है। एकलव्य जैसे महान धनुर्धारी के साथ हुए अन्याय के बावजूद उसको दया का पात्र समझा जाता है और अर्जुन की प्रशंसा की जाती है। इस बात से क्षुब्ध होकर कवयित्री सम्पूर्ण मानव समाज से इस अन्याय, विषमता और स्वार्थ पर प्रश्न करती है—

भील एकलव्य तुम्हारा तो सिर्फ एक अंगूठा कटा था,
पर क्या पूरे समाज के हाथ भी काट दिये गये थे?

इतिहास में किसकी प्रशंसा होनी चाहिए? अर्जुन के नपुंसक वीरता की या एकलव्य के अन्ध-गुरु-भक्ति की। इसके विषय में वे लिखती हैं—

आज यह प्रश्न है, तर्क और मीमांसा का—
किसकी प्रशंसा करे इतिहास?
अन्धी गुरु भक्ति की या नपुंसक वीरता की?
महाभारत का विजेता पार्थ प्रशंसनीय है,
तुम क्यों दया के पात्र हो?

'शम्बूक' लघुकाव्य जगदीश गुप्त द्वारा 1977 ई. में लिखा गया। वाल्मीकि रामायण के उत्तरकाण्ड में शम्बूक-वध का सर्वप्रथम वर्णन मिलता है। कवि जगदीश गुप्त ने इस लघुकाव्य की भूमिका में शम्बूक वध का प्रसंग कहाँ, किस रूप में आया है, के विषय में लिखते हैं, इसकी सुव्यवस्थित सूचना, फादर कामिल बुल्के ने अपनी

प्रसिद्ध पुस्तक 'रामकथा' में कई अनुच्छेदों (618 तथा 628-632) में दे दी है। साथ ही फादर बुल्के ने भलीभाँति विचार करके वाल्मीकि रामायण के समस्त उत्तरकाण्ड को प्रक्षिप्त घोषित किया है। शम्बूक-वध भी उसी के प्रक्षिप्त सर्गों (72-82) में सम्भवतः सर्वप्रथम वर्णित किया गया है। आगे यह कथा 'पद्म पुराण' के सृष्टि-खण्ड और उत्तर-खण्ड, 'महाभारत' के 'शान्तिपर्व' (अध्याय 149), 'रघुवंश' के 15 वें सर्ग, 'उत्तररामचरित' के द्वितीय अंक तथा 'आनन्द रामायण' के भी अनेक अध्यायों में समाहित है जिससे इसकी परम्परागत मान्यता और पर्याप्त प्राचीनता दोनों ही बातें स्वतः सिद्ध हो जाती हैं।

'शम्बूक' खण्डकाव्य को 'लघुकाव्य' और 'सर्ग' को 'अंश' कहने के पीछे के मन्तव्य को स्पष्ट करते हुए जगदीश गुप्त लिखते हैं, शम्बूक को मैं 'खण्डकाव्य' की जगह 'लघुकाव्य' कहना अधिक पसन्द करूँगा क्योंकि खण्डकाव्य शब्द मेरे मन को किसी टूटी हुई वस्तु का बोध कराता है। लघुकाव्य शब्द भी सापेक्षिक है पर उससे यह बोध उत्पन्न नहीं होता इसी तरह 'राजद्वार' आदि को मैं 'सर्ग' की जगह 'अंश' कहना अधिक संगत समझता हूँ।

'शम्बूक लघुकाव्य में जगदीश गुप्त ने शम्बूक को 'भूमि-पुत्र' के रूप में प्रस्तुत किया है। कवि ने शम्बूक के माध्यम से आज दलितों के साथ होने वाले अत्याचार, अन्याय, शोषण और दमन को चित्रित किया है। इस लघुकाव्य में दिखाया गया है कि शासक किस प्रकार शासित पर होने वाले अत्याचार और अन्याय को न्याय साबित करने का प्रयास करता है। 'शम्बूक' लघुकाव्य आठ अंशों में विभाजित है।

पाँचवें अंश में भूमि-पुत्र शम्बूक और राजा राम के तार्किक संवाद संकलित हैं। इस लघुकाव्य के आठों अंश इस प्रकार हैं—राजद्वार, पुष्पक-यान, वन देवता, दण्डकारण्य, प्रतिपक्ष, छिन्नशीश, आत्मकथ्य और रक्त-तिलक। 'प्रतिपक्ष' अंश की विशेषता और शम्बूक की प्रखर तेजस्विता की ओर संकेत करते हुए जगदीश गुप्त लिखते हैं, 'प्रतिपक्ष' इस काव्य का मेरुदण्ड है। शम्बूक की प्रखर तेजस्विता राम की महान गौरवमयी राजसी चेतना को आर-पार बेध जाती है। वह नीति मर्यादा ही नहीं, चारित्रिक महिमा को भी आच्छादित कर देती है। राम का प्रशासकीय दृष्टिकोण कम सबल नहीं है पर शम्बूक की तर्कशीलता जीवन के उस पहलू को उद्घाटित करती है जिसकी उपेक्षा करने से राम का ब्रह्मत्व एवं उनकी विराटता अपनी अर्थवत्ता खो देती है। वर्ण-व्यवस्था का मानवता-विरोधी जड़ रूप अब किसी भी जागरुक तथा प्रगतिशील समाज द्वारा स्वीकृत नहीं कराया जा सकता।

'शम्बूक' लघुकाव्य का प्रारम्भ 'राजद्वार' शीर्षक अंश से होता है। इस अंश के प्रारम्भ में राम के राज-दरबार की अनुपम शोभा का वर्णन है। आगे का घटनाक्रम इस प्रकार है—किसी ब्राह्मण के पुत्र की सर्पदंश से मृत्यु हो जाती है। वैद्य के उपचार से भी वह बालक नहीं बचता है। तब गुरु वसिष्ठ को आगे का भविष्य और कर्त्तव्य बताने

के लिए बुलाया जाता है। रास्ते में गुरु वसिष्ठ से नारद मिलते हैं और कहते हैं, कि ब्राह्मण पुत्र जीवित नहीं हो सकेगा और न ही राम का कल्याण होगा। इस महाकटु शब्द को सुनकर वे नारद से कहते हैं—

क्यों नहीं कल्याण होगा?
क्यों नहीं मृत विप्र-सुत का त्राण होगा?

गुरु वसिष्ठ के इस प्रश्न के प्रत्युत्तर में नारद कारण बताते हुए कहते हैं—

कर रहा तप शूद्र कोई, अधोमुख दण्डक गहन में।
स्वर्ग का सुख लूटने की, लालसा को लिये मन में।।
चाहता है एक दिव्य कृपाण किन्तु जायेंगे उसी के प्राण।

नारद के इस उत्तर को सुनकर वसिष्ठ कहते हैं कि ब्राह्मण-पुत्र के मृत्यु से शूद्र के तपस्या करने से क्या सम्बन्ध है? क्या देवता स्वार्थ में अन्धे हो गये? नारद ब्राह्मण पुत्र के जीवित होने के कारण को बताते हुए कहते हैं—

विपिन जाकर शूद्र-मुनि-वध जब करेंगे राम।
विप्र-सुत होगा तभी जीवित सहज परिणाम।।

इस प्रकार गुरु वसिष्ठ की मन्त्रणा से राम ने निश्चय किया कि वह अकेले ही शूद्र मुनि की खोज करेंगे। 'प्रतिपक्ष' अंश में जगदीश गुप्त ने दो मनस्वी व्यक्तियों राम और शम्बूक के मध्य शम्बूक वध के पूर्व जो मानसिक संवाद हुए उसका वर्णन किया है। शम्बूक वर्ण-व्यवस्था का विरोध करता हुआ राम से कहता है—

जो व्यवस्था व्यक्ति के सत्कर्म को भी मान ले अपराध।
जो व्यवस्था वर्ग-सीमित स्वार्थ से हो ग्रस्त।।
वह विषम घातक व्यवस्था शीघ्र ही हो अस्त।

वहीं राम शम्बूक से प्रत्युत्तर में कहते हैं—

व्यवस्था का प्रश्न यदि अपराध से पहले किया होता।
दण्ड देने की जगह शम्बूक! मैंने भी तुम्हें उत्तर दिया होता।।
व्यक्ति कोई यदि व्यवस्था-भंग करने का करे संकल्प।
उसको प्रश्न का होता नहीं अधिकार।।

राम जब शम्बूक से कहते हैं कि तप शूद्र का कर्म नहीं है। इसके प्रत्युत्तर में शम्बूक राम से तप की गरिमा और महत्ता को बताते हुए कहता है कि तप जो सृष्टि का आधार है, जिसके कारण यह संसार चल रहा है, जिससे त्रिदेव को शक्ति मिल रही है तपस्या से ही मनुष्य को सम्बल मिलता है। वह राम से पूछता है—

वही तप दुष्कर्म कैसे हो गया?
वही कृत्य अधर्म कैसे हो गया?
वही तप अपराध कैसे हो गया?
राम तुम क्षत्रिय, कहाते ब्रह्म हो?

कह सको तो विश्व-व्यापी सच कहो?
वर्ग-हित या वर्ण-हित के ध्यान से,
जब तुम्हारा चित्त परिचालित न हो?

शम्बूक के इन जोरदार तर्कों से राम विचलित हो जाते हैं और कहते हैं कि मैंने सुशासन में तो कोई चूक नहीं की। आगे शम्बूक कहता है कि राजा अपने द्वारा दिये गये आदेश को ही सही मानता है। शासक वर्ग कभी भी अपनी भूल नहीं मानता। इस सन्दर्भ में शम्बूक का यह कथन समीचीन है—

कौन शासक भूल अपनी मानता।
सदा अपराधी प्रजा को जानता।।
शूद्र-घाती, बने करके क्रोध।
क्या तुम्हारा यही समता-बोध।।

शम्बूक द्वारा राम को शूद्र-घाती कहने और समता बोध को न प्रमाणित करने पर राम ने रावण के वध का जिक्र किया। क्या मैंने पतित ब्राह्मण रावण का वध नहीं किया? मेरे लिये शूद्र-ब्राह्मण न्याय से ऊपर नहीं है। इस भूमि पर समानता का नियम सदैव चलता रहेगा। शम्बूक ताड़का, मारीच, खर-दूषण, बालि और त्रिशिरा आदि विपक्षियों के वध को राम द्वारा वध न कहकर उसे उद्धार की संज्ञा देने पर शम्बूक ने व्यंग्य भरे स्वर में कहा—

मारते हो और कहते हो इसे उद्धार।
चलेगा कब तक तुम्हारा यह घृणित व्यापार।।

शम्बूक राम से कर्म के आधार पर व्यक्ति को श्रेष्ठ मानने की वकालत करता है। वह कहता है कि किसी व्यक्ति के जन्म से उसकी जाति निश्चित नहीं होनी चाहिए। आगे राम उसे तपस्या छोड़कर युद्ध करने के लिए ललकारते हैं। शम्बूक कहता है तुम्हें एक तपस्वी का वध करना हो तो कर लो, अब कोई बात नहीं होगी। इतने में राम ने लाचार होकर खड्ग प्रहार करके शम्बूक का सिर काट दिया। इसका वर्णन करते हुए जगदीश गुप्त लिखते हैं—

अन्ततः नृप राम ने लाचार हो,
कर दिया खड्ग-प्रहार कट गया,
शम्बूक का सिर बह चली कच्चे रुधिर की धार

'छिन्नशीश' अंश में शम्बूक प्रश्न करता है कि शूद्र के तप करने मात्र से ब्राह्मण पुत्र मर गया यह कल्पना की बात है? शूद्र वध से क्या विप्र बालक जी उठेगा, यह भी कल्पना की बात है? शम्बूक जातिगत श्रेष्ठता को प्रश्नांकित करते हुए कहता है कि कोई भी जाति किसी जाति से श्रेष्ठ नहीं होती। शूद्र का तप शूद्र के लिए फलदायी है। जो साधना करेगा वही बलवान् होगा। क्या ब्राह्मण, वैश्य और क्षत्रिय धर्म-अधर्म और उचित-अनुचित कार्य नहीं करते हैं?

शम्बूक ने 'आत्मकथ्य' अंश में अपने जीवन के विषय में बताया है, वह कहता है शूद्र होने के कारण मेरा मानव समाज में कोई अस्तित्व नहीं था। मैं समाज में ऊपर उठने के लिए सदैव कृत संकल्प था, जिसके कारण मुझे ऋषियों द्वारा बचपन से यौवन तक अपमानित किया गया। ऋषियों के आश्रम में रहते हुए साफ-सफाई का कार्य करने से मेरे हाथ घिस गये। जब मैं उनके पवित्र उपदेशों को सुनकर उन्हें छूना चाहा तो वे मुझे अस्पृश्य कहकर आश्रम से बाहर निकाल दिये। जब मैं ऋषियों की तरह कभी आसन लगाकर बैठता तो वे मुझे अधिकारहीन कहकर धिक्कारते थे। कुछ ऋषि दुर्वासा ऋषि से भी ज्यादा क्रोधी थे। वे मुझे बैठा हुआ देखकर डण्डे से पीटते थे। यदि मैं अपने बचाव में कभी सन्तुलन खो देता था तो वे मुझे सामूहिक रूप से पैरों से मारते थे। इसमें भी मुझे खुशी मिलती थी, क्योंकि क्रोध या आवेश किसी भी तरह मैं उन सबके छूने योग्य था। उस आश्रम के एक ऋषि मुझसे कोई भेद-भाव नहीं रखते थे। वे मुझे पुत्रवत् स्नेह करते थे। यह मेरा सुख ईश्वर से नहीं देखा गया। एक दिन डाकुओं ने आकर मुझे मारा-पीटा और मुझको पेड़ की शाखा से बाँधकर उल्टा लटका दिया। इसके बाद डाकुओं ने मेरे मुख के पास आग जला दी। मेरे आस-पास से गुजरने वाले लोग मुझे तपस्वी समझने लगे। इस प्रकार मैं तपस्वी रूप में संसार भर में प्रसिद्ध हो गया। शम्बूक अपने वध की पीड़ा को राम से व्यक्त करते हुए कहता है—

राम! मुझको मिल नहीं पाया कभी सम्मान
पूज्य होने की पुलक से जिन्दगी भर मैं रहा अनजान
निज हृदय का सत्य तुमसे खोलता हूँ राम!
अब नहीं है मृत्यु-भय सच बोलता हूँ राम!
बिना मुझको दिये अवसर बिना समझे बात
वध किया, मुझको यही सबसे बड़ा आघात

शम्बूक विप्र-सुत के मृत्यु के कारण, निवारण की चर्चा करते हुए बताता है कि विप्र बालक पेड़ पर चढ़ा था, वहीं पेड़ पर एक सर्प था, जिसने उसको डस लिया और वह अचेत होकर गिर पड़ा। विष दंश के कारण उसका शरीर नीला हो गया। मन्त्र-तन्त्र के उपचार से वह हारकर अपने पुत्र समेत तुम्हारे द्वार पर जा पहुँचा। पुत्र शोक से क्षुब्ध होकर वह तुम्हें दोष देने लगा। क्या राम तुम जानते हो कि उसका पुत्र कैसे जीवित हो गया? उसे सर्प विष नाशक जड़ी की जानकारी थी। उसके रसपान से ब्राह्मण-पुत्र जीवित हो गया। इस प्रसंग में शम्बूक कहता है—

गया ज्योंही कण्ठ में रस खिल गया मुख-फूल
मात्र यह संयोग ही था जी उठा वह बाल
और मेरा वध प्रकट कारण बना तत्काल
देखता हूँ अब अचानक जानकर यह भेद

हो रहा है हृदय को अतिशय तुम्हारे खेद
अब करो मत व्यर्थ उसके हेतु पश्चात्ताप
त्रुटि हुई अनजान में जो है नहीं वह पाप

शम्बूक राम से पाप-पुण्य के विषय में कहता है कि वह व्यक्ति के कर्म का आयाम है। लोग कहते हैं कि यह तुम्हारी लीला है, किन्तु मानव के लिए यह लीला बहुत भारी है। समाज वही अच्छा है जहाँ, व्यक्ति का सम्मान होता है। समाज में ही मनुष्य की सारी समस्याओं का निदान होता है। अन्त में शम्बूक का यह मार्मिक कथन पूरे लघुकाव्य की सार्थकता को जीवन्त कर देता है—

राम! जो कुछ कहा मैंने हुई उसमें हो
कहीं यदि चूक तो न लाना ध्यान, अब
निदेह होकर और तुमसे क्या कहे शम्बूक

अतः हम कह सकते हैं कि जगदीश गुप्त का खण्डकाव्य 'शम्बूक' दलित कविता की एक सशक्त रचना के रूप में हमारे सामने आती हैं। निश्चित ही शम्बूक का प्रखर तार्किक संवाद राम के गौरवमयी राजसी चेतना को छिन्न-छिन्न कर देता है। इस प्रकार शम्बूक दलित वर्ग के विद्रोह और उनके संघर्षशील चेतना का प्रतीक है।

मेरी समझ में अभी तक किसी भी दलित कवि द्वारा 'शम्बूक वध' पर कोई प्रबन्ध काव्य या खण्डकाव्य नहीं लिखा गया है। कँवल भारती, ओमप्रकाश वाल्मीकि, सोहनपाल सुमनाक्षर, सुशीला टाकभौरे, राजेन्द्र बड़गूजर, नवेन्दु महर्षि और सूरजपाल चौहान जैसे तमाम दलित कवियों ने शम्बूक, कर्ण, एकलव्य, रावण, हिरण्यकशिपु, बालि, सीता, अहल्या, द्रौपदी और शूर्पणखा जैसे मिथकीय पात्रों को वर्ण्य विषय बनाकर काव्य रचना की।

दलित कवि और आलोचक कँवल भारती ने अपने 'शम्बूक' शीर्षक कविता में शम्बूक को असंख्य दलित चेतनाओं क्रे प्रतीक के रूप में चित्रित किया है। शम्बूक को कवि इतिहास का सत्य तथा आज के शोषणाधारित सामाजिक व्यवस्था और मानव के संघर्ष का बिम्ब बतलाया है।

'शम्बूक' को हिन्दी काव्य जगत में उचित प्रतिनिधित्व न मिलने के कारण कवि व्यंग्य भरे स्वर में कहता है—

शम्बूक हम जानते हैं तुम इतिहास पुरुष नहीं हो
वरना कोई लिख देता तुम्हें भी पूर्व जन्म का ब्राह्मण
स्वर्ग की कामना से राम के हाथों मृत्यु का याचक

कवि कँवल भारती ने शम्बूक के विषय में वाल्मीकि रामायण में लिखी गयी सारी बातों से असहमति जतायी है। कवि ने शम्बूक के विषय में रामायण में लिखी गयी हर बात को गलत माना है। कँवल भारती ने वाल्मीकि को कटघरे में खड़ा करते हुए शम्बूक को सामाजिक परिवर्तन के यज्ञ में बलिदान देने वाला नायक सिद्ध किया है। वे लिखते

हैं, शम्बूक हम जानते हैं कि तुम उल्टे होकर तपस्या नहीं कर रहे थे। तुम्हारी तपस्या दलित जाति के लिए एक आन्दोलन थी। तुम्हारी तपस्या से व्यवस्था में सामाजिक परिवर्तन हो जाता। इसी भय से राम द्वारा तुम्हारा वध कराया जाता है। शम्बूक हम जानते हैं कि न तुम स्वर्ग जाने के इच्छुक थे, न ही तुम्हारी तपस्या से ब्राह्मण का पुत्र मरा था। न ही तुम्हारे मृत्यु से ब्राह्मण पुत्र जीवित हुआ। शम्बूक तुम्हारे मृत्यु पर देवताओं ने पुष्पवर्षा की थी। तुम्हारी हत्या मात्र शम्बूक की हत्या नहीं थी अपितु सम्पूर्ण दलित समाज की चेतना की हत्या थी। स्वतन्त्रता, समानता और न्याय बोध की हत्या थी। कवि शम्बूक को सच्ची श्रद्धांजलि देते हुए लिखता है—

किन्तु, शम्बूक तुम आज भी सच हो,
आज भी दे रहे हो शहादत
सामाजिक परिवर्तन के यज्ञ में।

एकलव्य और शम्बूक दलित कवियों की कविता में दलित अस्मिता और चेतना के प्रतीक के रूप में उपस्थित होते हैं। प्रसिद्ध दलित कवि ओमप्रकाश वाल्मीकि ने अपने काव्य संग्रह 'संदियों का सन्ताप' में अनेक पौराणिक मिथकों को दलित पीड़ा और विद्रोह के प्रतीक के रूप में चित्रित किया है। वे अपनी कविता 'शम्बूक का कटा सिर' में हर युग में शम्बूक वध जैसी क्रूर घटनाओं का जिक्र करते हैं। वे कहते हैं कि यहाँ हर गली में राम, शम्बूक, द्रोणाचार्य और एकलव्य हैं अर्थात यहाँ हर जगह शोषण, दमन, अत्याचार और हत्या जैसे कुकृत्य रोज होते रहते हैं। बावजूद इसके जनमानस इस शोषण, दमन और अत्याचार के खिलाफ खामोश है—

तुम अकेले नहीं मारे गये तपस्वी यहाँ तो हर रोज
मारे जाते हैं असंख्य लोग; जिनकी सिसकियाँ घुटकर
रह जाती हैं अँधेरे ही काली पर्तों में, यहाँ गली-गली
में राम है/शम्बूक है/द्रोण है/ एकलव्य है/
फिर भी सब खामोश हैं/ कहीं कुछ है।

शम्बूक के मिथक द्वारा कवि ने दलित क्रान्ति को वाणी दी ही। कवि उसके माध्यम से क्रान्ति का सन्देश देता है। शम्बूक वध को आज दलितों के शोषण, उत्पीड़न से जोड़ते हुए कवि कहता है—

शम्बूक, तुम्हारा रक्त जमीन के अन्दर
समा गया है जो किसी भी दिन फूटकर
बाहर आयेगा ज्वालामुखी बनकर!

राम द्वारा जातिगत दुर्भावना से शम्बूक का वध किये जाने के विरोध में 'ईश कुमार गंगानिया' अपनी कविता 'विरोध करूंगा' में लिखते हैं—

यदि राम शम्बूक का सिर कलम करे मात्र-
जातिगत दुर्भावना से तो ऐसी संकीर्णता

विवेकहीनता दुस्साहस का मैं विरोध करूँगा निरन्तर

इसी प्रकार दलित कवि सोहनपाल सुमनाक्षर अपने काव्य संग्रह 'अन्धा समाज और बहरे लोग' में 'राम राज्य हमें नहीं चाहिए' शीर्षक कविता में शम्बूक के वध का वर्णन करते हुए कहते हैं कि राम तुम्हारा हमें वह राम राज्य नहीं चाहिए जिसमें तुम्हारे ही हाथों तपस्यारत शम्बूक इसलिए मारा जाता है क्योंकि वह शूद्र है। इस सन्दर्भ में कवि लिखता है—

राम! तुम्हारा वह राम राज्य हमें नहीं चाहिए
जिसमें तपस्वी शम्बूक मारा जाता हो तुम्हारे
ही हाथों मर्यादा पुरुषोत्तम की सब मर्यादाएं
तोड़कर सिर्फ इसलिए कि वह 'शूद्र' होकर वन
में तपस्या कर रहा है 'ब्रह्म पद' पाने के लिए।

हिन्दी दलित साहित्य में सूरजपाल चौहान एक सशक्त गीतकार हैं। दलित समाज में परिवर्तन लाने के लिए गीत एक सक्षम हथियार के रूप में प्रयुक्त हुआ है। सूरजपाल चौहान ने अपने काव्य संग्रह 'क्यों विश्वास करूँ' में संकलित कविता 'छिन ले साहित्य अपना' में पूरे दलित समाज को सावधान करते हुए एकलव्य और शम्बूक के साथ हुए अन्याय के माध्यम से बदलाव का सन्देश देना चाहते हैं। इस सन्दर्भ में कवि सूरजपाल चौहान लिखते हैं—

शम्बूक की निर्मम हत्या क्या तुझको याद है नहीं।
कब तक यूँ धोखा खायेगा, भारत के मूल-वासी तू।।
कहीं कट न जाये फिर अँगूठा तेरे दाहिने हाथ से।

अतः हम कह सकते हैं कि शम्बूक का वध राम ने चातुर्वर्ण्य को कायम रखने के लिए किया था। शम्बूक अपने जातिगत व्यवसाय को छोड़कर तपस्यारत था। 'शम्बूक वध' के कारण पर प्रकाश डालते हुए भीमराव अम्बेडकर लिखते हैं—कुछ लोग राम पर आरोप लगाते हैं कि इन्होंने अकारण ही शम्बूक को मारा था, लेकिन राम पर शम्बूक को मारने का आरोप पूरी स्थिति को गलत ढंग से समझने के कारण लगाया जाता है। रामराज्य चातुर्वर्ण्य पर आधारित राज्य था। एक राजा के रूप में चातुर्वर्ण्य को कायम रखना राम की बाध्यता थी, इसलिए शम्बूक को मारना उनका कर्त्तव्य था जो अपने वर्णधर्म को छोड़कर ब्राह्मण बनना चाहता था। इसी कारण राम ने शम्बूक को मारा था। इससे पता चलता है कि चातुर्वर्ण्य को कायम रखने के लिए दण्ड विधान में मृत्यु दण्ड देना जरूरी था। अतः हम कह सकते हैं कि ज्यादातर दलित कवियों ने अम्बेडकर के मत से सहमति जताते हुए 'शम्बूक वध' पर कविताएँ लिखी हैं।

आधुनिक हिन्दी के दलित एवं ग़ैर दलित कवियों ने महाभारत कालीन मिथकीय पात्र कर्ण को काव्य नायक बनाकर अनेक कविताएँ लिखी हैं। कर्ण के साथ हुए

अमानवीय व्यवहार, अन्याय और उपेक्षा को सभी कवियों ने अपने-अपने काव्यों में अपने-अपने ढंग से चित्रित किया है।

उत्तर छायावादी कवि रामधारी सिंह 'दिनकर' अपने खण्डकाव्य 'रश्मिरथी' में वर्ण-व्यवस्था को आधार बनाया है। गुरु द्रोणाचार्य द्वारा प्रशिक्षित राजकुमारों का हस्तिनापुर में रण कौशल प्रदर्शन का आयोजन होता है। युधिष्ठिर, भीम, दुर्योधन और अर्जुन इत्यादि राजकुमार बारी-बारी से अपना कौशल दिखाते हैं। अर्जुन के कौशल की हस्तिनापुर की राज्यसभा में उपस्थित सभी लोग बड़ी प्रशंसा करते हैं। उस समय कर्ण, अर्जुन जैसा प्रदर्शन करने की बात करता है। वह अर्जुन को द्वन्द्व-युद्ध और धनुर्विद्या में प्रतियोगिता करने के लिए ललकारता है, किन्तु सूत-पुत्र होने के कारण जब कर्ण को अर्जुन से लड़ने की अनुमति नहीं दी जाती तो कर्ण अपने जातिगत विवशता को इस प्रकार व्यक्त करता है—

जाति! हाय री जाति! कर्ण का हृदय क्षोभ से डोला।
कुपित सूर्य की ओर देख वह वीर क्रोध से बोला।।
जाति-जाति रटते, जिनकी पूँजी केवल पाखण्ड।
मैं क्या जानूँ जाति ये मेरे भुजदण्ड।।
पूछो मेरी जाति, शक्ति हो तो, मेरे भुजबल से।
रवि समान दीपित ललाट से, और कवच कुण्डल से।।
किन्तु मनुज क्या करें? जन्म लेना तो उसके हाथ नहीं।
चुनना जाति और कुल अपने बस की बात नहीं।।

कर्ण के इसी समस्या जाति-पाँति, ऊँच-नीच और भेद-भाव को मोहन अवस्थी ने अपने खण्डकाव्य 'अभिशप्त महारथी' में चित्रित किया है। हस्तिनापुर में राजकुमारों के रण-कौशल प्रदर्शन के समय सूत-पुत्र होने के कारण कर्ण को अर्जुन से युद्ध करने नहीं दिया जाता है। तब कर्ण अपने जातिगत विवशता के बारे में कहता है—

लेना जन्म हाथ में मेरे न था, मिला जो पाया।
किन्तु हाथ में है पौरुष जो मैंने स्वयं कमाया।।
उसकी परख करे जो भी है वीर सामने आये।
वर्ण, जन्म का शून्य बहाना लेकर मुँह न छिपाये।।

हस्तिनापुर की राज्यसभा में सूत-पुत्र होने के कारण उसे अपमानित होना पड़ता है। इसी कारण कृष्ण के बारम्बार समझाने पर वह पाण्डव पक्ष से युद्ध करने के लिए तैयार नहीं होता है। कर्ण तृतीय सर्ग में जातिगत दर्द को कृष्ण से इस प्रकार बयाँ करता है—

सूर्य-पुत्र था, सूत-पुत्र कुन्ती ने मुझे बनाया।
सूत-बालकों में खेला-कूदा, रूठा, इठलाया।।

सूत-जाति में मेरे हुए विवाह, सूत भार्याएँ।
उनसे पुत्र हुए, पुत्रों के भी हैं सूत-कन्याएँ।।

कर्ण की दानशीलता पर तमाम कवियों ने काव्य सृजन किया है। उसी दानशीलता पर मोहन अवस्थी ने पंचम सर्ग में लिखा है कि स्वप्न में सूर्यदेव के सावधान करने पर भी वह इन्द्र को कवच-कुण्डल दान में दे देता है। यहाँ पर कर्ण और सूर्यदेव के बीच होने वाले संवाद द्रष्टव्य हैं—

सावधान ओ वत्स! सवेरे छल होने वाला है।
तू अपने ये कवच और कुण्डल खोने वाला है।।
जैसे तू मेरा, वैसे सुरपति का पुत्र धनंजय।''
अतः इन्द्र ने किया कुण्डल-कवच लेने का निश्चय।।
प्रातः काल पास तेरे यदि कोई भिक्षुक आये।
रखना ध्यान कि तुझसे कुण्डल-कवच न लेने पाये।।

इसके उत्तर में कर्ण कहता है—

लेकिन मेरे सम्मुख जो कोई भिक्षुक आता है।
अपनी इच्छित वस्तु प्राप्त करता है, तब जाता है।
फिर कैसे सम्भव कि इन्द्र, जो भिक्षुक बन आयेंगे।
भिक्षा पाये बिना द्वार से विमुख लौट जायेंगे।।
अतः देव हूँ विवश उन्हें इनकार न कर पाऊँगा।
मर जाऊँगा तो भी यश से भूतल भर जाऊँगा।।
दान अवश्य मिलेगा याचक को, मेरी यह सन्धा।
करें इन्द्र छल, करने दो, छल करना उनका धन्धा।।
इन्द्र वंचना करके मुझको वध्य बना सकते हैं।
काल-पाश से किन्तु पार्थ को नहीं बचा सकते हैं।।

इस प्रकार हम कह सकते हैं कि एकलव्य की तरह कर्ण के साथ भी वर्ण-व्यवस्था के नाम पर अन्याय किया गया।

अतः हम कह सकते हैं कि वर्ण-व्यवस्था और अस्पृश्यता के आधार पर प्राचीन काल से ही दलितों का शोषण हुआ है। इस सन्दर्भ में भगवतीचरण वर्मा 'त्रिपथगा' में लिखते हैं—कर्ण के प्रति मैंने एक अजीब तरह की सहानुभूति का अनुभव किया है। उसका समस्त जीवन कटुता और निराशा का जीवन रहा है, उसे दुनिया में कहीं भी प्रेम नहीं मिलता। सूत-पुत्र कहलाने के कारण उसे अविवाहित रहना पड़ा। समाज द्वारा वह अपमानित और लांछित था। इस कटुता, घृणा और निराशा के वातावरण में भी कर्ण कहीं नीचे नहीं गिरा एक अडिग साधक की भाँति वह अपने धर्म पर रत रहा।

द्रौपदी स्वयंवर के समय कर्ण का अपमान किया जाता है, क्योंकि वह निम्न कुल से सम्बन्धित था। भगवतीचरण वर्मा समाज में फैले इस उच्चवर्णीय मानसिकता को द्रौपदी के माध्यम से व्यक्त करते हुए लिखते हैं—

कर्ण! रुको, तुम सूत-पुत्र क्या कर्ण हो!
मुझको वरने का अधिकार तुम्हें नहीं
वर्णहीन केवल तुम दर्शक भर रहो।

वर्ण-व्यवस्था और अस्पृश्यता से समाज का विघटन होता है। यह व्यक्ति-व्यक्ति के बीच ऊँच-नीच का भाव पैदा करता है। कर्ण के साथ इन्द्र छल करते हैं। उसके निहत्था होने पर अर्जुन उसका वध करते हैं। कर्ण के साथ हुए इस छल को 'षड्यन्त्र' शीर्षक कविता में दलित कवि सूरजपाल चौहान लिखते हैं—

कर्ण! शक होने लगा है मुझे तुम्हारी दानवीरता पर।
सूर्य के बार-बार सचेत करने पर भी कवच और कुण्डल
दान में उस बहरूपिये को देने की बात जँचती नहीं।

कवि कर्ण की दानवीरता के विषय में कहता है कि तुमने खुशी-खुशी कवच-कुण्डल दान में नहीं दिया होगा। निश्चित ही तुम्हारे साथ भी राजा बलि की तरह षड्यन्त्र हुआ होगा। इस पर सन्देह व्यक्त करते हुए सूरजपाल चौहान लिखते हैं—

अब होने लगा है सन्देह मक्कारों की कलम पर
वीर कर्ण! तुमने खुशी-खुशी कुछ नहीं दिया होगा
तुम्हारे साथ हुआ है षड्यन्त्र बलि की तरह

देवताओं के छलों का विवरण नवेन्दु महर्षि अपनी कविता 'किस मुँह से' में देते हैं। देवताओं द्वारा धोखे से अमृत पी जाना, राम द्वारा छिपकर बालि का वध करना, इन्द्र द्वारा कर्ण से कवच-कुण्डल ले लेना, इन्द्र द्वारा अहल्या के साथ दुराचार आदि को कवि इस प्रकार व्यक्त करता है—

बालि का वध किया कर्ण के कवच कुण्डल छिने
अहल्या की अस्मत लूटी।।

नवेन्दु महर्षि की तरह ही सोहनपाल सुमनाक्षर ने अपनी कविता 'राम राज्य हमें नहीं चाहिए' में शूर्पणखा, सीता और बालि जैसे मिथकीय पात्रों के साथ राम द्वारा किये गये अन्याय के विषय में राम के मर्यादा पुरुषोत्तम होने पर प्रश्न चिह्न खड़ा किया है—

एक नारी की नाक काटी जाती है तुम्हारे भाई के हाथों
जिसमें पतिव्रता सीता को फेंक दिया जाता हो
तुम्हारें ही हाथों सिर्फ झूठी लोक-लाज रखने के लिए
शूरवीर बालि को मारा जाता है छिपकर
क्या कसूर था बालि का, शूर्पणखा का, सीता का

इसी तरह सोहनपाल सुमनाक्षर अपने 'प्रतीक' शीर्षक कविता में मिथकीय पात्र हिरण्यकशिपु को आदिवासी सम्राट बताया है। उसके भय के कारण आर्यों ने छल से उसे मार दिया। आर्यों ने उसकी निर्दोष बहन होलिका को जला दिया था। इस सन्दर्भ में कवि की पंक्तियाँ द्रष्टव्य हैं—

हिरण्यकश्यप भक्त प्रह्लाद का पिता
आदिवासी सम्राट था जिससे भयभीत हो
आर्यों ने छल से मार डाला था, इसी दिन
जला डाला था उसके निर्दोष बहन होलिका को

अतः हम कह सकते हैं कि दलित कवियों के मिथकीय पात्र ग़ैर दलित कवियों के मिथकीय पात्रों से भिन्न व्यंजना करते हैं। इस सन्दर्भ में रमणिका गुप्ता का मत समीचीन प्रतीत होता है—दलित साहित्य अभिजात साहित्य से बिलकुल भिन्न है। वह उनके मिथकों को तोड़कर नये मिथक गढ़ता है या पुराने मिथकों को नये सिरे से परिभाषित करता है।

निष्कर्षतः हम कह सकते हैं कि दलित और ग़ैर दलित कवियों ने अपनी काव्य कृतियों में मिथकों का भरपूर प्रयोग किया है। दलित कवियों ने एकलव्य, शम्बूक, कर्ण, रावण, हिरण्यकशिपु, राजा बलि, शबरी, शूर्पणखा और होलिका आदि को काव्यनायक की भूमिका में स्थापित किया है। दलित कवियों ने ऐतिहासिक और पौराणिक मिथकीय पात्रों द्वारा दलित जीवन की विद्रूपताओं, शोषण और उत्पीड़न की वास्तविकता को चित्रित किया है। एकलव्य, कर्ण, शम्बूक और राजा बलि दलितों के विद्रोह के प्रतीक बन गये हैं। रामायण और महाभारत के अनेक मिथकीय पात्रों के द्वारा दलित जीवन की त्रासदी को रेखांकित किया गया है। दलित कृतियों के मिथकीय पात्र दलित जीवन के उत्पीड़न का चित्रण करते हैं। दलित काव्यों के मिथकीय पात्रों में पर्याप्त नवीनता दिखायी देती है। दलित साहित्य नये मिथकों को गढ़ने के साथ-साथ पुराने मिथकों पर नये ढंग से विचार कर रहा है। दलित साहित्यकार हिन्दी कविताओं में चित्रित पुराने मिथकों को परम्परावादी, आदर्शवादी और अतिशयोक्ति पूर्ण मानते हैं तो वहीं दलित काव्यों में चित्रित मिथकों को यथार्थवादी और तर्कपूर्ण मानते हैं। दलित काव्यों में अछूत, अस्पृश्य समझी जाने वाली मानव जातियाँ नायक के रूप में चित्रित हैं। वहीं ग़ैर दलित काव्यों के मिथक सामन्ती व्यवस्था और ब्राह्मणवादी सोच के आंतक और अत्याचार को छिपाने या महिमामण्डन करने में संग्लन हैं। वहीं दलित काव्यों में वे मिथक उलट जाते हैं और उनके अत्याचारों और झूठी मर्यादाओं का पर्दाफाश करते हैं। चाहे राम की मर्यादा हो, सीता का निर्वासन हो, कर्ण की दानशीलता हो, राजा बलि का त्याग हो, एकलव्य की गुरुभक्ति हो और शम्बूक की हत्या इत्यादि। सभी यहाँ नयी परिभाषा और नये स्वरूप में आते हैं। ग़ैर दलित काव्यों में चित्रित मिथकों पर प्रश्नचिन्ह खड़ा करते हुए रमणिका गुप्ता लिखती हैं, एकलव्य का अँगूठा कटवा

लेने को अभिजात साहित्यकारों द्वारा द्रोणाचार्य का छल न कहकर, एकलव्य की गुरुभक्ति बताकर महिमा-मण्डित किया जाना अथवा युधिष्ठिर को सत्यवादी और वीर कहकर उसके 'अश्वत्थामा हतो, नरो वा कुंजरो' के असत्य और कायरता को छिपाना। आज का दलित साहित्यकार उस गौरवान्वित, महिमामण्डित झूठ को तोड़ रहा है और मिथकों के प्रभामण्डल को खत्म कर उनकी सच्चाई को उघाड़ रहा है। वहीं आज फूलनदेवी दस्यु नहीं, बल्कि बलात्कारियों को खुद दंडित करने वाली दलित वीरांगना है। यहाँ युधिष्ठिर के पुराने मिथक ने अर्थ बदला है, तो 'फूलनदेवी' का नया मिथक सामने आया है।

दलित एवं ग़ैर दलित कवियों के काव्य का समाजशास्त्रीय विश्लेषण

दलित एवं ग़ैर दलित दोनों कवियों की सामाजिक संरचना पृथक्-पृथक् है। हमारे देश में ग़ैर दलित समाजशास्त्रियों, इतिहासकारों एवं साहित्यकारों ने यह अवधारणा विकसित की हैं, कि भारतीय समाज को हिन्दू समाज के पर्याय के रूप में स्वीकार किया जाय, जबकि दलित कवि एवं साहित्यकार इसे सिरे से खारिज करते आये हैं। दलित साहित्यकारों का मानना है कि दलित जातियों का सामाजिक ढाँचा पूरी तरह से लोकतान्त्रिक एवं ग़ैर दलित समाज से भिन्न है। दलित जातियों के त्योहार एवं सामाजिक उत्सवों में उनके निजी जीवन की सोंधी खुशबू मिलती है। दलित समाज के स्त्री-पुरुष दोनों ही परिश्रमी होते हैं और उनको आपस में बराबरी का दर्जा हासिल है, वहीं दलितों की स्त्रियों के बरअक्स ग़ैर दलित समाज में स्त्रियाँ पुरुषों के अधीन रहती हैं, और वे अपने पारिवारिक निर्णयों में भी शामिल नहीं रहतीं।

हिन्दी के दलित एवं ग़ैर दलित कवियों के काव्य का स्वरूप अपने-अपने समाजशास्त्र पर टिका हुआ है। इस सन्दर्भ में वरिष्ठ आलोचक मुद्राराक्षस का कहना है लेखन का समाजशास्त्र होना चाहिए। बकौल मुद्राराक्षस "अगर वह समाजशास्त्र नहीं है तो घटिया लेखन है, खुद सवर्णों का साहित्य इसलिए महत्त्व का माना गया क्योंकि इनमें सवर्ण समाजशास्त्र झलकता है।"

यदि ग़ैर दलितों की रचनाओं में सवर्ण समाजशास्त्र की मानसिकता झलकती है तो प्रश्न यह उठता है कि क्या सवर्ण समाजशास्त्र और दलित समाजशास्त्र भिन्न-भिन्न है? यदि भिन्न-भिन्न है, तो दलित समाजशास्त्र एवं दलित काव्य के स्वरूप और उद्देश्य को प्राचीन भारतीय साहित्यशास्त्र की सहायता से तय भी नहीं किया जा सकता। इस सन्दर्भ में मैनेजर पाण्डेय का यह कथन समीचीन है—"साहित्यशास्त्र और सौन्दर्यशास्त्र ऊपरी तौर पर वर्ग, वर्ण और विचारधारा की सीमाओं से, प्रभावों से मुक्त लगते हैं लेकिन वे मुक्त होते नहीं हैं। यह बात दुनियाभर के साहित्यशास्त्र और सौन्दर्यशास्त्र के बारे में सही है। ऐसी स्थिति में उस साहित्य का मूल्यांकन या उस साहित्य के स्वभाव की पहचान आनन्दवादी दृष्टिकोण से कैसे हो सकती जिसका

लक्ष्य मुक्तिबोध के शब्दों में सत्-चित-वेदना की अभिव्यक्ति है।'' इस प्रकार हम कह सकते हैं कि दलित काव्य का स्वरूप ग़ैर दलित काव्य के स्वरूप से भिन्न और परिवर्तन का पक्षधर है। साहित्य, समाज का प्रतिबिम्ब होने के साथ-साथ सामाजिक परिवर्तन का मुख्य हथियार होता है, जो मानसिक रूप से विचारों को बनाने-बिगाड़ने का कार्य करता है।

जहाँ तक साहित्य की सामाजिकता की बात है तो वह किसी वर्ग विशेष की सामाजिकता नहीं होती है। साहित्य को सम्पूर्ण मानव-जाति के हित में उसके पक्ष में खड़ा होना चाहिए; किन्तु कुछ अपवादों को छोड़कर साहित्येतिहास में शायद ही ऐसा कोई कालखण्ड रहा हो जिसमें साहित्य सम्पूर्ण मानव-समाज को केन्द्र में रखकर लिखा गया हो। साहित्य जब सामाजिक सरोकारों से जुड़ा, तो वह जन साधारण, शोषित-पीड़ित, दलित और दमित के साथ खड़ा हुआ। दलित काव्य ने अपने समय और समाज को जितनी सच्चाई के साथ चित्रित किया है, उतना ग़ैर दलित काव्य से नहीं हो पाया है, इसलिए समाजशास्त्रीय दृष्टि से यह अब तक का सबसे यथार्थवादी साहित्य है। इस सन्दर्भ में मोहनदास नैमिशराय का कहना है—''दलित कविता एक सामाजिक आन्दोलन का सामाजिक प्रतिफलन है। अन्य काव्यधाराओं और साहित्यिक परम्पराओं की अपेक्षा उसका सीधा सम्बन्ध जीवन की जमीन से है। इस कथन में ही दलित साहित्य का समाजशास्त्र निहित है।'' दलित साहित्यकार दलित साहित्य की सामाजिकता को उसकी वैयक्तिक चेतना और साहित्य के सामाजिक सरोकारों के रूप में देखते हैं। इस सन्दर्भ में देवेन्द्र चौबे का कथन समीचीन प्रतीत होता है, ''दलित लेखन का वास्तविक संघर्ष भारतीय समाज, संस्कृति, धर्म, और इतिहास के पवित्र तथा उत्कृष्ट समझे जाने वाले मुख्यतः तीन प्रतीकों से है—शिक्षण संस्थान, गुरु यानी शिक्षक एवं प्रेम। वह तीनों की पवित्रता और उत्कृष्टता पर प्रश्नचिह्न खड़ा करते हुए कड़ा प्रहार करता है और यह मानकर चलता है कि दलित समाज को व्यक्तित्व निर्माण और सामाजिक विकास की प्रक्रिया में इन तीनों की नकारात्मक भूमिकाओं का सामना करना पड़ता है।'' इस तरह हम कह सकते हैं कि दलित काव्य मुख्यधारा के ग़ैर दलित काव्य के विरुद्ध खड़ा दिखायी पड़ता है और समाज और समाजशास्त्र की एक नयी परिभाषा गढ़ता है। आज भी दलित साहित्यकारों को समाज में अपनी सही भूमिका और अस्मिता की तलाश है। इसलिए सवर्णवादी मानसिकता वाले मुख्यधारा के साहित्य से उनका विरोध है। दलित काव्य की सामाजिकता स्पष्ट तौर पर समानता, स्वतन्त्रता, बन्धुत्व और भाईचारा में निहित है। इस प्रकार दलित काव्य मानव मुक्ति का काव्य है। वह मानवीय श्रम को ही सौन्दर्य और व्यवस्था की अन्यायपूर्ण विसंगतियों से मुक्ति को ही अपना सामाजिक सरोकार और अपनी सामाजिकता मानता है। इसके केन्द्र में केवल मनुष्य और मनुष्यता है। इस तरह दलित काव्य की सामाजिकता ग़ैर दलित काव्य की सामाजिकता से बिल्कुल भिन्न है। इस सन्दर्भ में तेज सिंह का कहना

है—"दलित कविता की सामाजिक भूमिका और सामाजिक सरोकार को आज के युवा कवियों ने बड़ी शिद्दत से महसूस किया है। इसलिए आज का युवा कवि शौक से कविताएँ नहीं लिखता और न ही वह जबरदस्ती कविताएँ गढ़ता है, बल्कि वह तो उसके भोगे हुए यथार्थ का अशोभनीय और अमानवीय हिस्सा है। वे अपनी पीड़ा, दुःख-दर्द, वेदना और मन की छटपटाहट को कविता के माध्यम से ज्यादा ईमानदारी से व्यक्त कर सकते हैं।" दलित साहित्य के सामाजिक सरोकारों का जिक्र करते हुए ओमप्रकाश वाल्मीकि लिखते हैं, "दलित साहित्य समाज के प्रत्येक व्यक्ति को समता, बन्धुता और स्वतन्त्रता का प्रतीक मानता है और उसके स्वाभिमान और उसकी अस्मिता के प्रति अपनी पक्षधरता सिद्ध करता है। दलित साहित्य समाज में भाईचारे की भावना को बढ़ावा देता है। घृणा की जगह प्रेम को महत्ता देता है। दलित साहित्य की यह मान्यता है कि समाज का विकास घृणा से नहीं प्रेम और विश्वास से ही हो सकता है।"

(क) प्रतिरोध का स्वरूप और नये समाज के निर्माण का स्वप्न

दलित कविता अपने सामाजिक परिवेश की कविता है। दलित कविता नकार, विद्रोह और प्रतिरोध की कविता है। हिन्दी के दलित कवियों में प्रतिरोध का स्वर काफी ऊँचा है। इस प्रवृत्ति के कारण ही कवियों ने नये समाज के निर्माण का स्वप्न भी संजोया है। दलित कवि सामाजिक रूढ़ियों और परम्पराओं का विरोध कर नये समाज के निर्माण के लिए प्रतिबद्ध दिखायी देते हैं। दलित कवियों ने न केवल ब्राह्मणवादी परम्परा का विरोध किया बल्कि ब्राह्मणेतर संस्कृति की परम्परा और रूढ़ियों का भी विरोध किया है। दलित कविता में सामाजिक विषमता, परम्परा और रूढ़ियों के प्रति विद्रोह को हथियार के रूप में प्रयोग किया गया है। इस सन्दर्भ में विष्णु सरवदे का कथन समीचीन प्रतीत होता है, "दलित साहित्य परिवर्तनवादी है, उनके हृदय में जलन और दुःख भरा हुआ है वे समाज की परम्पराओं को प्रेम नहीं करते, प्रेम करते हैं मानवता को। इसी कारण उसकी लेखनी ज्वाला उगलने लगती है। यही ज्वालाएँ विद्रोह का रूप धारण करके दलित को गुलामी से बाहर निकालने और उनसे मुकाबला करने की प्रेरणा देती है।" भारतीय समाज के लिए वर्ण-व्यवस्था, अस्पृश्यता, जाति-पाँति, भेद-भाव और ऊँच-नीच वाली प्रथा अभिशाप है। दलित कविता में इन सभी बुराइयों का प्रतिरोध है। शोषित, पीड़ित दलित जातियों का आक्रोश, और विद्रोह इन कविताओं के माध्यम से ही व्यक्त हुआ है। इस सन्दर्भ में कुसुम वियोगी लिखती हैं, "दलित साहित्य मनुष्य के लिए नये अस्तित्व का साहित्य है, जिसे अस्पृश्य मानकर किसी भी प्रकार से मानवीय अधिकार और संस्कार से वंचित रखा गया है। वही मनुष्य शिक्षित होकर आज स्वाभिमान से संसार के सामने अपने अस्तित्व को व्यक्त कर रहा है। आज दलितों ने साहित्य को राजनीतिक, सामाजिक, सांस्कृतिक, धार्मिक, क्रान्ति का एक प्रभावी हथियार माना है।" दलित कवियों ने नये समाज के निर्माण के लिए क्रान्ति का

आह्वान किया है। दलित कविता एक तरह से बदलाव की कविता है। प्रतिरोध के द्वारा नये समाज का निर्माण, दलित काव्य की सहज और अनिवार्य प्रतिबद्धता है। प्रतिरोध एक नकारात्मक चेतना मानी जाती है किन्तु दलित कविता में प्रतिरोध नकारात्मक मूल्य नहीं है। इस प्रतिरोध के पीछे एक संकल्प है, विजन है, दृष्टि है और स्वप्न है। यह स्वप्न है नये समाज के निर्माण का इस सन्दर्भ में श्यौराजसिंह 'बेचैन' अपनी कविता में शोषण की व्यवस्था का प्रतिरोध करते हुए लिखते हैं—

फिर चुनौती है सामने है ध्वस्त करना है निजाम।
शोषकों की मण्डली में फिर मचा दो कोहराम।।
अपने सपने अपनी खुशियाँ अपने हक पाये आवाम।

दलित काव्य में प्रतिरोध का स्वर हर स्तर पर दिखायी देता है। चाहे विषय का चयन हो या विषय का प्रस्तुतीकरण। वे लीक से हटकर चलने की बात करते हैं, जिससे नये समाज का निर्माण होगा। जिसमें वे ही नये संसार की रचना करेंगे और बदलने वाली चीजें भी वे ही बदलेंगे। इस सन्दर्भ में 'क्रौंच हूँ मैं' काव्य संग्रह में संकलित कविता में श्यौराजसिंह 'बेचैन' लिखते हैं—

गुलामियों के खात्मे की जिद किये हुए हैं हम
नहीं रुकेंगे अब हमारे साथियों के ये कदम
उठें कि रस्में रूढ़ियों की बंदिशें हटा सकें।
उठें कि साफ स्वस्थ नव-समाज हम बना सकें।

इसी तरह वरिष्ठ आलोचक कँवल भारती अपनी कविता 'मुक्ति संग्राम जारी है' में भीमराव अम्बेडकर के दलित मुक्ति आन्दोलन और क्रान्ति के प्रति अपनी प्रतिबद्धता व्यक्त करते हुए नये समाज के निर्माण हेतु प्रतिबद्धता प्रदर्शित करते हुए लिखते हैं—

बाबा तुम मरे नहीं हो
जीवित हो हमारी चेतना में
हमारे संघर्ष में जो मुक्ति संग्राम
लड़ा था तुमने वह जारी रहेगा
उस समय तक जब तक कि हमारे
मुरझाये पौधों के हिस्से का सूरज उग नहीं जाता है।

कँवल भारती अपनी कविता 'घनीभूत पीड़ा' में पीड़ा को ही दलित काव्य का मूल मानते हैं। वे इस कविता में विद्रोह को व्यक्त करते हुए समानता की वकालत करते हैं—

मैं दलित चेतना का कवि हूँ/ है रचना कर्म मेरा विद्रोह
दलितों की पीड़ा का चित्रण/ समता समानता है प्रतिमान

दलित कविता असमानता के बरअक्स समतावादी समाज का पक्षधर है जिसके केन्द्र में मानव है। दलित कवि वर्ग-विहीन जाति-विहीन समाज के निर्माण के लिए

प्रयासरत है। इस सन्दर्भ में लक्ष्मीनरायण सुधाकर अपनी कविता 'समाज की बहार' में लिखते हैं—

आदमी का आदमी से प्रेम व्यवहार हो।
विहीन जाति-वर्ग से समाज की बहार हो।।
प्रगति का प्रकाश पुंज धर्म वह ललाम है।
आदमी को आदमी से-जोड़ने का काम है।।
समता-स्वतन्त्रता-भ्रातृत्व आधार हो।
विहिन जाति-वर्ग से समाज की बहार हो।।

दलित कवि मनुष्यों के बीच आपसी प्रेम और सौहार्द को फैलाकर समता का सन्देश देना चाहता है। दलित कवि देश और समाज में समता, स्वतन्त्रता और भाईचारे की भावना व्याप्त हो इसी की कामना करता है। मशहूर दलित कवि ओमप्रकाश वाल्मीकि हिन्दी दलित कविता के सशक्त हस्ताक्षर है। उनकी कविता में प्रतिरोध का स्वर तीखा है। वे भारतीय समाज से प्रश्न करते हैं कि वह दिन कब आयेगा जब मानव को मानव के रूप में मात्र पहचाना जायेगा। वे लिखते हैं—

वह दिन कब आयेगा
जब बाभनी नहीं जनेगी बाभन
चमारी नहीं जनेगी चमार
भंगिन भी नहीं जनेगी भंगी
तब नहीं चुभेंगे जातीय हीनता के दंश।

दलित कवि ओमप्रकाश वाल्मीकि ने अपनी कविता 'धुरी पर घूमती पृथ्वी' के माध्यम से लोगों को आश्वस्त किया है कि एक दिन समाज में समानता आयेगी। इस सन्दर्भ में वे लिखते हैं—

सुबह होने से पहले
मैं तुम्हें, बता देना चाहता हूँ
कि सुबह आयेगी धीरे-धीरे
तेज रोशनी चारो ओर फैलकर
अँधेरे को उजाले में बदल देगी

सुप्रसिद्ध दलित कवि मोहनदास नैमिशराय ने अपनी कविता 'झाडू और कलम' में ब्राह्मणवादी सत्ता के प्रति प्रतिरोध व्यक्त करते हुए नये समाज का स्वप्न कुछ इस प्रकार देखा है—

तुम श्रेष्ठ ब्राह्मण हम पतित शूद्र
इस भ्रम से जल्द मुक्ति मिलेगी?
कल वेद ग्रन्थों का सहारा ले
तुमने मेरे हाथ में झाड़ू पकड़ायी थी

आज परिवर्तन के लिए
तुम्हें अपने हाथ में झाड़ू लेना ही होगा।
वह दिन जल्द आयेगा
चेतना का सूरज उग चुका है।

इस प्रकार हम कह सकते हैं कि दलित कविता में संघर्ष और प्रतिरोध का स्वर अपने मूल स्वभाव में प्रकट हुआ है। यह बात सत्य है कि जब उत्पीड़न की मात्रा बढ़ती है, तो प्रतिरोध का स्वर भी ऊँचा होता है। अम्बेडकर ने कहा था कि गुलामों को गुलामी का एहसास करा दो वे खुद-ब-खुद क्रान्ति कर उठेंगे। इसलिए हम कह सकते हैं कि दलित कवियों ने अपनी कविताओं के माध्यम से गुलामी का एहसास कराने का सार्थक प्रयास किया है।

भारत देश को राष्ट्रीय एकता के सूत्र में बाँधने के लिए अस्पृश्यता और जातिभेद की समस्या हमेशा ही बाधक रही है। समाज में हमेशा से दलितों, निम्नजातियों को उपेक्षा और हेय की दृष्टि से देखा जाता रहा है। समाज के उच्च वर्णों ने दलितों को मानवीय अधिकारों और आवश्यक साधनों से भी वंचित रखा साथ ही उन्हें तिरस्कृत जीवन जीने के लिए बाध्य भी किया। समाज में व्याप्त कुरीतियाँ जैसे ऊँच-नीच, भेद-भाव, छुआछूत और जाति प्रथा ने दलितों को हीन तथा असहाय कर दिया।

गाँधीवादी विचारधारा से प्रभावित ग़ैर दलित कवियों ने समाज में व्याप्त इन कुरीतियों का कड़ा विरोध किया। निम्न वर्णों, दलितों और शोषितों के प्रति इन कवियों की दृष्टि सदैव सहानुभूति एवं करुणा से पूर्ण रही। *अस्पृश्यता की समस्या के* प्रसंग को प्रसिद्ध गाँधीवादी कवि *सियारामशरण गुप्त ने 'एक फूल की चाह' शीर्षक कविता में सशक्त* ढंग से उठाया है। प्रस्तुत कविता में एक अस्पृश्य पिता की विवशता और लाचारी को चित्रित किया गया है, जो अपनी बीमार पुत्री की इच्छापूर्ति हेतु मन्दिर से प्रसाद लाना चाहता है किन्तु वर्ण-व्यवस्था के ठेकेदार एवं मन्दिर के पुजारी उसका विरोध करते हैं। अछूत पिता की विवशता तथा वेदना की मार्मिक व्यंजना द्रष्टव्य है—

मैं अछूत हूँ, मुझे कौन हा!
मन्दिर में जाने देगा, देवी का प्रसाद
ही मुझको कौन यहाँ लाने देगा।

दलित एवं गाँधीवादी विचारधारा से अनुप्राणित ग़ैर दलित कवि *मानवतावाद* के पक्के हिमायती हैं। दलित एवं ग़ैर दलित दोनों कवियों के लिए विश्व प्रेम और विश्वबन्धुत्व का विशेष महत्त्व है। दोनों कवियों की कविताओं में मनुष्य का मनुष्य के प्रति भेद-भाव, ऊँच-नीच, *वर्ग-वर्ण एवं रंग भेद* के प्रति आक्रोश दिखायी देता है। समाज तथा विश्व में मानवीय प्रेम, अहिंसा, दया, करुणा जैसे सद्‌गुणों के द्वारा ही शान्ति की स्थापना होगी। दलित एवं ग़ैर दलित कवियों ने समाज में व्याप्त मानव विरोधी शोषण, अन्याय और अत्याचार का खुलकर विरोध किया। कवि जयशंकर

प्रसाद कामायनी में विश्वमानवता को मंगलमय और सुख-शान्तिमय बनाने का स्तुत्य प्रयास किया है—

औरों को हँसते देखो, मनु
हँसो और सुख पाओ
अपने सुख को विस्तृत कर लो
सबको सुखी बनाओ।।

ग़ैर दलित कवियों के यहाँ भी हमें प्रतिरोध का स्वर सुनायी देता है किन्तु वह दलितों की तरह धारदार एवं तीव्र नहीं है। गाँधीवादी विचारधारा से प्रभावित कवियों ने समाज में समानता, स्वतन्त्रता और भ्रातृत्व को बढ़ावा दिया जिससे समाज को स्वस्थ एवं प्रगतिशील बनाया जा सके। गाँधीवादी कवि समाज में स्वतन्त्रता तथा मानवीय अधिकारों को प्राप्त करने हेतु अहिंसा के पथ पर चलने के लिए आग्रह करते हैं प्रसिद्ध कवि रामनरेश त्रिपाठी ने मनुष्य के ऊपर होने वाले अत्याचार एवं शोषण का प्रखर विरोध किया। उन्होंने आम जनमानस में शान्ति एवं अहिंसा लाने के लिए क्रान्ति का आह्वान किया—

प्रजा रुष्ट है इस कुतन्त्र से निश्चय होगी क्रान्ति।
अत्याचार हटाकर तब मैं ग्रहण करूँगा शान्ति।।

हिन्दी दलित कविता में दर्ज नकार, विद्रोह, संघर्ष और प्रतिरोध अपने ऊपर लादी गयी अमानवीय व्यवस्था के विरुद्ध है। दलित कविता *यातना,* वेदना और शोषण से मुक्ति पाने के लिए ही समानता, स्वतन्त्रता, न्याय और विश्वबन्धुत्व की बात करता है। इन मूल्यों के प्रति दलित कवियों में गहरी आस्था है। इस सन्दर्भ में दलित कवि कंवल भारती की 'बहिष्कार' कविता द्रष्टव्य है—

आइये, स्वीकार करें
स्वतन्त्रता, समानता और बन्धुता को
न केवल चिन्तन में, बल्कि व्यवहार में,
आचरण में संस्कार में मनुष्य और देश के विकास के लिए
विघटन के समूल नाश के लिए।

हिन्दी कविता में *मार्क्सवादी* दर्शन का विशेष प्रभाव रहा है। प्रगतिवादी कविता *मार्क्सवाद* से ही अनुप्राणित है। प्रगतिवादी कविता में किसान, मजदूर, शोषित नारी, अस्पृश्य, दलित एवं आदिवासी वर्गों के सामाजिक तथा आर्थिक अधिकारों के प्रति विशेष चेतना दिखायी देती है। प्रगतिवादी कवियों ने दलित वर्ग की विभिन्न समस्याओं को यथार्थ ढंग से अभिव्यक्ति देने का प्रयास किया। प्रगतिवादी कवियों ने समाज में व्याप्त विषमताओं का आधार 'अर्थ' को माना है और आर्थिक दृष्टि से एक वर्ग रहित समतावादी समाज की स्थापना करना चाहते हैं। दलित कवियों की तरह ग़ैर दलित कवि भी मानवतावाद के प्रबल पक्षधर हैं। प्रगतिवादी कवि केवल राष्ट्रीय स्तर पर ही नहीं

अपितु अन्तरराष्ट्रीय स्तर पर मानवतावाद के प्रबल हिमायती हैं। इस सन्दर्भ में सुमित्रानन्दन पन्त की कविता द्रष्टव्य है—

नहीं छोड़ सकते रे यदि जन,
देश राष्ट्र राज्यों के हित नित युद्ध करना
तो अच्छा हो अगर छोड़ दें
हम अमरीकन रूसी औ इंग्लिश कहलाना!
निखरे भू देशों से ऊपर
पृथ्वी हो सब मनुजों का घर
हम उनकी सन्तान बराबर।

वही आगे पन्त जी कहते हैं कि जब से जाति व्यवस्था जन्म पर आधारित हुई बस तभी से समाज में असमानता का वातावरण बन गया। पन्त जी आशा व्यक्त करते हैं कि समतावादी समाज की स्थापना होगी किन्तु यह सम्भव है जब—

जाति वर्ण की श्रेणि वर्ग की तोड़ भित्तियाँ दुर्धर।
युग-युग के बन्दीगृह से मानवता निकली बाहर।।

समतावादी समाज की स्थापना के लिए प्रगतिवादी कवि क्रान्ति का आह्वान करता है। सामन्तवादी व्यवस्था को वह पूर्णरूपेण नष्ट करना चाहता है। शोषित वर्ग को क्रान्ति के लिए प्रेरित करते हुए शिवमंगल सिंह 'सुमन' लिखते हैं—

आज शोषक शोषितों में हो गया जग का विभाजन
धातु के कुछ ठीकरों पर मानवी संज्ञा-विसर्जन
मोल कंकड़ पत्थरों के बिक रहा मनुज-जीवन।

कवि शिवमंगल सिंह 'सुमन' की कविताओं में दलित-शोषित वर्गों के प्रति गहरी सहानुभूति और संवेदना मिलती है। 'सुमन' भारतीय समाज में व्याप्त विषमता से बेचैन है। कवि समाज में विषमता पैदा करने वाले शोषकों का प्रतिरोध करते हुए शोषितों के सामाजिक, आर्थिक अधिकारों का समर्थन करता है—

बिलखते शिशु की व्यथा पर दृष्टि तक जिनने न फेरी
यदि क्षमा कर दूँ उन्हें धिक्कार माँ की कोख मेरी
चाहता हूँ ध्वंस कर देना विषमता की कहानी
हो सुलभ सबको जगत में वस्त्र, भोजन, अन्न, पानी।।

कवि गजानन माधव 'मुक्तिबोध' ने अपने काव्य संकलन "चाँद का मुँह टेढ़ा है" में पूँजीवादी व्यवस्था के शोषण और अन्याय को बखूबी चित्रित किया है। कवि को इस बात की चिन्ता है कि समाज में दलित, शोषित वर्ग का शारीरिक एवं मानसिक शोषण कब बंद होगा? कब समाजवाद की स्थापना होगी? इस आन्तरिक पीड़ा को अपनी कविता *'चकमक की चिनगारियाँ'* में व्यक्त करते हुए लिखते हैं—

समस्या एक मेरे सभ्य नगरों और ग्रामों में
सभी मानव सुखी, सुन्दर व शोषण मुक्त कब होंगे।''

जगदीश गुप्त शासन की व्यवस्था में समता, न्याय, स्वतन्त्रता और भ्रातृत्व के प्रबल पक्षधर हैं। इसलिए उन्होंने नयी व्यवस्था में श्रमिक को शासन का अधिकारी घोषित किया है, जिससे भूमि पुत्रों (दलित, आदिवासी) का शासन हो सके। तभी समाज में समानता आयेगी—

सहज समता हो सभी में व्याप्त
व्यवस्था के हेतु यह पर्याप्त
भूमि पर फिर भूमि की सन्तान
करे शासन, श्रम बने श्रीमान्
शक्ति से अपनी रहे गतिमान
नयी धरती पर नया इन्सान।।

भारतीय समाज से शोषण, अन्याय, अज्ञानता, भ्रष्टाचार और अमानवीयता को दूर करना होगा। तभी दलित का उत्थान होगा, और उन्हें मानवीय अधिकार मिल सकेंगे। कवि जगदीश गुप्त की ऐसी मान्यता है कि राज्य एवं समाज में व्यक्ति की स्वतन्त्रता होनी चाहिए। वास्तव में स्वतन्त्र समाज में ही प्रेम, न्याय, समानता की भावना का विकास हो पाता है—

है समाज वही सुसंस्कृत
जहाँ होता व्यक्ति का सम्मान।
कर सकेगा वही मानव की समस्या का
सटीक निदान।।

कवि नागार्जुन की लम्बी कविता 'हरिजन गाथा' में भ्रष्ट व्यवस्था के प्रति विद्रोह एवं व्यंग्य का स्वर मिलता है। कवि शोषणाधारित सामाजिक व्यवस्था को बदलना चाहता है। इसलिए वह सर्वहारा वर्ग में दलित क्रान्ति को बढ़ावा देने वाले पुत्र का जन्म दिखलाता है। यही क्रान्तिकारी पुत्र मानवता एवं सामाजिक समता के मूल्य को पहचान सकता है। इस सन्दर्भ में कवि कहता है—

सबके दुःख में दुःखी रहेगा।
सबके सुख में सुख मानेगा।।
समझ-बूझकर ही समता का।
असली मुद्दा पहचानेगा।।

देश के स्वतन्त्र होने के इतने दिनों के बाद भी समाज में असमानता व्याप्त है। आज भी समाज में सामाजिक, आर्थिक समानता नहीं आ पायी। इसी कारण दलित कवि लक्ष्मीनारायण सुधाकर समता दिवस के मनाये जाने पर व्यंग्य करते हुए लिखते हैं—

'समता-दिवस' मनाने भर से क्या समता आयेगी ?
मजबूत शिकंजा जालिम का बेशक कानून नया है।

इस प्रकार हम कह सकते हैं कि सर्वप्रथम ग़ैर दलित कवियों की कविताओं में ही दलित संचेतना के प्रचार-प्रसार के साथ इसकी धार भी पैनी हुई। दलित जीवन की वेदना, उसकी टूटन, स्वयं राह चुनकर उस राह पर चलने की अदम्य आकांक्षा यह सब तमाम जीवन मूल्य ग़ैर दलित कवियों की दलित सम्बन्धी कविताओं में मिलते हैं। एक ओर इन ग़ैर दलित कवियों की कविता दलितों की उस मरणान्तक पीड़ा की आभास दिलाती है, जिसमें दलित पशु से भी बदतर नारकीय जीवन जीने के लिए अभिशप्त है, वहीं दूसरी ओर इनकी कविता शोषण के विरुद्ध स्वयं दलित को निरन्तर बेधने वाली विद्रोही वृत्ति तथा गहरे विक्षोभों का भी प्रतिनिधित्व करती है। जो उसे अन्य दलित कवियों की कविताओं से जोड़कर प्रासंगिक बनाती है। इसलिए ग़ैर दलित कवियों द्वारा रचित होने के बावजूद इन कविताओं की प्रासंगिकता ज्यों-की-त्यों बनी हुई है—खासतौर से दलितों की पीड़ा, दमन, शोषण से जुड़ी हुई कविताएँ।

सुदामा प्रसाद पाण्डेय, केदारनाथ अग्रवाल, भारतभूषण अग्रवाल, बालकृष्ण शर्मा 'नवीन' नागार्जुन, सूर्यकान्त त्रिपाठी 'निराला', कुँवर नारायण, राजेश जोशी, विष्णु खरे, चन्द्रकान्त देवताले, पारसनाथ सिंह और आलोक धन्वा इत्यादि ग़ैर दलित कवियों की कविताओं में सामान्य व्यक्ति (दलित) के आक्रोश, विरोध, क्षोभ, उत्तेजना, विद्रोह, तनाव, पीड़ा और छटपटाहट की प्रधानता दिखायी देती है। दलितों के आर्थिक प्रश्न को इन कवियों ने नया आयाम दिया परन्तु दलितों के सामाजिक प्रश्न पर दलित चेतना का विकास जैसा दलित कवियों ने किया है, वैसा इन ग़ैर दलित कवियों के यहाँ नहीं मिलता है। हम कह सकते हैं कि जनवादी कविता और दलित कविता का समाजशास्त्र एक-दूसरे का पूरक हैं क्योंकि दोनों ही शोषणाधारित सामाजिक व्यवस्था का विरोध करते हैं। प्रगतिशील कविता और दलित कविता की निकटता पर प्रकाश डालते हुए प्रख्यात दलित कवि माता प्रसाद लिखते हैं, "स्वच्छन्दतावादी और प्रगतिशील कवियों ने किसानों, मजदूरों की दुर्दशा समस्या की तरफ ध्यान आकृष्ट कराने के साथ-साथ पुरानी रुढ़ियों, जाति बन्धनों, सामाजिक दुर्व्यवहार, उत्पीड़न आदि असमानताओं का विरोध भी प्रगतिशील कवियों ने किया है। इस दृष्टि से प्रगतिवादी कविता दलित काव्यधारा के बहुत निकट है।"इस तरह हम देखते हैं कि दलित एवं ग़ैर दलित कवियों का प्रतिरोध और नकार वर्ण-व्यवस्था, जातिभेद, ऊँच-नीच, सामन्ती सोच, ब्राह्मणवादी दृष्टिकोण तथा सामाजिक आर्थिक विषमताओं के प्रति है। इस प्रतिरोध के पीछे जो उद्देश्य एवं आदर्श है वह ऐसे समाज की सृष्टि है, जो समन्वय, सामंजस्य और सह अस्तित्व पर आधारित हो। दलित एवं ग़ैर दलित कवियों का प्रतिरोध उन्हीं व्यवस्थाओं, विश्वासों और मान्यताओं के प्रति है, जो देश, समाज और मानवता के लिए अमंगलकारी एवं अशुभ है। इस सन्दर्भ में जयप्रकाश कर्दम का यह कथन समीचीन

प्रतीत है दलित साहित्य सामाजिक उत्तरदायित्व की भावना से बँधा है। वह ऐसे किसी विचार का समर्थन नहीं करता जो हिंसा, अलगाव, या असमानता को जन्म देता है या पोषण करता है।

ख. कविता का समाजशास्त्र और दलित एवं ग़ैर दलित काव्य दृष्टि का अन्तर

हिन्दी समाज में कविता की पहुँच बहुत सीमित है। फिर भी हिन्दी समाज में कुछ ऐसे भी लोग हैं जिनके लिए कविता आत्मा की पुकार है, अपने समय की गवाह है और अपने समाज की खबर भी यदि कविता समाज से अलग-थलग है तो उसकी सार्थकता शून्य मानी जाती है। यदि कविता की पहुँच और प्रभाव साहित्यिक समुदाय के बाहर के व्यापक समाज में नहीं है, तब मानना होगा कि समाज से कविता का सम्बन्ध टूट गया। आज चाहे दलित कविता हो या ग़ैर दलित कविता वह केवल साहित्यिक समुदाय की दिलचस्पी की वस्तु रह गयी। यह स्थिति हिन्दी समाज और हिन्दी कविता दोनों के स्वास्थ्य के लिए हानिकारक है। कविता केवल विषय विशेषज्ञों के लिए न हो वह व्यापक समाज के लिए हो। मैनेजर पाण्डेय ने अपनी पुस्तक 'हिन्दी कविता का अतीत और वर्तमान' में वर्तमान समय की कविता के अस्तित्व पर प्रकाश डालते हुए अंग्रेजी के प्रसिद्ध आलोचक एफ.आर.लीविस के हवाले से कहा— 'आधुनिक संसार के लिए कविता का कोई खास महत्त्व नहीं है।'' वही कविता की जिन्दगी और जरूरत की बुनियादी शर्त का उल्लेख करते हुए मैनेजर पाण्डेय लिखते हैं, ''अब तक के इतिहास में वही कविता समाज के लिए जरूरी साबित हुई है, जो अपने समय और समाज के हाशिये पर रहने वाले पराधीन तथा पीड़ित जन समुदाय की यातना के अनुभवों की आवाज बनी है और उसके संघर्ष की शक्ति भी।'' मैनेजर पाण्डेय के इस कथन में दलित, शोषित, पीड़ित, वंचित जनसमुदाय के आशाओं, आकांक्षाओं और मानवीय मूल्यों का चित्रण बखूबी मिलता है। दलित और ग़ैर दलित कवियों की कविता में शोषण, उत्पीड़न, असमानता और मुक्ति की आकांक्षा का बखूबी चित्रण है।

प्राचीनकाल से ही कविता समाज को इसलिए प्रिय रही है कि वह पाठकगण और श्रोतागण को वैचारिक शक्ति और नैतिक बल प्रदान करती रही है, किन्तु कविता में यह क्षमता तभी आती है जब वह जिन्दगी की वास्तविकताओं से रूबरू हो तथा जिसमें सुन्दरता के बरअक्स कुरूपता, निर्धनता और गुलामी की सच्चाई होती है। आजकल हिन्दी के दलित कवियों की कविताएँ इन सारी विशेषताओं से लैस है जो व्यापक समाज का प्रतिनिधित्व करती हैं। वही कविता आज के समय में प्रासंगिक है जो जीवनानुभव से उपजी हो, समकालीन संवेदनाओं से जुड़ी हो और इतिहास से मुठभेड़ करती हो। यह विशेषता आज दलित एवं ग़ैर दलित दोनों कवियों की कविताओं में

परिलक्षित होती है। इस सन्दर्भ में मैनेजर पाण्डेय का यह कथन समीचीन प्रतीत होता है—"हिन्दी क्षेत्र में दलित चेतना के जागरण और दलित कविता के विकास के कारण हिन्दी कविता में दलित जीवन के संघर्ष और अनुभव का तेज स्वर उभर रहा है। जिन्हें नागर कविता की कानाफूसी प्रिय है, उन्हें दलित जीवन की 'चीखती कविता' का स्वर कर्कश और विसंवादी लग रहा है। इससे नागर कविता की नीरस एकस्वरता टूट रही है और हिन्दी कविता में स्वरों की अनेकता आ रही है।"दलित एवं ग़ैर दलित कवियों ने कुछ प्रमुख विषयों पर अपने-अपने विचार अपनी-अपनी कविताओं में व्यक्त किये हैं। काव्यवस्तु के चयन का स्वरूप दोनों काव्यों में तो काफी विस्तृत है, किन्तु हम यहाँ कुछ महत्त्वपूर्ण काव्य शीर्षकों पर अपनी बात रखेंगे और दोनों कवियों के काव्य दृष्टियों के अन्तर की जाँच-पड़ताल करेंगे।

ग्रामीण परिवेश

भारत देश गाँवों का देश है। आज भी गाँव में देश की कुल आबादी के लगभग सत्तर प्रतिशत लोग गाँव में निवास करते हैं। आज भी ग्रामीण लोगों की निर्भरता कृषि एवं कुटीर उद्योगों पर ही है जो पुराने शैली पर कार्यरत है। गाँव में दो वर्ग हैं—पूँजीपति एवं मजदूर। दलित वर्ग के प्रायः सभी लोग मजदूर की श्रेणी में आते हैं जिससे गाँवों में इनका शोषण होता है। आज भी गाँवों में जाति-प्रथा की बुराइयाँ कमोबेश मौजूद हैं।

श्यौराजसिंह 'बेचैन' के काव्य संग्रह 'क्रौंच हूँ मैं' में संकलित कविता 'गाँवों का खत' में गाँव के वातावरण का चित्रण मिलता है, जिससे कवि बेहद आहत है। भारतीय गाँव सामन्तवाद, जाति और वर्ण-व्यवस्था के पोषक होने के साथ ही शोषण के जीते जागते उदाहरण हैं। इस कविता में कवि ने गाँव में दलितों के प्रति सवर्णों द्वारा होने वाले व्यवहार को इंगित किया है—

कागज में पट्टा अछूत को,
जमींदार हल चलवाता है।
लूटते जलते दलितों के घर,
पुलिस प्रशासन सुस्ताता है।
गाँव से जब कोई खत आता है,
मेरा सिर चकरा जाता है।

इस सामाजिक व्यवस्था में परिवर्तन लाने हेतु सरकारी सत्ता, सामन्त और पूँजीपति वर्ग सदैव बाधक रहा है। गाँवों में सामन्त वर्ग और सरकारी तन्त्र के गठबंधन से शोषण तथा अन्याय चल रहा है। सुप्रसिद्ध ग़ैर दलित कवि केदारनाथ अग्रवाल ग्रामीण शोषण एवं अन्याय को चित्रित करते हुए लिखते हैं—

सूँड़ लपेटे है कर्जे की ग्रामीणों को,
मुक्ति अभी तक नहीं मिली है इन दीनों को,
इन दीनों के ऋण का रोकड़-काण्ड बड़ा है,
अब भी किन्तु अछूता शोषण काण्ड पड़ा है।

ईश्वर के अस्तित्व के प्रति नकार

दलित एवं ग़ैर दलित दोनों कवियों के यहाँ कमोबेश, भगवान, भाग्य, कर्म और मोक्ष के प्रति नकार और विद्रोह का स्वर सुनायी देता है। आत्मा, ब्रह्म और ईश्वर को नकारते हुए कवि समस्त प्राचीन मान्यताओं को खारिज कर देता है और कहता है—

आत्मा-ब्रह्म-ईश्वर का बाजार है
देवियों और देवों की भरमार है
हर एक भगवान है बदलचन
गुनाहों की प्रतिमूर्ति अवतार है।

मशहूर दलित कवि मोहनदास नैमिशराय अपनी कविता 'ईश्वर की मौत' में तो ईश्वर के होने पर ही प्रश्नचिह्न खड़ा कर देते हैं। वे लिखते हैं—

ईश्वर की मौत उस पल होती है
जब मेरे भीतर उभरता है सवाल
ईश्वर का जन्म किस माँ की कोख से हुआ था?
ईश्वर का बाप कौन?

ईश्वर का यह नकार अन्य दलित कवियों की धार्मिक चेतना में भी व्यक्त हुआ है।

ओमप्रकाश वाल्मीकि, एन. आर. सागर, कँवल भारती, जयप्रकाश कर्दम, मोहनदास नैमिशराय इत्यादि कवि इस 'नकार' को सम्पूर्ण हिन्दुत्व के नकार में तब्दील करना चाहते हैं।

तार सप्तक के प्रसिद्ध कवि भारतभूषण अग्रवाल ने अपनी कविताओं में धार्मिक रूढ़िवाद और कट्टरपन्थी व्यक्तियों का जमकर विरोध किया और इन्होंने ईश्वर और धर्म की आड़ में चलने वाले शोषण का पर्दाफाश करते हुए ईश्वर के अस्तित्व पर प्रश्न चिह्न खड़ा किया—

और तब मैंने पहली बार देखा/ तुम्हारे पुजारियों पर नजर डाली
जो तुम्हारी ओट में मेरा भविष्य, मेरी प्रतिभा, मेरी शक्ति
भोग रहे हैं/ पर देवता यदि तुम निरे पत्थर न हो
तो अपने इन पुजारियों से अपनी रक्षा करो।

भारतीय समाज में दलित किस प्रकार से अमानवीय जीवन जीने के लिए बाध्य है? भूख की विभीषिका के कारण दलित एवं शोषित वर्ग असहाय एवं लाचार होकर

झूठे पत्ते तक को चाटने के लिए विवश है। कवि बालकृष्ण शर्मा 'नवीन' ने शोषित एवं दलित आदमी की इस बदतर स्थिति के लिए ईश्वर को जिम्मेदार माना है और कवि ईश्वर के अस्तित्व को भी नकारता है। वे लिखते हैं—

अरे चाटते जूठे पत्ते जिस दिन मैंने देखा नर को।
उस दिन सोचा : क्यों न लगा दूँ आग इस दुनिया भर को।।
यह भी सोचा, क्यों न टेंटुआ घोटा जाय स्वयं जगपति का।
जिसने अपने ही स्वरूप को रूप दिया इस घृणित विकृति का।।

दलित कवियों की भाँति ग़ैर दलित कवियों ने भी ईश्वर और धर्म के अस्तित्व पर कुठाराघात किया है। शिवमंगल सिंह 'सुमन' की 'विडम्बना' शीर्षक कविता में कवि ने ईश्वर से अधिक मानवता को महत्त्व दिया है—

ईश्वर ईश्वर में आज पड़ गया अन्तर
टुकड़ों-टुकड़ों में बँटा मनुजता का घर
ली ओढ़ धर्म की खोल, पर हृदय सूना
पूजन-अर्चन सब व्यर्थ देवता पत्थर।

स्वतन्त्रता से मोहभंग

भारत देश में लोकतन्त्र की स्थापना के लम्बे वर्षों के बाद भी देश में समता, स्वतन्त्रता, न्याय और बन्धुत्व का विकास नहीं हो सका। आजादी का सुख शोषित, दलित जनता को प्राप्त नहीं हो सका। देश के स्वतन्त्र होने पर भी जनता को अपने अधिकार प्राप्त नहीं हो सके। श्यौराजसिंह 'बेचैन' ने 'उसे तलाश करो' शीर्षक कविता में दलितों के उत्पीड़न, शोषण और दुर्दशा का चित्रण किया है। स्वतन्त्रता के पचास साल बाद भी अछूतों को कोई लाभ नहीं मिला है। आजादी के बाद भी वे शिक्षा, पद, सम्मान से दूर मुर्दा, मवेशी उठा रहे हैं। इस सन्दर्भ में वे लिखते हैं—

पचास साल से आजाद हुआ बैठा है,
मेरी बस्ती में कौन है वह कहाँ बैठा है?
उसे तलाश करो, ढूंढ़ कर लाओ उसको
स्वराज किस लिए है, यह बताओ उसको
जो है समाज की नज़रों में इस्तेमाल की चीज।

एन.आर.सागर के काव्य संग्रह 'आजाद हैं हम' (1995) में संकलित कविता 'आजाद हैं हम' में वे दलितों को आजाद तो मानते हैं पर गुलाम की तरह वे कहते हैं—

आजाद हैं हम आज पर गुलाम की तरह।
आबाद बन जांबाज पर गुलाम की तरह।
जंजीरों-लाठियों औ बन्दूकों के साये में।
गुजारते हम जिन्दगी गुमनाम की तरह।।

दलित कवियों की दृष्टि में 1947 ई. में जो आजादी देश को मिली थी, जिसकी दलित समाज ने कल्पना की थी। आज भी शोषण, असमानता, अन्याय उसी तरह से व्याप्त हैं, जैसी अंग्रेजों के समय में थी। 'आजादी' शीर्षक कविता में लक्ष्मीनारायण सुधाकर लिखते हैं—

झोंपड़ियों तक आने वाली आजादी की यही कहानी।
निकल फिरंगी के चंगुल से बनी महल वालों की रानी।।
जमींदार धन्नासेठों की आजादी लगती है साली।
अभिनेताओं की रखैल है नेताओं की है घरवाली।।
जिन्दों को भले जला डालो तुमको पूरी आजादी है।
बेकसूर मरवा डालो आजादी-ही-आजादी है।।

स्वतन्त्रता दिवस की स्वर्ण जयन्ती पर दलितों के प्रति उपेक्षा, अपमान और अन्याय को रेखांकित करते हुए जयप्रकाश कर्दम लिखते हैं—

बेमानी है उसके लिए/ आजादी और लोकतन्त्र की बातें।
व्यर्थ है संसद और संविधान/ नहीं चाहिए अध्यात्म का ज्ञान।

देश के स्वतन्त्र होने के पश्चात जनता को अपने अधिकार नहीं मिल सके। शोषित, पीड़ित जनता को अपनी स्वतन्त्रता का कोई महत्त्व नहीं मिला क्योंकि देश की आजादी का वास्तविक लाभ पूँजीपति और शासक वर्ग को प्राप्त हुआ। कवि 'धूमिल' आजादी के बीस वर्षों के पश्चात के परिवेश पर कटाक्ष करते हुए लिखते हैं कि आजादी मात्र शासक और शासन की सुरक्षा का बोध है। जहाँ देश की शोषित जनता को जनतन्त्र और आजादी मिलने के बाद भी उनकी समस्याएँ जस-की-तस है। देश में चारों तरफ अन्याय एवं भ्रष्टाचार व्याप्त है। कवि आजादी के आदर्श मूल्यों के खोखलेपन को उजागर करते हुए लिखता है—

बीस साल बाद और इस शरीर में
सुनसान गलियों से चोरों की तरह गुजरते हुए
अपने आप से सवाल करता हूँ
क्या आजादी सिर्फ तीन थके हुए रंगों का नाम है
जिन्हें एक पहिया ढोता है या इसका कोई खास मतलब होता है।

स्वतन्त्रता के पश्चात् राजनेताओं का चरित्र अमानवीय, हिंसक, भ्रष्टाचारी और मानव विरोधी होता जा रहा है। कवि नागार्जुन ने भ्रष्ट नेताओं और सामन्तों के भ्रष्ट राजनीति पर तीखा व्यंग्य करते हुए लिखा है—

सामन्तों ने कर दिया प्रजातन्त्र का होम।
लाश बेचने लग गये खादी पहने डोम।।
इन्द्रजाल की छतरी ओढ़े श्रीमंतों ने।
प्रजातन्त्र का होम कर दिया सामन्तो ने।।

स्वतन्त्रता के पश्चात् भारतीय नेताओं ने गाँधी जीवन दर्शन को नहीं स्वीकारा अपितु गाँधी के नाम पर सत्य, अहिंसा, खादी, चर्खा, प्रेम, त्याग और सद्भाव के मुखौटे लगाये रखा। देश में उस समय आजादी और गाँधी के नाम पर जो ढोंग एवं पाखण्ड चल रहा था। धूमिल ने उस भ्रष्ट राजनीति पर व्यंग्य करते हुए लिखा है—

उस मुहावरे को समझ गया हूँ
जो आज़ादी और गाँधी के नाम पर चल रहा
जिससे न भूख मिट रही है, न मौसम बदल रहा है।

इस प्रकार हम कह सकते हैं कि दलित और ग़ैर दलित दोनों कवियों ने स्वतन्त्रता के पश्चात शोषित, पीड़ित और दलितों के मानवीय अधिकारों और अत्याचारों का वास्तविक अंकन अपनी कविताओं में किया है। दूसरी ओर दलित-शोषित वर्ग में अधिकारों के प्रति संघर्ष की वह चेतना उत्पन्न की जिससे उन्हें समाज में न्याय और समानता मिल सके।

समाज का स्त्री के प्रति दृष्टिकोण

दलित एवं ग़ैर दलित दोनों कवियों ने अपनी कविताओं में नारी अस्मिता के सवाल को उभारा है। स्त्रियों की उपेक्षा, शोषण, दमन और बलात्कार को ज्यादातर कवियों ने लक्षित किया है। दलित कविता में आज नारी अस्मिता को उतना ही महत्त्व दिया जाता है जितना दलित, आदिवासी अस्मिता को। सुशीला टाकभौरे, रजनी तिलक, अनीता भारती और रजत रानी 'मीनू' आदि दलित कवयित्रियों ने अपनी दलित कविताओं में स्त्री विमर्श की बजाय नारी अस्मिता की प्रवृत्ति को स्वीकारा है।

ओमप्रकाश वाल्मीकि की कविता में मेहनतकश महिला का चित्रण सर्वत्र दिखायी देता है। अपने काव्य संग्रह 'सदियों का सन्ताप' में 'झाड़ूवाली' कविता में सुबह से शाम तक झाड़ू लगाने वाली और मैला साफ करने वाली स्त्री का चित्रण है। उसके फेफड़े गन्दी धूल से भर जाते हैं उसकी इस परिस्थिति पर किसी का ध्यान नहीं गया। इस स्थिति को एक दलित कवि की वेदना इस रूप में प्रकट करती है—

सुबह पाँच बजे हाथ में थामे झाड़ू
घर से निकल पड़ती है रामेसरी
धूल जो सैकड़ों वर्षों से जम रही है
पर्त-दर-पर्त फेफड़ों में रामेसरी के
रंग रही है श्वास नली को चिमनी-सा
जब तक रामेसरी के हाथ में
खड़ाग-खांग घिसटती लौहगाड़ी है
मेरे देश का लोकतन्त्र एक गाली है!

वही ग़ैर दलित कवि 'निराला' ने अपनी कविता 'वह तोड़ती पत्थर' में एक बड़े शहर इलाहाबाद में चिलचिलाती धूप में पत्थर तोड़ती गरीब स्त्री का अपने कर्म में रत रहने का चित्रण कितना सजीव एवं मार्मिक किया है—

वह तोड़ती पत्थर; देखा उसे मैंने इलाहाबाद के पथ पर
वह तोड़ती पत्थर कोई न छायादार पेड़ वह जिसके तले बैठी हुई स्वीकार;
श्याम तन, भर बंधा यौवन नत नयन प्रिय कर्म-रत मन।

समाज में स्त्री को सम्पत्ति के रूप में देखा जाता है। पुरुष महिलाओं पर अपना अधिकार हमेशा सिद्ध करता रहा है। घर पर उनकी स्थिति वैसी ही है जैसी पहले थी। कामकाजी महिलाओं को नौकरी करने के साथ ही घर पर बच्चों की भी सारी जिम्मेदारी सँभालनी पड़ती हैं। नागार्जुन एक घरेलू स्त्री का चित्रण करते हुए लिखते हैं—

राशन के चावल के कंकड़ बीन रही पत्नी बेचारी
गर्भ भार से अलस-शिथिल उसका अंग-अंग है
मुँह पर उसके मटमैली आभा।

समाज, परिवार में माँ की स्थिति का चित्रण करते हुए कवि मदन वात्स्यायन लिखते हैं—

माँ, युगों की ओ उपेक्षित माँ
दलित, दासी, दरिद्रा।

कुमारेन्द्र पारसनाथ सिंह ने अपनी कविता 'भंगी कालोनी' में दलित समाज की अनेक समस्याओं को उठाया है, जिसमें दलितों के दयनीय, नारकीय जीवन के अनेक पहलू उभरकर सामने आये हैं, जिनमें सामाजिक भेदभाव, शोषण, अन्याय, बलात्कार की घटनाएँ प्रमुख हैं। समाज में पुरुषों द्वारा नारी की उपेक्षा तथा दयनीयता का कितना सजीव एवं मार्मिक चित्रण हैं?

उसका दाम रोज-रोज उठता गिरता रहता है
एक जमाने से/ मर्द उसे नंगी करके नचाता रहा है
भूमण्डल के दहकते क्षितिज पर/ फिर भी उसकी नामर्दी दूर नहीं हुई है।

दलित एवं ग़ैर दलित कवियों ने जहाँ नारी के उत्पीड़न, शोषण का चित्रण किया है, वही कवयित्रियों ने नारी अस्मिता की खोज को प्रमुख वर्ण्य विषय बनाया है। कवयित्री रजनी तिलक की कविता में नारी अस्मिता की तलाश का वर्णन द्रष्टव्य है—

हजारों हजारों नाम में धरी
असंख्य उपमाओं से सजी स्त्री
ढूँढ़ रही है वजूद कि खूद को पहचान सके।

नारी सम्मान और उसके अस्मिता की आवाज को बुलन्द करती हुई दलित कवयित्री सुशीला टाकभौरे ने अपनी कविता 'गाली' में नारी जाति में सम्मान की खोज का आह्वान किया है—

वफा के नाम पर अपने आप को एक कुत्ता
कहा जा सकता है मगर कुतिया नहीं।
कुतिया शब्द सुनकर ही लगता है
यह एक गाली है, क्या इसलिए कि वह
स्त्री वर्ग में आती है?

कुल मिलाकर हम कह सकते हैं कि दलित कविता में स्त्री विमर्श का सुन्दर परिपाक हुआ है। नारी अस्मिता, अस्तित्व और नारी स्वातन्त्र्य की तलाश दलित एवं ग़ैर दलित कवियों की कविताओं में व्यक्त हुआ है। सुशीला टाकभौरे ने अपनी 'विद्रोहिणी' शीर्षक कविता में नारी की बेबसी, अभाव, दर्द और विद्रोह की प्रवृत्ति को इस रूप में मुखर किया है—

माँ बाप ने पैदा किया था गूँगा!
परिवेश ने लँगड़ा बना दिया।
चलती रही, निश्चित परिपाटी पर
वैशाखियों के सहारे कितने पड़ाव आये!
विद्रोहिणी बन चीखती हूँ
मुझे अनन्त असीम दिगन्त चाहिए,
छत का खुला आसमान नहीं
आसमान की खुली छत चाहिए।

निष्कर्षतः हम कह सकते हैं कि दलित कविता में नारी के अभाव और पीड़ा के साथ शोषणग्रस्त जीवन को शब्द देने की प्रवृत्ति के साथ-साथ सामाजिक रूढ़ि-रिवाजों से ऊपर उठकर नारी अस्मिता, अस्तित्व की खोज और प्राचीन परम्पराओं से विद्रोह करती नारी के चित्रण की प्रवृत्ति दलित काव्य में यथार्थतः अभिव्यक्त हुआ है।

(ग)दलित एवं ग़ैर दलित कवियों के काव्य की सामाजिक प्रतिबद्धता एवं सरोकार

दलित एवं ग़ैर दलित कवियों की दलित कविताओं में सामाजिक प्रतिबद्धता एवं सरोकार की बात की जाय तो कहना होगा कि दलित कविताओं में हाशिये के समाज और उपेक्षितों की आवाज को बुलन्द किया गया है, जो अपनी रचनाधर्मिता में प्रतिरोध और संघर्ष के साथ मानवीय संवेदना की बात करता है। सदियों से दलितों ने जो सामाजिक उत्पीड़न सहा है, विषमताएँ झेली हैं, भेदभाव, शोषण, अपमान और दमन ने उनके मानस में जो गहरी रेखाएँ अंकित की हैं, दलित काव्य उनकी गहरी अनुभूति द्वारा तज्जनित दुःख, पीड़ा, आक्रोश विद्रोह की अभिव्यक्ति करता है। दलित एवं ग़ैर दलित कवियों ने वर्ण-व्यवस्था, जाति-पाँति, ऊँच-नीच, भेदभाव, असमानता, अन्याय

और शोषण का विरोध करके एक समरस समाज की स्थापना के साथ ही मानव मात्र की गरिमा को स्थापित करने के लिए प्रतिबद्धता जतायी है।

दलित साहित्य के मशहूर आलोचक मोहनदास नैमिशराय का सामाजिक प्रतिबद्धता के सन्दर्भ में यह कथन समीचीन प्रतीत होता है, "दलित कविता एक सामाजिक आन्दोलन का सामाजिक प्रतिफलन है। अन्य काव्यधाराओं और साहित्यिक परम्पराओं की अपेक्षा उसका सीधा सम्बन्ध जीवन के जमीन से है।" इस कथन में ही दलित काव्य की सामाजिकता और सामाजिक प्रतिबद्धता छिपी है।

दलित-पीड़ित मानवता को समानता और सम्मान दिलाना ही दलित और ग़ैर दलित कवियों के काव्य का उद्देश्य है।

दलित कवि एवं आलोचक ओमप्रकाश वाल्मीकि ग़ैर दलित साहित्यकारों के सामाजिक प्रतिबद्धता पर व्यंग्य करते हुए लिखते हैं, "सामन्ती व्यवस्था में संस्कारित साहित्यकार साहित्य को समाज से ऊपर अलग दर्जा देकर स्वयं को समाज से अलग और ऊपर होने का अहम् भाव पालकर कल्पना में जीता है। साहित्यकार कोई विशिष्ट व्यक्ति नहीं होता, वह अपने अस्तित्व के लिए पग-पग पर समाज के ऊपर निर्भर करता है। समाज से अलग उसका कोई अस्तित्व ही नहीं होता, दलित साहित्य की भी मूल भावना यही है। इसीलिए वह सामाजिक प्रतिबद्धता का साहित्य है।" मनुष्य की स्वतन्त्रता की भावना और उसकी मुक्ति की अभिव्यक्ति दलित काव्य की प्रमुख प्रतिबद्धता है। दलितों की इतिहास ने जो छवि गढ़ी है, जो पहचान बनायी है, उससे वह मुक्त होना चाहता है। अतः अपनी अस्मिता और पहचान की तलाश में आकुल-व्याकुल दलित काव्य की सामाजिकता ही साहित्य के रूप में सामने आ रही है। ओमप्रकाश वाल्मीकि ने हिन्दी कविता और हिन्दी दलित कविता की सामाजिक प्रतिबद्धता पर टिप्पणी करते हुए लिखा है, "हिन्दी कविता का बाह्य रूप, उसकी अन्तःधारा से भिन्न है। विभिन्न काव्यान्दोलनों और काल निर्धारण में विद्वानों ने अपने निष्कर्षों में बाह्य रूप को ही स्थापित किया है। हिन्दी कविता का यह एकांगी स्वरूप उसे आधुनिकता-बोध से रोकता है। उसकी सामाजिकता पर सवाल खड़े करता है। इसके ठीक विपरीत हिन्दी दलित कविता अपनी सामाजिक चेतना के कारण सजग और जीवन्त दिखायी पड़ती है।" दलित काव्य में चित्रित आक्रोश, पीड़ा, वेदना और विद्रोह को रेखांकित करते हुए अभय कुमार दुबे कहते हैं, "अकेले पड़ जाने की अनुभूति ने सदियों से हो रहे अन्याय के प्रति उनकी वाणी को कर्कश बना दिया है। उनकी मुद्रा युद्ध की हो गयी है और अभिव्यक्ति आक्रामक। अकेलेपन ने उन्हें बार-बार निजी अनुभव की ओर मोड़ा है।" दलित कविता की यह प्रवृत्ति सामाजिक परिवर्तन के प्रति उनकी आकांक्षा को व्यक्त करती है, जबकि आध्यात्मिक सौन्दर्य, प्रेम और वासना के रंगोसाज में डूबा ग़ैर दलित काव्य का सामाजिक सरोकारों से दूर का भी सम्बन्ध नहीं रहा है। हिन्दी दलित कविता वर्ण-विहीन, जाति-विहीन, समतामूलक समाज की

स्थापना के लिए प्रतिबद्ध है। हिन्दी दलित कविता सामाजिक गुलामी के पीड़ा बोध से पैदा हुई है। यह पीड़ा-बोध उन सारी अवधारणाओं को ध्वस्त कर देता है जो रंगीन पत्रों पर जन्नत सजाने के कोरे सपनों का आकार देती है। यथार्थ की कंकड़ीली, पथरीली जमीन पर लहुलूहान होकर चलते हुए दलित कविता ने अपनी जगह बनायी है।

प्रमुख दलित कवि एवं आलोचक कँवल भारती 'घनीभूत पीड़ा' कविता में इस पीड़ा को ही दलित काव्य की सामाजिक प्रतिबद्धता एवं सरोकार के रूप में रूपायित करते हुए लिखते हैं—

दलित वेदना का हिस्सा मैं
मेरी घनीभूत पीड़ा ने
सुखमय कविता को दफनाकर
दलित काव्य का सृजन किया है
मैं दलित चेतन का कवि हूँ
है रचना कर्म मेरा विद्रोह
दलितों की पीड़ा का चित्रण
समता, समानता है प्रतिमान।

दलित कविता का आक्रोश और कटुता वस्तुतः इस घनीभूत पीड़ा का ही परिणाम है। विद्रोही मनुष्य समझौतावादी नहीं हो सकता, अतः उसके विद्रोह में सामाजिक व्यवस्था के प्रति निषेध का भाव अवश्यम्भावी है। नकार में घृणा और तिरस्कार के स्वर घुले-मिले रहते हैं। दलित कवि उन सभी धार्मिक, सामाजिक, सांस्कृतिक रूढ़ियों और संस्थाओं का तीव्र विरोध करता है जिन्होंने दलितों को इस प्रकार जीवन जीने के लिए मजबूर किया।

हिन्दू धर्म और पौराणिक मिथकों में दलित कवियों की आस्था नहीं है, बल्कि दलित कवि धर्मग्रन्थ, रूढ़ियों, परम्पराओं और पौराणिक मिथकों का विरोध करने के लिए प्रतिबद्ध है। इस सन्दर्भ में जयप्रकाश कर्दम की कविता 'धर्मग्रन्थों को आग लगानी होगी' की पंक्तियाँ द्रष्टव्य है—

मक्कार हैं वे लोग/ जो कहते हैं कि/ वर्ण-व्यवस्था
अप्रासंगिक हो चुकी है/ जब तक स्मृतियाँ रहेंगी/
रामायण, गीता और वेद रहेंगे/ तब तक वर्णशुचिता रहेगी
अस्पृश्यता रहेगी/ जातिवाद रहेगा/ समाज में विघटन और विद्वेष रहेगा
समाज को प्रगतिशील बनाना है/ जाति के जहर को मिटाना है, तो/
इन तथाकथित धर्मग्रन्थों को आग लगानी होगी।

दलितों की पीड़ा और संघर्ष को ग़ैर दलित कवि रणजीत ने भी बड़ी मार्मिकता से व्यक्त किया है। रणजीत दलित सरोकारों से जुड़े साहित्यकार हैं। जयप्रकाश कर्दम से एक कदम आगे ही ग़ैर दलित कवि की सामाजिक प्रति[illegible]द्धता एवं सरोकार इन काव्य पंक्तियों में परिलक्षित होता है—

या तुम्हीं होते मेरी जगह
एक भंगी के एक चमार के, एक रण्डी के बेटे
और पुकारे जाते अपने उस नाम से
कुछ न बिगाड़ा जाता तुम्हारा
केवल पुकारा जाता
भंगी की या रण्डी की औलाद कहकर
सोचो कैसा लगता तुम्हें
और कैसा लगता शंकराचार्य का यह वाक्य
कि छुआछूत तो हमारे धर्म का अनिवार्य अंग है
मुँह नोच लेने का मन नहीं करता तुम्हारा
ऐसे अन्याय को धर्म कहने की हिमाकत करने वाले का?

जगद्गुरु शंकराचार्य को चुनौती देने वाले ग़ैर दलित कवि की यह सामाजिक प्रतिबद्धता एवं सरोकर अपने आप में बड़ी बात है।

दलित काव्य की सामाजिक प्रतिबद्धता एवं सरोकार में मानवता का पक्ष सर्वोपरि है। वह मानव-मानव में भेद नहीं करती है। दलित कवि दीन-हीन की आह को सम्पूर्ण विश्व की पीड़ा को काव्य में व्यक्त करने के लिए प्रतिबद्ध है। मानव मुक्ति की कामना दलित काव्य की विशेषता है। इस सन्दर्भ में प्रसिद्ध दलित कवि कालीचरण 'स्नेही' लिखते हैं—

मानवता का पक्ष ले जूझ रहा जो नित्य।
समता का साहित्य ही है असली साहित्य।।
आ उतरे लै लेखनी, लिखने को जगपीर।
बदलेंगे हम एक दिन, दुनिया की तस्वीर।।

दलित कवि मलखान सिंह का एकमात्र काव्य संग्रह 'सुनो ब्राह्मण' सन् 1996 ई. में प्रकाशित हुआ। इस संग्रह की भूमिका में मलखान सिंह दलित काव्य की सामाजिक प्रतिबद्धता और सरोकार को बताते हुए लिखते हैं, "मैं नहीं जानता कि मैं कविता क्यों लिखता हूँ? हाँ इतना अवश्य जानता हूँ कि जाति-पाँति, ऊँच-नीच, छूत-छात, पाखण्ड, शोषण और अत्याचार का शिकार जब मैं स्वयं होता हूँ या किसी सहोदर को होते देखता हूँ, तो मेरे अन्दर कुछ उबलने लगता है। कुछ घुमड़ने लगता है, जिसे मैं शब्दों में पकड़ने की कोशिश करता हूँ। अस्तु मेरी कविताएँ मेरी भोगी

हुई यातनाएँ हैं।'' कवि का सरोकार वही है, जिन्हें हम सामान्य रूप से दलित कविता का सरोकार मानते हैं। इस सन्दर्भ में मलखान सिंह की कविता 'मैं आदमी नहीं हूँ' की पंक्तियाँ द्रष्टव्य हैं—

मैं आदमी नहीं हूँ स्साब
जानवर हूँ
दो पाया जानवर जिसे बात-बात पर
मनुपुत्र-माँ चो, बहन चो कमीन कौम कहता है।
पूरा दिन बैल की तरह जोतता है मुट्ठी भर सत्तू मजूरी में देता है।
मुँह खोलने पर लाल-पीली आँखें दिखा मुहावरे गढ़ता है।

दलित कविता में शोषण का पुरजोर विरोध मिलता है। यह शोषण सामाजिक, राजनीतिक, सांस्कृतिक और आर्थिक चाहे जो भी हो। दलित एवं ग़ैर दलित कवि शोषण का विरोध करने हेतु प्रतिबद्ध है। ग़ैर दलित कवि रामविलास शर्मा की कविताएँ शोषक एवं शोषित वर्ग के बीच होने वाले संघर्ष को उभारने में ज्यादा सक्षम है। रामविलास की कविताओं में भारतीय समाज में रहने वाले जमींदार, पुरोहित, पूँजीपति तथा भूमाफियाओं आदि शोषक वर्गों का विरोध चित्रित हुआ है, साथ ही समाज के शोषित वर्गों से ताल्लुक रखने वाले किसान, मजदूर, और दलितों की शारीरिक, मानसिक पीड़ा का बखूबी चित्रण मिलता है। जमींदारी प्रथा ने दलितों को बंधुआ मजदूर बनने के लिए मजबूर किया। उनसे बेगार कराना तथा उन्हें तरह-तरह के शारीरिक कष्ट देना ही जमींदारों का ध्येय है। इस सामन्तवादी व्यवस्था में दलित वर्ग की दयनीय दशा और स्थिति का यथार्थ देखिये—

इस धरती पर जो श्रम करते हैं,
उनके तन के पर्तों में अब सूख गया है
रक्त, रेत पर गिरी हुई जल की बूँदों-सा
जमींदार के 'जन' है सब कोरी-चमार
करते हैं जो नित ही बेगार।

सामन्ती, भूमिपतियों के अधीन शोषित, दलित, श्रमजीवी वर्ग किस तरह बेगार करने के लिए बाध्य होता है? किस तरह आर्थिक अभाव के कारण वह गुलामी की जिन्दगी जीने के लिए बाध्य होता है? शोषक वर्ग उसके साथ किस तरह से पशुवत् व्यवहार करते हैं। इस सन्दर्भ में मलखान सिंह की कविता 'एक पूरी उम्र' में शोषण का भयावह चित्रण इन पंक्तियों में द्रष्टव्य हैं—

यकीन मानिये/ इस आदम खोर गाँव में
मुझे डर लगता है/ बहुत डर लगता है।
लगता है कि अभी बस अभी ठकुराइसी मैड़ चीखेगी

मैं अधसौंच ही खेत से उठ जाऊँगा।
कि अभी बस अभी हवेली घुड़केगी
मैं बेगार में पकड़ा जाऊँगा।

ग़ैर दलित कवियों में भी शोषकों के प्रति घृणा तथा विद्रोह का भाव परिलक्षित हुआ है। इन कवियों ने भी यथार्थ ढंग से सामन्तवाद और पूँजीवाद के अमानवीय, स्वार्थी, क्रूर और विकृत चरित्र को चित्रित किया है। इन कवियों ने शोषण का प्रखरता से विरोध किया है। कवि भगवतीचरण वर्मा की 'भैंसागाड़ी' कविता में शोषक वर्ग के अमानवीय, भ्रष्टचरित्र को देखा जा सकता है। कवि का मानना है कि शोषक वर्गों का राज-काज इन दलित वर्गों के श्रम पर फला-फूला है। इन दलितों के ही रक्त को चूसकर आज वे धनवान् हुए हैं। इस सन्दर्भ में कवि का सटीक व्यंग्य उद्धृत हैं—

वह राज काज जो सधा हुआ है, इन भूखे कंगालों पर,
इन साम्राज्यों की नींव पड़ी है, तिल-तिल मिटने वालों पर
वे व्यापारी, वे जमींदार जो हैं लक्ष्मी के परम भक्त,
वे निपट निरामिष सूदखोर, पीते मनुष्य का रक्त।

'निराला' ने भी अपनी कविताओं में जमींदारों तथा महाजनों द्वारा किये गये शोषण और अत्याचारों को अंकित किया है। कवि शोषक वर्गों को धूर्त, पाखण्डी, पिशाच के रूप में चित्रित करता है। निराला के 'नये पत्ते' संग्रह में संकलित कविता में शोषण का यथार्थ चित्रांकन इस प्रकार हुआ है—

जमींदार की बनी महाजन धनी हुए है,
जग के धूर्त पिशाच धूर्तगण गुनी हुए हैं।

इसी प्रकार दलित कवि सोहनपाल सुमनाक्षर ने जमींदारों द्वारा किये गये दलितों के शोषण को अपनी कविता 'पूर्व जन्म का ढकोसला' में इस प्रकार व्यक्त किया है—

मेरे परदादा मर गये जूठन खाते/ उतरे चिथड़े पहनते
नंगे पाँव जमींदार का खेत बोते-जोतते/ इसे पूर्व जन्मों का फल मानते-मानते
और जमींदार फूलता गया उनके शोषण पर/ उनकी अज्ञानता पर
जमींदार का वंश बढ़ता गया/ आकाश बेल की तरह
उनका खून चूसते-चूसते

प्रसिद्ध दलित कवि ओमप्रकाश वाल्मीकि ने आर्थिक विपन्नता के अनेक पहलू को अपनी कविता में व्यक्त किया है। दलितों का शोषण हर स्तर पर होता है। यह शोषण कितना भयावह और दर्द विदारक है? ओमप्रकाश वाल्मीकि के शब्दों में—

चूल्हा मिट्टी का/ मिट्टी तालाब की
तालाब ठाकुर का/ भूख रोटी की
रोटी बाजरे की/ बाजरा खेत का

खेत ठाकुर का/ बैल ठाकुर का
हल ठाकुर का/ हल की मूठ पर हथेली अपनी
फसल ठाकुर की/ कुँआ ठाकुर का
पानी ठाकुर का। खेत-खलिहान ठाकुर के
गली मुहल्ले ठाकुर के/ फिर अपना क्या?
गाँव ? शहर? देश?

दलित कवि एन. आर. सागर ने अपनी कविता 'हमारा संघर्ष' में दलित काव्य की सामाजिक प्रतिबद्धता एवं सरोकार को बहुत सुन्दर ढंग से व्यक्त किया है—

हमारा संघर्ष समानता के लिए नहीं,
स्वतन्त्रता के लिए नहीं,
अस्मिता की सुरक्षा के लिए है,
सामाजिक प्रतिष्ठा के लिए है।

वही कवि आगे सवर्णवादी मानसिकता द्वारा दलितों के शोषण का चित्रण करते हुए लिखता है—

उनकी बेटी-बहन-माँ को
निर्वस्त्र कर अपमानित करें
और उनके ही सामने सामूहिक बलात्कार करें
और वे देखते रहें बनकर लाचार-निरीह, असहाय!

दलित स्त्रियों की गरिमा, अस्मिता और अस्तित्व को बार-बार तार किया जाता है। कभी वे सामूहिक बलात्कार की शिकार होती हैं, तो कभी गरीबी और विवशता के कारण। इस प्रकरण में जयप्रकाश कर्दम स्त्री को दोषी नहीं मानते बल्कि इसके लिए वे सामाजिक, आर्थिक परिस्थितियों को दोषी मानते हैं। वे लिखते हैं—

मुझे 'अक्करमासी' कहकर मेरा उपहास मत उड़ाओ
मेरे खून को मत खौलाओ/ अपनी माँ के कुकर्मों के कारण
नहीं हूँ मैं अक्कारमासी/ मैं उसकी विवशता का परिणाम हूँ।
व्यभिचारिणी होती मेरी माँ/ लेकर नहीं घूमती/ वह अपना गर्भ गिरवाती
व्यभिचारिणी होती मेरी माँ/ तो खूब गुलछर्रे उड़ाती
नये-नये कपड़े और गहने पहन/ माँग-पट्टी निकालकर रहती
दो मुट्ठी अनाज के दानों के लिए/ बेगार करने नहीं जाती।

दलितों का शोषण चिरकाल से होता आ रहा है। वह अपनी इस स्थिति पर कब तक मौन रहेगा? ग़ैर दलित कवि अदम गोंडवी द्वारा रचित 'चमारो की गली' जो उर्दू की नज्मों की शैली में लिखी गयी है; दलित चेतना की महत्त्वपूर्ण कविता है। इसका

मुख्य विषय सामाजिक सरोकार है। आज का दलित युवक अपने पूर्वजों की तरह अपनी माँ-बहन, बेटियों के ऊपर हो रहे अत्याचार को नहीं देख सकता है। उसमें प्रतिरोध और प्रतिशोध की ज्वाला धधक रही है। इस सन्दर्भ में कवि अदम गोण्डवी की पंक्तियाँ द्रष्टव्य हैं—

बढ़ के मंगल ने कहा काका तू कैसे मौन है?
पूछ तो बेटी से आख़िर वो दरिन्दा कौन है।।
हो कोई संघर्ष से हम पाँव मोड़ेंगे नहीं।
कच्चा खा जायेंगे ज़िन्दा उसको छोड़ेंगे नहीं।।
कैसे हो सकता है होनी कह के हम टाला करें।।
और ये दुश्मन बहू बेटी से मुँह काला करें।।
बोला कृष्णा से बहन सो जा मेरे अनुरोध से
बच नहीं सकता है वो पापी मेरे प्रतिशोध से।।

दलित काव्य में वेदना सामूहिक स्वर में व्यक्त होती है, वैसे ही विद्रोह और संघर्ष का स्वरूप भी सामाजिक और सामूहिक है। दलित काव्य में आक्रोश और प्रहार सचमुच हिन्दी कविता के लिए एक मिशाल पेश करती है। इस सन्दर्भ में एन. आर. सागर के आक्रोश और प्रहार को देखा जा सकता है—

यदि तुम्हारी बहनों-बेटियों को
सर्वथा निर्वस्त्र कर घुमाया जाय,
गली-गली नचाया जाय, कसे जायें गन्दे फिकरे
किया जाय बलात्कार सड़कों चौराहों पर
तुम्हारे सामने ही/ तब तुम्हें कैसा लगेगा?

दलितों की यातना, पीड़ा, बेचैनी और मजबूरी, उनका विद्रोह और संघर्ष, सब-कुछ उलट-पलट कर देने की इच्छा, उनका आक्रोश और प्रहार की मुद्रा एक नयी चेतना, ऊर्जा को जन्म देता है। प्रगतिशील कविता में सुप्रसिद्ध ग़ैर दलित कवि सोमदत्त की कविता 'हरिजन हत्याकाण्ड' अपना विशेष महत्त्व रखती है। दलित चेतना को केन्द्र में रखकर लिखी गयी यह कविता भी काव्य नायक के विद्रोह और हौसला को अभिव्यक्त करती है—

मल समेटने वाले फावड़े की धार पर
फिसलती किरणों की चकाचौंध आँखों के तेज से खौफ खा
ठिठक गये एक के खिलाफ सैकड़ों में एकत्र अपराधी
धक्क रह गये उनके जी कीच धँसा सदियों...
पुरानों सा कुचला हुआ चमरौधों से गूँगा वह जनम का
जाग्रत बजरंग उसमें उन्हें लाखों दिखे।

इस प्रकार हम कह सकते हैं दलित एवं ग़ैर दलित कवियों की सामाजिक प्रतिबद्धता एवं सरोकार कमोबेश अपनी-अपनी जगह उचित है। दोनों खेमों ने शोषण, उत्पीड़न, अन्याय और अत्याचार का खुलकर विरोध किया है। दलित एवं ग़ैर दलित कवियों की सामाजिक प्रतिबद्धता और सरोकार उत्पीड़न की पीड़ा का प्रतिकार है। दलित कविता की सामाजिक प्रतिबद्धता समाज में व्याप्त अमानवीय, अव्यावहारिक मान्यता, परम्परा और रीति-रिवाज का विरोध है। सामाजिक व्यवस्था में जकड़े दलित पीड़ित, शोषित व्यक्ति का सामाजिक व्यवस्था के प्रति विद्रोह, प्रतिरोध और प्रतिशोध लेने के लिए प्रतिबद्ध होना एक नयी चेतना को प्रकट करता है। दलित कविता में सदियों से दलितों के साथ बरती जा रही भेदभाव की नीति, आत्म-सम्मान और स्वाभिमान की छटपटाहट के साथ ही सामाजिक परिवर्तन न होने के प्रति भी आक्रोश व्यक्त हुआ है। इस प्रकार दलित कविता की सामाजिक प्रतिबद्धता और सरोकार जातिविहीन, स्वतन्त्र, स्वस्थ और सशक्त भारतीय समाज के लिए प्रतिबद्ध है।

•

दलित एवं ग़ैर दलित कवियों के काव्य का सौन्दर्यबोध

वर्तमान समय में काव्यशास्त्र और कलाशास्त्र, सौन्दर्यशास्त्र रूपी सिक्के के दो पहलू हैं, जो अन्योन्याश्रित हैं। सौन्दर्यशास्त्र को हिन्दी साहित्य जगत में एस्थेटिक्स' शब्द के पर्याय के रूप में जाना जाता है। 'एस्थेटिक्स' शब्द मूलतः ग्रीक भाषा से अवतरित है, जिसका मूल रूप है—**ATOQNTIKOSI** यह ग्रीक शब्द कालान्तर में Aesthesis के रूप में प्रचलित हुआ, जिसका तात्पर्य 'ऐन्द्रिय सुख की चेतना है।' सौन्दर्यशास्त्र शब्द का अर्थ समय-समय पर विद्वानों द्वारा निश्चित किया जाता रहा। बाउमगार्तेन को सौन्दर्यशास्त्र का जनक माना जाता है। इन्होंने इसका प्रयोग संवेदनशील ऐन्द्रियबोध के शास्त्र के अर्थ में किया। प्रसिद्ध जर्मन विचारक हीगेल ने इसका प्रयोग ललित कलाओं के दर्शन के अर्थ में किया। कालान्तर में इसका प्रयोग काव्य का सौन्दर्य अथवा प्रकृति के सौन्दर्य के विश्लेषणात्मक निरूपण में होने लगा। वर्तमान समय में इस शब्द का शाब्दिक अर्थ है ललित कलाओं के तत्त्वों का सैद्धान्तिक निरूपण और उसके आधार पर कलाकृतियों का मूल्यांकन। इस प्रकार हम कह सकते हैं कि एस्थोटिक्स शब्द का शाब्दिक अर्थ है ऐन्द्रिय प्रत्यक्षों का ज्ञान के माध्यम की दृष्टि से किया गया अध्ययन किन्तु कुछ समय पश्चात एस्थेटिक्स उस शास्त्र को कहा जाने लगा, जो ऐन्द्रियबोध से प्राप्त सौन्दर्यभावन के मनोमय आनन्द का विश्लेषण करता है। इस सन्दर्भ में सौन्दर्यशास्त्र शब्द के प्रणेता बाउमगार्तेन ने सौन्दर्यशास्त्र को परिभाषित करते हुए लिखा है— "सौन्दर्यशास्त्र अभिरुचि का दर्शन, ललित कलाओं का सिद्धान्त तथा सौन्दर्य का विज्ञान है।" सौन्दर्यशास्त्र के अन्तर्गत काव्य को कला समझकर उसका अध्ययन विवेचन, विश्लेषण किया जाता है। भारतीय साहित्य में सौन्दर्यशास्त्र की अवधारणा को परिभाषित करते हुए सुप्रसिद्ध आलोचक बच्चन सिंह का मानना है—"पश्चिम की देखा-देखी हिन्दी में सौन्दर्यशास्त्र पर भी सोचा-समझा जाने लगा है। ऐसी स्थिति में काव्य को कला के अन्तर्गत न रखने पर सौन्दर्यशास्त्रीय अवधारणा ही खण्डित हो जायेगी। काव्य से जो सौन्दर्यानुभूति प्राप्त होती है वह संगीत, नृत्य, चित्र आदि से भी होती है। भारतीय मत भी इसकी पुष्टि करता है। सभी कलाओं में सामान्य गुणों का अनुसन्धान ही तो सौन्दर्यशास्त्र है। अतः बदली हुई

धारणा के अनुरूप काव्य को कला में अन्तर्भुक्त करना युग के अनुरूप है।''आधुनिक हिन्दी के दलित और ग़ैर दलित कवियों की दलित कविताएँ जब अपने सामाजिक सरोकारों को आधार बनाकर खड़ी हुईं तो परम्परावादी आलोचकों ने इसका मुखर विरोध यह कहकर शुरू किया कि इन कविताओं में काव्यतत्त्व का अभाव है। हिन्दी दलित कविता को परम्परावादी सौन्दर्यशास्त्र के मानदण्डों पर परखा जाने लगा तथा उसे नकारा भी जाने लगा। इस स्थिति में दलित कवियों और ग़ैर दलित कवियों द्वारा रचित कविताओं के शिल्प और सौन्दर्य का विवेचन एवं विश्लेषण करना नितान्त आवश्यक है। हिन्दी साहित्य का इतिहास चार कालखण्डों में विभाजित है। प्रत्येक कालखण्ड ने अपने लिये सौन्दर्यशास्त्र के नये मानदण्ड गढ़े हैं। ठीक वैसे ही जैसे आदिकालीन कविता के लिए निर्धारित सौन्दर्यशास्त्रीय मानकों पर भक्तिकालीन कविता खरी नहीं उतरती और भक्तिकालीन कविता के सौन्दर्यशास्त्रीय मानकों पर रीतिकालीन कविता खरी नहीं उतरती और रीतिकालीन सौन्दर्यशास्त्रीय मानकों पर आधुनिक कालीन कविता खरी नहीं उतरती। इसी प्रकार छायावाद, प्रगतिवाद, प्रयोगवाद, समकालीन कविता और दलित कविता इत्यादि सभी कवितान्दोलनों ने अपनी रचना प्रक्रिया के लिए शिल्प एवं सौन्दर्यशास्त्र के नये मानकों को निर्मित किया। इसी परिभाषा का निर्वाह यदि दलित कवियों ने भी अपनी कविताओं में किया तो उसका विरोध करने का क्या औचित्य है? जबकि दलित कवियों का शिल्प एवं सौन्दर्यशास्त्र परम्परागत प्रगतिशील कवियों के मार्क्सवाद एवं जनवाद की पृष्ठभूमि पर अवलम्बित है, जिसमें ग्रामीण जीवन, परिवर्तनशीलता, भौतिकवाद, ईश्वर का नकार, रूढ़ियों का विरोध, जाति-पाँति का विरोध, स्वतन्त्रता एवं समानता पर बल, कलाकार की स्वतन्त्रता कलापक्ष की अपेक्षा भावपक्ष पर बल इत्यादि तत्त्व समाहित है। इस सन्दर्भ में मुक्तिबोध का यह कथन समीचीन प्रतीत होता है, ''सौन्दर्यशास्त्र एक विचित्र शास्त्र है। वह वस्तुतः एक मूल्यशास्त्र है, आदर्शशास्त्र है। चूँकि हमारे जीवन की प्रधान दिशाएँ और तत्सम्बन्धी जिज्ञासाएं विभिन्न युगों में बदलती रहती हैं और बदलती रहेंगी। सौन्दर्यशास्त्र, नीतिशास्त्र आदि मूल्यशास्त्र होने के कारण वे सिद्धान्त मुख्यतः विभिन्न प्रणालियों के समवाय के रूप में होते हैं। अन्तिम निर्णय करने का भार भी हम पर रह जाता है, कि उनमें से कौन-सी बात हमारे लिये स्वीकारणीय है और कौन-सी त्याज्य।''

हिन्दी साहित्य में दलित एवं ग़ैर दलित कवियों के काव्य के मूल्यांकन हेतु संस्कृत काव्यशास्त्रीय मानदण्डों को आधार बनाया गया। कुछ दलित कवियों और कुछ ग़ैर दलित कवियों की भी कविताएँ संस्कृत काव्यशास्त्र के मानदण्डों पर खरी उतरती हैं, तो कुछ कविताएँ इन मानकों से परहेज भी करती हैं। दलित और ग़ैर दलित कवियों की कविताओं में शिल्प एवं सौन्दर्य ही काव्य का मुख्य तत्त्व है। लेकिन शिल्प और सौन्दर्य अलग-अलग चीजें हैं जहाँ शिल्प का सम्बंध छन्द से है वही सौन्दर्य का सम्बन्ध चेतना और देखने की दृष्टि से है। आज अगेय छन्द दलित कवियों और ग़ैर

दलित कवियों की कविताओं में प्रमुखता से प्रचलित है। इसे अस्तित्व में लाने का श्रेय महाप्राण 'निराला' को जाता है। कविता में नये सौन्दर्य को स्थापित करने का श्रेय प्रगतिशील कवियों को जाता है। प्रगतिशील कवियों ने विद्रोही चेतना का सृजन किया जो दलित कवियों की कविताओं में भी सर्वत्र देखने को मिलता है।

क.दलित कवियों के काव्य का सौन्दर्य बोध : सामाजिक बदलाव की चेतना–

हिन्दी कविता को दलित कविता ने एक नया आयाम दिया है। वर्ण-व्यवस्था से पीड़ित समाज की अपेक्षाओं-अकांक्षाओं को इस दलित कविता ने एक नये तेवर के साथ प्रस्तुत किया। दलित काव्य पूर्ववर्ती हिन्दी काव्यशास्त्रीय मानदण्डों को ध्वस्त करके नयी चेतना से लैस होकर नयी दिशा की ओर अग्रसर हुआ है। सौन्दर्य, प्रतीक, बिम्ब, कल्पना, मिथक, शब्द विन्यास, भाषा और अलंकार इत्यादि सौन्दर्यशास्त्रीय तत्त्वों का विवेचन, विश्लेषण दलित काव्य दलित दृष्टिकोण से करता है। आदिकाल से लेकर वर्तमान काल तक के हिन्दी काव्य के सौन्दर्यशास्त्रीय मानदण्डों पर वर्ण-व्यवस्था, सामन्तवाद व रूढ़ियों का स्पष्ट प्रभाव परिलक्षित होता है। भारतीय संस्कृत काव्यशास्त्रीय परम्परा से लेकर पाश्चात्य सौन्दर्यशास्त्रीय परम्परा तक के पारम्परिक साहित्यिक मानदण्डों को दलित काव्यशास्त्र अस्वीकारता है दलित काव्य के लिए दलित चिन्तकों ने नये सौन्दर्यबोध को विकसित किया है। इस नये सौन्दर्यबोध में शिल्प की अपेक्षा कथ्य (भाव) पर विशेष ध्यान दिया गया है। इस सन्दर्भ में ओमप्रकाश वाल्मीकि का यह कथन समीचीन प्रतीत होता है—"कला और साहित्य में सौन्दर्यबोध जहाँ संस्कारजन्य होता है, वहीं परिवेशगत भी। पसन्द-नापसन्द, जीवन मूल्यों का आधार बनती है दलित साहित्य सिर्फ एक साहित्यिक आन्दोलन भर नहीं है। दलित समाज की सांस्कृतिक, सामाजिक, राजनीतिक आकांक्षाएं साहित्य की भाषा में व्यक्त हो रही हैं। इसीलिए वह हिन्दी की मुख्यधारा के उस सौन्दर्यशास्त्र के वर्चस्व से मुक्त है, जो संस्कृत के काव्य शास्त्र से जुड़ा है।"

दलित कवियों के काव्य का सौन्दर्यबोध जानने से पहले हमें यह जानना चाहिए कि दलित कविता का लक्ष्य क्या है? चूँकि कविता का लक्ष्य या उद्देश्य ही उसके सौन्दर्यबोध से गहरे रूप में जुड़ा रहता है। बिना लक्ष्य या उद्देश्य पर विचार किये बगैर सौन्दर्यबोध की कसौटियों पर विचार करना बेमानी है। दलित कविता की मूल संवेदना या अन्तर्वस्तु की पहचान से ही दलित काव्य के सौन्दर्यबोध की पहचान हो सकती है। दलित कविता मुख्य रूप से दलित समाज की गरिमा, आशा, आकांक्षा, सम्मान, सामाजिक सरोकार और सामाजिक, आर्थिक, राजनैतिक, सांस्कृतिक पिछड़ेपन को दूर करने के लिए प्रतिबद्ध हैं। चूँकि दलित समाज प्राचीन काल से लेकर वर्तमान काल तक हाशिये पर रहा है। दलित कविता का यह दायित्व है कि वह दलित समाज

के सवालों को भारतीय समाज के समक्ष रखे। दलित कविता दलितों के पिछड़ेपन के कारणों को रेखांकित करते हुए उन्हें सामाजिक तौर पर मुख्य धारा से जोड़े। भारतीय समाज में दलितों की स्थिति आज भी बदतर है किन्तु दलित काव्य को एक लम्बे संघर्ष के बाद एक सीमा तक साहित्य जगत में स्वीकारोक्ति मिल गयी। अब दलित काव्य के सौन्दर्यबोध, अन्तर्वस्तु और शिल्प को लेकर बहस चल रही है।

दलित कविता का परम्परावादी सौन्दर्यबोध से कोई लेना-देना नहीं है। उसका अपना आलोचनाशास्त्र है। सौन्दर्यशास्त्र एक तत्त्व ज्ञान है जो परम्परावादी साहित्य के समीक्षा व्यवहार से रिश्ता रखता है। सौन्दर्य इसकी मूल्यविधान व्यवस्था है। सौन्दर्यबोध के तत्त्वों के दो प्रमुख अवयव हैं—(1) आकार (2) आशय। परम्परावादी समीक्षाशास्त्र प्राचीनकाल से लेकर अब तक 'आकार' को ही प्रधान मानती है। दलित आलोचक ओमप्रकाश वाल्मीकि दलित साहित्य के सौन्दर्यबोध पर अपना मत व्यक्त करते हुए कहते हैं, "दलित साहित्य के सौन्दर्यशास्त्र पर विचार करने के लिए किसी भी कृति के 'आकार' और 'आशय' को दृष्टि में रखना होगा। जिस रूप को हम देखते हैं—वह उस कृति का 'आकार' होता है। 'आकार' में जो सारतत्त्व या सारत्व बोध विद्यमान होता है, वह 'आशय' कहलाता है। 'आशय' जीवन से सम्बन्ध रखता है। जीवन यानी संघर्ष और उससे जुड़े अनुभव। जैसे-जैसे जीवन बदलता है, अनुभव बदलते हैं, यथार्थ बदलता है। दलित साहित्य में अनुभवों से उत्पन्न आशयनिष्ठा ही अधिक है।" अब प्रश्न यह उठता है कि सौन्दर्यबोध के दूसरे तत्त्व 'आशय' को पारम्परिक काव्यशास्त्रों, समीक्षाशास्त्र में स्थान क्यों नहीं मिला? आज दलित कविता भोगे हुए यथार्थ के समृद्ध भण्डार से भरी पड़ी है। पारम्परिक सौन्दर्यशास्त्र में वह क्षमता ही नहीं है जो भोगे हुए अनुभव से आये 'आशय' की असलियत का मूल्यांकन कर सकें। इस सन्दर्भ में मराठी आलोचक म. ना. वानखेड़े का यह कहना उचित है, "जिस भारतीय सौन्दर्यशास्त्र में दलित साहित्य की आशयनिष्ठ समीक्षा करने की क्षमता न हो, उस सौन्दर्यशास्त्र को ठुकरा देने में कोई हानि नहीं है, क्योंकि आकृतिनिष्ठ भूमिका से दलित साहित्य को न्याय मिलने वाला नहीं है।" आगे वे ग़ैर दलितों द्वारा स्थापित समीक्षा मूल्यों, काव्यशास्त्रीय मानकों और सौन्दर्यबोध पर प्रश्नचिह्न खड़ा करते हुए कहते हैं, "उच्चभ्रू सफेद कालर वाले लेखकों तथा समीक्षकों द्वारा निश्चित किये हुए समीक्षा मूल्य, सिद्धान्त, कार्य तथा सौन्दर्य के सापेक्षी मूल्यों को दलित लेखकों द्वारा ठुकरा दिया जाना चाहिए।" दलित कवियों की यह मान्यता है कि अनुभव की प्रामाणिकता, अनुभूति, जीवन दर्शन, भोगे हुए यथार्थ की अभिव्यक्ति हिन्दी कविता में हुई ही नहीं है। इसीलिए आलोचकों द्वारा स्थापित समीक्षा मूल्य और उनके सौन्दर्यबोध के ढंग अलग हैं जो दलित काव्य की समीक्षा के लिए सही नहीं है। दलित कवियों और आलोचकों की मान्यता है कि दलित साहित्य का समीक्षाशास्त्र यानी सौन्दर्यबोध अलग होगा, सौन्दर्यबोध का मूल्य विधान अलग होगा और उसके निकष

'आशय' से सम्बन्धित होंगे। 'आकृति' अभिव्यक्ति के केवल माध्यम से जुड़ी होगी। पारम्परिक समीक्षकों के सौन्दर्यमूल्य उन्हें इसीलिए स्वीकार नहीं है क्योंकि वे जीवन मूल्यों के आधार पर बने नहीं है।

संस्कृत काव्यशास्त्र से लेकर हिन्दी काव्यशास्त्र तक का सौन्दर्यबोध अध्यात्मवाद की स्थापना करता है, वही दलित काव्यशास्त्र अपने अनुभव काल से ही भौतिकवादी रहा है। इस सन्दर्भ में शरणकुमार लिम्बाले का मत है—"दलित साहित्य का सौन्दर्यशास्त्र तय करते हुए सबसे पहले सौन्दर्य की परिभाषा करनी आवश्यक होगी। क्या सौन्दर्य की ऐसी परिभाषा की जा सकेगी? संकल्पना और नियम की सहायता से सौन्दर्य की परिभाषा नहीं की जाती। ऐसा लगता है कि सौन्दर्य मीमांसा गूढ़ और अध्यात्मवादी है। दलित साहित्य अध्यात्मवाद और गूढ़वाद को नकारता है, इस कारण यह मानना होगा कि इस साहित्य का सौन्दर्यशास्त्र अध्यात्मवादी न होकर भौतिकवादी है।"

दलित काव्य की समीक्षा समाजशास्त्रीय दृष्टि से होनी चाहिए और समाजशास्त्रीय समीक्षा में सौन्दर्यबोध की अपेक्षा सामाजिक मूल्यों का ज्यादा महत्त्व होता है। दलित काव्य का लक्ष्य शोषितों में जन-जागृति लाकर शोषण का विरोध करना है। आनन्द और सौन्दर्यबोध की अपेक्षा सामाजिक मूल्यों की महत्ता पर प्रकाश डालते हुए शरणकुमार लिम्बाले का कहना है—"क्या मनुष्य केवल सौन्दर्य का दीवाना है? क्या मनुष्य को केवल आनन्द चाहिए? इसका उत्तर नकारात्मक है, क्योंकि हजारों-लाखों मनुष्य स्वतन्त्रता, प्रेम, न्याय और समता के लिए दीवाने हुए दिखायी पड़ते हैं। इसके लिए उन्होंने आत्मबलिदान किया। इसका अर्थ यह है कि मनुष्य केवल आनन्द और सौन्दर्य के लिए दीवाना नहीं होता, वो समता, स्वतन्त्रता, न्याय और प्रेम के लिए भी दीवाना होता है, अर्थात मनुष्य को कलामूल्य के समान ही बल्कि उससे अधिक सामाजिक मूल्य भी प्राण-प्रिय नज़र आता है। समता, स्वतन्त्रता, न्याय और प्रेम ये व्यक्ति और समाज की मूलभूत भावनाएं हैं। वे आनन्द और सौन्दर्य से कई गुणा अधिक महत्त्वपूर्ण हैं।" दलित कविता के सौन्दर्य बोध पर अपना विचार कुछ इस प्रकार व्यक्त करते हुए जयप्रकाश कर्दम लिखते—"दलित साहित्यकारों की रचनाओं का मूल्यांकन सौन्दर्यवाद तथा कलावाद के आधार पर करने के पीछे आलोचकों का मूल मन्तव्य दलित साहित्य को खारिज करना है। इसलिए वे परम्परागत सौन्दर्यशास्त्र के आधार पर दलित साहित्य की रचनाओं को कमजोर बताकर उनको हाशिये पर फेंकने की कोशिश कर रहे हैं। इसमें सन्देह नहीं है कि दलित साहित्य का सौन्दर्यशास्त्र बाबा साहेब अम्बेडकर की वैचारिकता पर खड़ा होगा। बाबा साहेब की वैचारिकता समता, स्वतन्त्रता और भातृत्त्व ही दलित साहित्य का आधार होगा। यही उसकी शक्ति और सौन्दर्य होगा। दलित साहित्य सदियों से पददलित लोगों की अभिव्यक्ति का साहित्य है। इसका यह मतलब कतई नहीं है कि दलित साहित्य में

कोई कला सौन्दर्य नहीं है। उसका अपना सौन्दर्य है, कमी उस सौन्दर्य को परखने वाले आँखों का है।'' दलित कविता सड़ी गली परम्पराओं, रूढ़ियों और पाखण्डों पर प्रहार करती है। इस सन्दर्भ में एन.सिंह का कहना है—''दलित साहित्य का शब्द-सौन्दर्य प्रहार में है, सम्मोहन में नहीं। वह समाज और साहित्य में शताब्दियों से चली आ रही सड़ी-गली परम्पराओं पर बेदर्दी से चोट करता है। वह शोषण और अत्याचार के बीच हताश जीवन जीने वाले दलित को लड़ना सीखाता है, वह सिर पर पत्थर ढोने वाली मजदूर महिला को उसके अधिकारों के विषय में बतलाता है। उसे धर्म की भूल-भुलैया से निकालकर शोषण से मुक्ति का मार्ग दिखाता है। उसके लिए जिस शाब्दिक प्रहार क्षमता की आवश्यकता है, वह उसमें है, और यही दलित साहित्य का शिल्प सौन्दर्य है।''

दलित कविता की रचना का मूलाधार सामाजिक परिवेश को मानते हुए एवं परम्परागत सौन्दर्य विधान पर प्रश्नचिह्न लगाते हुए दलित आलोचक मुद्राराक्षस का यह मत समीचीन प्रतीत होता है—'लेखन का रसबोध नहीं समाजशास्त्र होना चाहिए और वह समाजशास्त्र नहीं है तो घटिया लेखन है। खुद सवर्णों का साहित्य इसलिए महत्त्व का माना गया क्योंकि इसमें सवर्ण समाजशास्त्र है चाहे वह 'रामचरितमानस' ही क्यों न हो? दलित लेखन का मूल्यांकन समाजशास्त्र करता है सवर्णों की अभिरुचियाँ नहीं। देह और गेह हमारी समस्या नहीं है। हमारी समस्या है इन दोनों से हमारी अस्मिता को वंचित करने वाले लोग। वैसे जो सवर्ण काव्यशास्त्र है, उनकी असलियत सवर्ण न खुलवाये तो ज्यादा अच्छा है।'' वही वरिष्ठ दलित आलोचक एवं कवि सोहनपाल सुमनाक्षर सौन्दर्यबोध के सम्बन्ध में दलित आलोचकों एवं कवियों को ग़ैर दलित हिन्दी आलोचकों से सावधान रहने की नसीहत देते हुए कहते हैं, ''दलित साहित्य में सौन्दर्यशास्त्र तलाशना भी मूर्खता है और दलित साहित्यकार का अपमान है। यह तो ऐसे ही है जैसे किसी उत्पीड़ित, दलित महिला के रुदन या विलाप में कोई छन्द या अलंकार तलाशे या उसमें सौन्दर्य की खोज करे। दलित साहित्य उत्पीड़न की अभिव्यक्ति का साहित्य है। क्या उत्पीड़न की अभिव्यक्ति को भी किसी सौन्दर्यशास्त्र की ज़रूरत होगी? कभी नहीं। यह ब्राह्मणवादी एक और चाल है जो छन्द, अलंकार और सौन्दर्यशास्त्र के शब्द जाल में फँसाकर दलित साहित्यकार को अपने असली उद्देश्य से विमुख करना चाहता है। दलित कविता के सौन्दर्यबोध के परिप्रेक्ष्य में कवि एवं आलोचक सी. बी. भारती का यह कथन समीचीन प्रतीत होता है—''दलित साहित्य का सौन्दर्यशास्त्र साहित्यिकता का मोहताज नहीं है, अपितु इसकी जीवनशक्ति है घटनाओं का जीवन्तता व उनकी प्रामाणिकता तथा इसका प्रयोजन है दलित चेतना व सामाजिक न्याय की भावना का निरन्तर विकास। दलित पीड़ा को सफल अभिव्यक्ति प्रदान कर दलित ने अपने सौन्दर्यशास्त्र की सार्थकता को प्रमाणित कर दिया है। उधार की परम्परागत सौन्दर्य दृष्टि से दलित साहित्य का सौन्दर्य निरूपण कठिन ही नहीं

असम्भव भी है। परम्परागत बासी पड़ चुके निर्जीव मानदण्डों को तोड़कर ही दलित साहित्य ने अपना सौन्दर्यशास्त्र विकसित किया है।'' वही दलित काव्य के सौन्दर्यबोध के सन्दर्भ में सुप्रसिद्ध मार्क्सवादी आलोचक मैनेजर पाण्डेय का कहना है, ''कोई भी सौन्दर्यशास्त्र एक दिन में नहीं बनता। प्रतिरोध और विकल्प का सौन्दर्यशास्त्र तो और भी नहीं। वैसे तो हिन्दी में कोई विकसित सौन्दर्यशास्त्र नहीं है, लेकिन जो है उसके पीछे एक ओर संस्कृत के काव्यशास्त्र की लम्बी परम्परा है तो दूसरी ओर पश्चिम के सौन्दर्यशास्त्र का प्रभाव। स्वयं पश्चिम में सौन्दर्यशास्त्र का विकास कई सदियों में हुआ है। जो लोग कहते हैं कि सौन्दर्यशास्त्र का जाति, वर्ग और विचारधारा से क्या लेना देना, वे या तो वेवकूफ हैं या बदमाश। सौन्दर्यशास्त्र कला की अलौकिक अनुभूति का शास्त्र नहीं है। वह कलात्मक सौन्दर्य के बोध और मूल्यों के शास्त्र हैं, और बोध की प्रतिक्रिया और मूल्यों के निर्माण में जाति, वर्ग और लिंग से जुड़ी विचारधाराओं की महत्त्वूर्ण भूमिका होती है। इसीलिए दलित सौन्दर्यशास्त्र का विकास दलित समाज, उसकी चेतना, संस्कृति, विचारधारा और दलित साहित्य पर निर्भर है, जो एक लम्बी प्रक्रिया में होगा।''

दलित कविता के मूल में वेदना, पीड़ा, सन्त्रास, यातना और संघर्ष की प्रधानता है। दलित कविता के सौन्दर्यशास्त्र पर अपना मत रखते हुए राजेन्द्र यादव का कहना है, ''जो नया सौन्दर्यशास्त्र बनेगा, वह संघर्ष से शुरू होगा, उस यातना से शुरू होगा, चाहे वह उसका रिअलाइज करने अथवा उस यातना को उसकी तकलीफ को, उसके भेदक रूप को समझने के रूप में हो, और उसके बाद बदलने की मानसिकता के रूप में हो, जिसे हम संघर्ष कह सकते हैं। तीसरा-एक स्वप्न के रूप में होगा, हमें करना क्या है? हमें समानान्तर सौन्दर्यशास्त्र देना है, वैकल्पिक समाज बनाना है, यह सारा संघर्ष साहित्य में भी है और समाज में भी।''

दलित चिन्तकों, आलोचकों और कवियों ने दलित कविता में सौन्दर्यबोध की नयी मान्यताओं को निर्धारित किया है। किसी भी साहित्य का सौन्दर्यबोध केवल स्वीकार में नहीं होता है अपितु उसके नकार में भी होता है। वास्तव में नकार का सौन्दर्यबोध और वैकल्पिक स्थापित मानदण्डों के मूल्य नये भावबोध का निर्माण करते हैं। नया परिवेश, नया सन्दर्भ, दृश्य बिम्ब, प्रतीक, भाषा, मिथक, अलंकार इत्यादि काव्य जगत में नये प्रकार का गठन बनाते हैं। दलित साहित्य और आन्दोलन अम्बेडकर की वैचारिकी से उत्पन्न माना जाता है। अम्बेडकर के विचारों के आधार पर हम दलित वैचारिकी, साहित्य और सौन्दर्यबोध को उनके द्वारा रचित इस कविता के माध्यम से समझ सकते हैं—

एक सवर्ण हमेशा सवर्ण रहता है
एक अछूत हमेशा अछूत रहता है
एक ब्राह्मण हमेशा ब्राह्मण रहता है

एक भंगी हमेशा भंगी रहता है।
वे ऊँचे रहते हैं जो ऊँचे पैदा होते हैं
भाग्य के कठोर नियम पर खड़ी है
यह व्यवस्था अपरिवर्तनीय
इसलिए व्यक्ति की योग्यता निरर्थक है
नीतिवान् अछूत भी नीचा है हीन सवर्ण से,
धनवान् अछूत भी नीचा है धनहीन सवर्ण से।''

अम्बेडकर ने इस कविता द्वारा भारतीय सामाजिक व्यवस्था का यथार्थ चित्रण किया है।

दलित काव्य के मूल में सामाजिक बदलाव की चेतना की अनुगूँज सुनायी देती है। यह सामाजिक बदलाव समानता, स्वतन्त्रता, शोषण से मुक्ति, बन्धुत्व और न्याय इत्यादि मानवीय मूल्यों पर आधारित है। ये सभी मानवीय मूल्य दलित काव्य के सौन्दर्यबोध में समाहित है। दलित जीवन की ज्वलन्त सामाजिक, आर्थिक और राजनैतिक समस्याओं के साथ ही वर्ण-व्यवस्था द्वारा उपजी अमानवीयता तथा शोषण के सभी रूपों का प्रतिरोध दलित कविता में दर्ज हुआ है। समता, स्वतन्त्रता और बन्धुत्व की स्थापना दलित कविता का सौन्दर्य मूल्य है। दलित कविता का सौन्दर्यशास्त्र यातना, वेदना, सन्त्रास, पीड़ा और बेचैनी पर आधारित है। भारतीय काव्यशास्त्र का आधार रसानुभूति है, जिसके माध्यम से पाठक या दर्शक आनन्दानुभूति करता है। हिन्दी कविता का पारम्परिक सौन्दर्यशास्त्र आदर्शवाद पर आधारित है, जो पाठक का मनोरंजन कर उसे आनन्दित करता है, जबकि दलित काव्य का सौन्दर्यबोध यथार्थवादी है जिसका लक्ष्य पाठक का मनोरंजन नहीं अपितु उसको मुक्ति के आन्दोलन के लिए तैयार करना है। जन्म जन्मान्तर से अत्याचार सहते आये जनमानस के मन में आनन्द उत्पन्न करने का लक्ष्य बेमानी है। अतः दलित साहित्यकाव्य का सौन्दर्यबोध पीड़ा, यातना और बेचैनी पर आधारित है। इस सन्दर्भ में ओमप्रकाश वाल्मीकि की यह कविता समीचीन प्रतीत होती है—

जब भी देखता हूँ मैं
झाडू या गन्दगी से भरी बाल्टी-कनस्तर
किसी हाथ में मेरी रगों में दहकने लगते हैं
यातनाओं के कई हजार वर्ष एक साथ
आँखों में उतर आता है।
इतिहास का स्याहपन
अपनी आत्मघाती कुटिलताओं के साथ
असंख्य मूक पीड़ाएँ, कसमसा रही हैं।''

दलित काव्य के सौन्दर्यबोध के मूल में आक्रोश एवं प्रतिरोध का स्वर मुख्य तत्व के रूप में गिना जाता है। सदियों से चली आ रही कुप्रथाओं, सड़ी-गली परम्पराओं, धार्मिक आडम्बरों, पाखण्डों और ब्राह्मणवादी संस्कृति के प्रति आक्रोश एवं प्रतिरोध ज्यादातर दलित कवियों का मुख्य विषय रहा है। इन सभी प्रथाओं का विरोध दलित काव्य का मूल प्रतिपाद्य है। आक्रोश और क्रान्ति का स्वर मलखान सिंह की कविता का मुख्य तेवर है। 'आखिरी जंग' कविता में वे लिखते हैं—

ओ परमेश्वर! कितनी पशुता से रौंदा है हमें
तेरे इतिहास ने।
हमारी बस्ती में खासती-बोझा ढोती
लाशों को देख जिन्दा रहने का साहस ही
खो बैठता तू। हम फिर भी जिन्दा हैं
और तू! चुप है
गूंगे की तरह चुप।

दलित कविता का सौन्दर्यबोध, नकार, विरोध और विद्रोह से उपजा हुआ है। दलित कविता दलितों पर थोपी गयी मान्यताओं, वर्जनाओं का विरोध करता है। वर्ण-व्यवस्था, जाति-पाँति, ऊँच-नीच, सामन्तवाद, ब्राह्मणवाद, पूँजीवाद, अधिनायकवाद, धर्मशास्त्रों और संस्कृति के मानवता विरोधी विचारों को दलित कविता नकारती है। दलित काव्य मानवविरोधी तत्त्वों को नकारकर समानता पर आधारित समाज की स्थापना करना चाहता है। अतः हम कह सकते हैं कि दलित सौन्दर्यबोध का एक महत्त्वपूर्ण तत्त्व नकार एवं प्रतिरोध है। इस नकार एवं प्रतिरोध के विषय में जयप्रकाश कर्दम अपने लेख 'दलित साहित्य का सौन्दर्यशास्त्र' में लिखते हैं, "यह सही है कि दलित साहित्य नकार का साहित्य है। किन्तु उसका नकार उन्हीं व्यवस्थाओं, विश्वासों और मान्यताओं के प्रति है जो समाज और राष्ट्र के हित में अनौचित्यपूर्ण और अनुपयोगी हैं। चूँकि समता, स्वतन्त्रता और भ्रातृत्व किसी भी समाज और राष्ट्र के लिए सर्वोच्च शुभ हो सकते हैं इसलिए सर्वोच्च मूल्य है। दलित साहित्य इन मूल्यों को स्वीकार करता है। वह ऐसे किसी भी विचार का समर्थन नहीं करता जो हिंसा, अलगाव या असमानता को जन्म देता है पोषण करता है।"

निष्कर्ष रूप में हम कह सकते हैं कि दलित काव्य का अपना सौन्दर्यबोध निर्मित हो रहा है। वर्षों पुराना, घिसा-पिटा सौन्दर्यशास्त्र अब उसकी मूल्यांकन का कसौटी नहीं बन सकता। दलित आलोचकों का मानना है कि ग़ैर दलितों का सौन्दर्यशास्त्र सत्यम्, शिवम्, सुन्दरम् पर आधारित है। जहाँ सत्यम् का मतलब दलितों का शोषण रहा है। वहीं शिवम् का अर्थ दलितों की अहितकर, गलिज, अस्वच्छ और दुःखद, अपमानित जिन्दगी और सुन्दरम् का तात्पर्य दलितों की कुरूपता पर निर्मित होता है, इसलिए पारम्परिक सौन्दर्यशास्त्र दलित काव्य के लक्ष्य के बिल्कुल विपरीत ही नहीं

अपितु उसमें बाधक भी है। दलित कविता के इन प्रमुख सौन्दर्यशास्त्रीय मानदण्डों को दलित आलोचकों और चिन्तकों ने स्थापित किया है। दलित कविता पारम्परिक सौन्दर्यशास्त्र का विरोध नहीं करती अपितु नये सौन्दर्यशास्त्र को गढ़ती है। दलित काव्य के सौन्दर्यबोध की कसौटियाँ उसके भीतर ही समाहित है। यह दिखने में शास्त्रीय कसौटियों की तरह नहीं है। क्योंकि जब दलित काव्य ही पारम्परिक काव्य जैसा नहीं है तो उसके सौन्दर्य की कसौटियाँ ऐसी क्यों होंगी?

ख.ग़ैर दलित कवियों के काव्य का सौन्दर्यबोध : सौन्दर्य और कल्पना

सौन्दर्यबोध की अवधारणा समाज के सापेक्ष होती है। सामाजिक परिवेश से इतर समाज से निरपेक्ष काव्य और कला का कोई वस्तुगत अस्तित्व नहीं होता है। काव्य और कला व्यक्ति के मन पर पड़े बाह्य सामाजिक प्रभावों के कारण ही अस्तित्ववान है जो मुख्यतया समाज के लिए ही शब्दबद्ध होकर पुनः समाज को प्रभावित करती है। कविता ही नहीं जीवन का भी समय के सापेक्ष सौन्दर्य का मानदण्ड बदलता रहता है। विभिन्न समाजों की रुचियों और संस्कारों में यह सौन्दर्यशास्त्रीय भेद देखा जा सकता है। रीतिकालीन सौन्दर्यबोध जिस सामाजिक परिवेश से निःसृत था वह द्विवेदी युग और छायावाद युग में परिवर्तित हो गया था। अतः हम कह सकते हैं कि सौन्दर्यबोध की अवधारणा भी परिवर्तनशील और गत्वर है।

कुछ प्रमुख ग़ैर दलित कवियों के काव्य का सौन्दर्यबोध व उसकी अर्थवत्ता सत्यम्, शिवम्, सुन्दरम् की कसौटी पर कसकर ही निर्धारित की जाती है। जिसका दलित कवियों एवं आलोचकों ने जमकर भर्त्सना की हैं। फिर भी हम यह कदाचित् नहीं कह सकते हैं कि सारे ग़ैर दलित कवियों के काव्य के सौन्दर्यबोध की कसौटी पारम्परिक है। ऐसा भी नहीं है कि उनके सम्पूर्ण काव्य में स्वान्तः सुखाय की भारी भरकम शब्दावली के नीचे उपेक्षितों, दीनों, और दलितों की व्यथा को दबा दिया गया है। इसके साथ ही दलितों की पीड़ा, यातना, सन्त्रास, वेदना, आक्रोश और प्रतिरोध को ग़ैर दलित कवियों के काव्यों में यथोचित स्थान मिला है। ग़ैर दलित कवियों ने भी अपने काव्य में दलित कवियों द्वारा मान्य सौन्दर्यशास्त्रीय तत्त्वों को कमोबेश जगह दिया है। साम्यवादी समीक्षा और दलित समीक्षा दोनों में अनेक बातों में समानता भी देखने को मिलती है। प्रगतिशील काव्य और दलित काव्य की जनवादी परम्पराएँ एक-दूसरे को निकट लाती हैं। दलित काव्य का सौन्दर्यशास्त्र इसी मार्क्सवादी सौन्दर्यशास्त्र को अपना आधार बनाती है। दलित आलोचक शरणकुमार लिम्बाले दोनों काव्यधाराओं के समान तत्त्वों को रेखांकित करते हुए लिखते हैं—''मार्क्सवादी साहित्य और दलित साहित्य दोनों ही जीवनवादी साहित्यिक धाराएं हैं। इस साहित्य की समीक्षा भी जीवनवादी है। मार्क्सवादी साहित्य यथार्थवादी साहित्य है। दलित साहित्य भी यथार्थवादी साहित्य है। इस साहित्य का पथ स्वतन्त्र और अलग है। दरअस्ल दलित साहित्य यथार्थ से, अनुभूति से निर्मित होता है।''

प्रगतिशील कवियों के काव्य का नायक आम आदमी है। यह नया और अभिनव प्रयोग है। परम्परागत प्राचीन ग़ैर दलित कवियों के काव्य का नायक उच्च कुलोत्पन्न, देवता, क्षत्रिय राजा होता था और उसमें धीरोदात्त गुण होना आवश्यक था। प्रगतिवादी कवियों ने सामान्य, शोषित मनुष्य को अपने काव्य का नायक बनाया। इस प्रवृत्ति को दलित कवियों ने भी अपनाया इस सन्दर्भ में शरणकुमार लिम्बाले का यह मत समीचीन प्रतीत होता है—''दलित और मार्क्सवादी साहित्य ने आज तक अज्ञात रहे शोषित मनुष्य को अपने साहित्य का नायक बनाया। इस साहित्य की समीक्षा ने इस नये नायक के नायकत्व को प्रस्थापित और विशद किया, और इस प्रकार उसके समर्थन की भूमिका अदा की। दलित साहित्य और मार्क्सवादी साहित्य निश्चित ध्येय और विचार से प्रेरित है, इस कारण दोनों के स्वरूप और प्रयोजन में साम्य दिखायी देता है।'' ठीक इसके विपरीत ग़ैर दलित कवियों के काव्य पर सामन्तवाद, जातिवाद, ब्राह्मणवाद एवं वर्ण-व्यवस्था का पोषक होने का आरोप लगाते हुए सुप्रसिद्ध मार्क्सवादी आलोचक शिवकुमार मिश्र सौन्दर्यबोध के विषय में अपना मत इस प्रकार व्यक्त करते हैं, ''जिस काव्यशास्त्र अथवा साहित्यशास्त्र द्वारा निर्धारित प्रतिमानों से प्राण रस लेकर सदियों सहस्त्राब्दियों से भारतीय रचनाशीलता विकसित और पल्लवित होती रही है, वह काव्यशास्त्र या साहित्यशास्त्र भी अन्ततः उसी कुलीन मानसिकता की देन है, जो हमारे सामाजिक विधान की स्त्रष्टा है। इस काव्यशास्त्र में अभिजनोचित रुचियों, रुझानों, संस्कारों और सौन्दर्यबोध का ही तो वर्चस्व है। उच्च कुलोत्पन्न, धीरोदात्त व्यक्ति ही इनमें नायकत्व का अधिकारी कहा गया है।''

कुछ ग़ैर दलित कवियों के काव्य का सौन्दर्यबोध भी लोक जीवन या जन जीवन पर आधारित है। वे लौकिक जीवन में विश्वास रखते हैं। वे पारलौकिक, लोकोत्तर धारणा में विश्वास नहीं रखते हैं। ठीक इसी प्रकार दलित काव्य का सौन्दर्यबोध भी स्वर्ग-नरक में विश्वास न रखकर लोकजीवन या जनजीवन से ही तादात्म्य स्थापित करता है। हिन्दी के ग़ैर दलित कवियों ने ही सर्वप्रथम लोक जीवन को काव्य का मुख्य विषय बनाया। हिन्दी के ग़ैर दलित कवियों की लोकजीवन से प्रतिबद्धता को व्याख्यायित करते हुए जनवादी आलोचक शिवकुमार मिश्र का कहना है, ''मार्क्सवादियों के अनुसार सौन्दर्य का अक्षय स्त्रोत जन जीवन या लोकजीवन में ही है। मनुष्य लोकबद्ध प्राणी है, उसका सारा ज्ञान लोकबद्ध है, अतः उसकी सौन्दर्य सम्बन्धी धारणा भी लोकबद्ध ही होगी। मार्क्सवादी सौन्दर्यशास्त्री आलोचकों का रचनाकारों से सदैव आग्रह रहा है कि वे लोकजीवन की गहराइयों में उतरे।''

ग़ैर दलित कवियों ने साधारण मनुष्य को अपने काव्य का केन्द्रबिन्दु बनाया। मानवतावाद को मुख्य प्रतिपाद्य बनाकर काव्य सृजित किया गया। मनुष्य की श्रेष्ठता का विचार सर्वप्रथम ग़ैर दलित कवियों के काव्य में मुखरित हुआ। दलित काव्य भी मानवतावाद पर केन्द्रित है। अतः हम कह सकते हैं कि दलित और ग़ैर दलित कवियों

के काव्य का सौन्दर्यबोध मानव की श्रेष्ठता का उद्घोष करता है। इस सन्दर्भ में प्रसिद्ध मराठी आलोचक शरणकुमार लिम्बाले का कहना है, "दलित साहित्य और मार्क्सवादी साहित्य निश्चित ध्येय और विचार से प्रेरित हैं, इस कारण दोनों के स्वरूप और प्रयोजन में साम्य दिखायी देता है। इन दोनों की प्रेरणा, भूमिका, प्रतिबद्धता मानवतावाद में मिलती है। दलित लेखकों ने इस मानवतावाद को 'अम्बेडकरवाद' नाम से सम्बोधित किया है और मार्क्सवादी लेखकों ने इस मानवतावाद को मार्क्सवाद नाम दिया है। दोनों विचारों में, साहित्य में आन्दोलन और समाज में आम आदमी की मुक्ति का और महानता का विचार व्यक्त हुआ है। देश, प्रदेश, भाषा और परिस्थिति में भिन्नता होते हुए भी इस साहित्य की भूमिका में जो एकता दृष्टिगोचर है वह शोषण के विरुद्ध विद्रोह की भावना, मनुष्य की मुक्ति का समर्थन और मनुष्य की महानता का सम्मान ही है।"

ग़ैर दलित कवियों के काव्य में शोषकों की भर्त्सना के साथ-साथ शोषितों के प्रति करुणा, दया एवं सहानुभूति की अभिव्यक्ति मिलती है। ग़ैर दलितों कवियों के काव्य का सौन्दर्यबोध शोषितों को आगाह करते हुए उनके मुक्ति की आकांक्षा का समर्थन करता है। इस सन्दर्भ में शरणकुमार लिम्बाले का कथन समीचीन प्रतीत होता है, "साम्यवादी लेखक और दलित लेखक शोषितों का पक्ष लेने वाले हैं। लोगों को उनकी गुलामी का ज्ञान करा देना ही दोनों साहित्य का प्रयोजन है।" इस प्रकार हम कह सकते हैं कि दलित काव्य और ग़ैर दलित काव्य दोनों में अनेक बातों में साम्यता देखने को मिलती है। दलित कविता और ग़ैर दलित कविता दोनों की भावभूमि कुछ हद तक समान है। इस सन्दर्भ में मार्क्सवादी कविता और दलित कविता की साम्यता पर विचार करते हुए शरणकुमार लिम्बाले का यह मत समीचीन प्रतीत होता है, "मार्क्सवादी लेखक और दलित लेखक दोनों की भूमिका बहुत हद तक समान है। आर्थिक विषमता नष्ट करने के लिए मार्क्सवादी लेखक शोषण आधारित पूँजीवाद को नष्ट करने के लिए सपने देखता है। सामाजिक विषमता नष्ट करने के लिए दलित लेखक वर्ण-व्यवस्था नष्ट होने के सपने देखता है। मार्क्सवादी लेखक को लगता है कि मनुष्य शोषणमुक्त हो। दलित लेखक को लगता है कि मनुष्य तुच्छता मुक्त हो। मनुष्य को मनुष्य के रूप में जीना आना चाहिए। दोनों को लगता है कि उनमें महानता के विकास के लिए सभी दिशाएं खुली होनी चाहिए। इन दोनों साहित्य में मनुष्य को केन्द्र में माना गया है। शोषण के विरुद्ध विद्रोह व्यक्त हुआ है। विषमता विरोधी विचारों की प्रतिबद्धता से लेखक लिखता है। दोनों साहित्य जीवनवादी और यथार्थवादी है।" ग़ैर दलित कवियों का भी सौन्दर्यशास्त्र यातना, वेदना, पीड़ा सन्त्रास, आक्रोश, नकार, विद्रोह, प्रतिरोध, स्वीकार, अस्वीकार, समानता, स्वतन्त्रता और बन्धुत्व इत्यादि मूल्यों से निर्मित हुआ है। ग़ैर दलित कवियों का काव्य भी कमोबेश सामाजिक सरोकारों से जुड़ा है। निम्न कुल में उत्पन्न आम आदमी को नायकत्व का दर्जा ग़ैर दलित कवि रामधारी सिंह 'दिनकर', रामकुमार वर्मा, मोहन अवस्थी, 'निराला', नागार्जुन, रामनरेश त्रिपाठी,

जगदीशगुप्त इत्यादि कवियों ने दिया। 'रश्मिरथी' खण्डकाव्य का नायक कर्ण, 'शम्बूक' खण्डकाव्य का नायक शम्बूक 'एकलव्य' खण्डकाव्य का नायक एकलव्य, 'अभिशप्त महारथी का नायक कर्ण, 'शबरी' खण्डका व की नायिका शबरी सभी निम्नवर्णीय जाति से सम्बन्ध रखते हैं। जाति-पाति, भेद-भाव, ऊँच-नीच की मानसिकता को ग़ैर दलित कवियों ने भी अपने काव्य के माध्यम से चुनौती दी है।

'रश्मिरथी' खण्डकाव्य आधुनिक युग की कृति है जिसमें कर्ण को नवीन सन्दर्भ में देखा गया है। चूँकि आधुनिक समय में मनुष्य के वैयक्तिक गुणों की उपेक्षा सम्भव नहीं है। इसलिए कवि ने यह दिखलाया है कि किस प्रकार कर्ण जन्म-जाति की हीनता का अतिक्रमण करके अपने पुरुषार्थ, शौर्य, पराक्रम, बल तथा दानशीलता के द्वारा इतिहास में अमर हो जाता है। 'दिनकर' ने 'रश्मिरथी' की भूमिका में स्पष्ट लिखा है, "यह युग दलितों और उपेक्षितों के उद्धार का युग है। कर्ण चरित्र के उद्धार की चिन्ता इस बात का प्रमाण है कि हमारे समाज में मानवीय गुणों की पहचान बढ़ने वाली है। कुल और जाति का अहंकार विदा हो रहा है। आगे मनुष्य का बल उसी पद का अधिकारी होगा जो उसके सामर्थ्य से सूचित होता है। उस पद का नहीं जो उसके माता-पिता या वंश की देन है।"

ग़ैर दलित कवि रामधारी सिंह 'दिनकर' के मन में दलितों-दुखियों, शोषितों के प्रति उत्साहपूर्ण रोष रहा है। 'रश्मिरथी' के प्रथम सर्ग में कर्ण जातिगत श्रेष्ठता के अहंकार को चकनाचूर करने के लिए बड़े ही गर्वोक्ति एवं आवेशपूर्ण तरीके से गुरु कृपाचार्य को उत्तर देता है—

जाति-जाति रटते, जिनकी पूँजी केवल पाखण्ड।
मैं क्या जानूँ जाति? जाति हैं ये मेरे भुजदण्ड।।

× × ×

पूछो मेरी जाति, शक्ति हो तो मेरे भुजबल से
रवि समान दीपित ललाट से, और कवच कुण्डल से
पढ़ो उसे जो झलक रहा है मुझमें तेज प्रकाश
मेरे-रोस-रोम में अंकित है मेरा इतिहास।।

'रश्मिरथी' खण्डकाव्य में 'दिनकर' ने जाति-पाति, भेद-भाव, ऊँच-नीच की भावना को समूल रूप से नष्ट करने का प्रयास किया। 'रश्मिरथी' खण्ड काव्य में निम्न कुल में जन्म लेने वाले अस्पृश्यता तथा वर्ण संकरता का शिकार कर्ण का उच्च, श्रेष्ठकुल जन्मना, क्षत्रिय अर्जुन के प्रति आक्रोश तथा प्रतिरोध का चित्रण बड़े मार्मिक ढंग से हुआ है। कवि ने कर्ण के तेजोदीप्त वाणी में समरश्लाघा के साथ प्रतिद्वन्द्विता की भावना को बड़े कौशल के साथ उभारा है—

अर्जुन बड़ा वीर क्षत्रिय है तो आगे वह आवे।
क्षत्रियत्व का तेज जरा मुझको भी तो दिखलावे।।

अभी छीन इस राजपुत्र के कर से तीर-कमान।
अपनी महाजाति की दूँगा मैं तुझको पहचान।।

अतः इस काव्य पंक्ति के माध्यम से हम कह सकते हैं कि दलित काव्य के जो सौन्दर्यबोध हैं, जैसे जाति-पाँति, भेदभाव, ऊँच-नीच का विरोध, आक्रोश, प्रतिरोध, विरोध का समुचित परिपाक 'रश्मिरथी' में हुआ है।

ग़ैर दलित कवियों ने भी पूँजीवाद, ब्राह्मणवाद और शोषण के विरोध को अपने काव्य में यथोचित स्थान दिया है। दलित कवियों के काव्य में ये सभी तत्त्व सौन्दर्यबोध के अन्तर्गत आते हैं। 'निराला' के काव्य में भी पूँजीवाद का विरोध मिलता है। पूँजीपतियों के शोषण से शोषित वर्ग दिन-प्रतिदिन कमजोर होता जा रहा है। शोषकों के प्रति आक्रोश की परिणति 'निराला' के काव्य में इस प्रकार मुखरित हुआ है—

अबे, सुन बे, गुलाब
भूल मत जो पायी खुशबू रंगो आब,
खून चूसा खाद को तूने अशिष्ट
डाल पर इतराता है केपीटलिस्ट!
कितनों को तूने बनाया है गुलाम।।

'निराला' अपने काव्य में शोषितों और दलितों के प्रति सहानुभूति के साथ ही सामाजिक समानता की भी बात करते हैं। वे उनके उद्धार और उत्थान की कामना करते हैं :

जल्द-जल्द पैर बढ़ाओ, आओ आओ
आज अमीरों की हवेली
किसानों की होगी पाठशाला,
धोबी, पासी, चमार, तेली
खोलेंगे अँधेरे का ताला
एक पाठ पढ़ेंगे टाट बिछाओ।

निराला की ज्यादातर कविताओं में बार-बार शोषितों के प्रति सहानुभूति और शोषकों के प्रति आक्रोश का भाव मुखर हुआ है। 'महँगू-महँगा रहा', 'दलित जन पर करो करुणा' और 'डिप्टी साहब आए' जैसी कविताओं में शोषितों के अन्दर जागरण-मन्त्र फूँकने वाले स्वर हैं। 'सान्ध्यकाकली' में कवि 'निराला' ने क्रान्ति के वातावरण का मार्मिक अंकन किया है। 'निराला' ने अपने काव्य में सामाजिक विषमता और दलित वर्ग की दीन-हीन दशा तथा उनके हृदय में व्याप्त आक्रोश का सजीव चित्रण किया है। वे प्रत्येक मानव को समान स्वीकार करते हैं और सभी प्रताड़ित दलित पात्रों के प्रति उनके हृदय में अपार संवेदना हैं।

'नागार्जुन', सियारामशरण गुप्त, 'हरिऔध', भगवतीचरण वर्मा, गयाप्रसाद शुक्ल 'सनेही', नरेश मेहता, मैथिलीशरण गुप्त, माखनलाल चतुर्वेदी, वियोगी हरि, सुदामा

प्रसाद पाण्डेय और आर.सी.प्रसाद सिंह इत्यादि कवियों ने दलितों के प्रति समानता तथा उनके साथ होने वाले शोषण के खिलाफ अपनी कविताओं में आवाज उठायी नागार्जुन की कविता 'हरिजन गाथा' आम आदमी, साधारण जन यानी दलित को केन्द्र में रखकर लिखी गयी। दलित काव्य के सौन्दर्यशास्त्रीय मानदण्डों की तरह ग़ैर दलित कवि नागार्जुन ने भी आम आदमी या मनुष्य को केन्द्र में रखकर 'हरिजन गाथा' शीर्षक कविता की सृष्टि की। 'हरिजन गाथा' दलित दहन की एक वीभत्स घटना की मार्मिक अभिव्यक्ति के साथ ही एक आम आदमी (दलित) के जन्म को पौराणिक आख्यान शैली में प्रस्तुत करता है। कवि ने दलित बच्चों के विद्रोही स्वरूप का चित्रण इस प्रकार किया है :

दिल ने कहा—दलित माँओं के
सब बच्चे अब बागी होंगे
अग्निपुत्र होंगे वे/ अन्तिम विप्लव में सहभागी होंगे।

दलित कवियों और आलोचकों ने ग़ैर दलित कविता के सौन्दर्यबोध पर अनेक आक्षेप किये हैं। उनका मानना है कि ग़ैर दलित कविता के निर्माण में कल्पना, सौन्दर्य, बिम्ब आदि की महती भूमिका हैं। कल्पना को काव्य तत्त्व का दर्जा कोई भी दलित कवि नहीं देता है क्योंकि दलित कवियों के काव्य का सौन्दर्यबोध यथार्थ की भावभूमि पर निर्मित होता है। ग़ैर दलित कविता के सौन्दर्यबोध के महत्त्वपूर्ण तत्त्व कल्पना पर टिप्पणी करते हुए प्रखर आलोचक सी.बी. भारती कहते हैं— "दलित साहित्य के सौन्दर्य में काल्पनिक, रोमाण्टिक रंगीनियाँ नहीं अपितु घटनाओं का खुरदरापन अपने यथार्थ रूप में प्रस्फुटित होता है।" किन्तु ठीक इसके विपरीत सूर्यकान्त त्रिपाठी 'निराला' ने 'कविता को 'कल्पना के कानन की रानी' कहा है—

कल्पना के कानन की रानी
आओ-आओ मृदु-पद मेरे
मानस की कुसुमित वाणी।

अभिप्राय यह है कि कविता अनुभूतियों का ऐसा प्रकाशन है, जो कल्पना के जगत में विचरण करती है। 'निराला' कल्पना को काव्य का सर्वस्व स्वीकार करते हैं और यह मानते हैं कि कल्पना द्वारा ही सौन्दर्य की सर्जना सम्भव है। उनका मानना है "जो कलाकार जितनी सुन्दर कल्पना कर सकता है, उसकी रचना उतनी ही सुन्दर होगी।" इस आधार पर हम कह सकते हैं कि कल्पना के बिना काव्य या कला का सृजन सम्भव नहीं है वही आगे निराला जी काव्य में कल्पना की महत्ता को प्रतिपादित करते हुए लिखते हैं, "कल्पना कभी असत्य नहीं होती, एक कल्पना में चाहे दूसरी कल्पना भले ही भिड़ा दी जाय और इस तरह के कार्यों में जो जितना कुशल है साहित्य के मैदान में वह उतना ही बड़ा महारथी।" इस प्रकार कल्पना कवि की सृजन शक्ति का सबसे बड़ा स्रोत है। कल्पना के बिना रचनात्मक साहित्य का कोई अस्तित्व नहीं

है। ग़ैर दलित कवियों के सौन्दर्यबोध पर दलित कवियों और आलोचकों ने प्रश्न चिह्न लगाया। उनके सत्यं, शिवं और सुन्दरं की मान्यता दलित कवियों को स्वीकार नहीं है। काव्य में जिस सौन्दर्य की चर्चा होती है, उसका विवेचन काव्यशास्त्र के अन्तर्गत होता है। सौन्दर्य ही काव्य में चारुता, शोभा और चमत्कार उत्पन्न करता है। प्रसिद्ध छायावादी कवि जयशंकर प्रसाद ने सौन्दर्य को परिभाषित करते हुए कामायनी के लज्जा-सर्ग में लिखा—उज्जवल वरदान चेतना का सौन्दर्य जिसे सब कहते हैं। सौन्दर्य की उज्वलता सत्य का समाहार कर लेती है। सौन्दर्य बाह्य भी हो सकता है और आन्तरिक भी। अभी तक सौन्दर्य की जो सर्वोत्तम रूप परिकल्पित किया गया है, वही ईश्वर है क्योंकि उसमें सत्य का साक्षात्कार होता है। जयशंकर प्रसाद ने अपने काव्य संग्रह 'आँसू' में सत्य की परिभाषा इस प्रकार दी है—'तुम सत्य रहे चिर सुन्दर/ मेरे इस मिथ्या जग के।' इस प्रकार जीवन-जगत और साहित्य सौन्दर्य के सत्य पर आधारित है। शिवता भी सौन्दर्य-सापेक्ष है। इसीलिए सौन्दर्य को सत्य पर आश्रित और शिव से पुष्ट माना गया है। वही ठीक इसके विपरीत रमणिका गुप्ता ने दलित काव्य के सौन्दर्यबोध को सत्यं, शिवं और सुन्दरं से इतर मानते हुए लिखती हैं, "दरअस्ल हिन्दी साहित्य जो सोच में अभिजात ही रहा है का सौन्दर्यशास्त्र सत्यं, शिवं, सुन्दरम् पर आधारित है जो दूसरों की कीमत पर सुख, आनन्द, रस और मनोरंजन को ही साहित्य का लक्ष्य मानता है और जातियों के सन्दर्भ में ही सत्यं, शिवं और सौन्दर्य को आंकता है। ठीक इसके विपरीत है दलित साहित्य का सौन्दर्यशास्त्र। वह मनोरंजन नहीं, मारक चोट में मुखरित होता है और अपने आक्रोश और तार्किकता के कारण ही साहित्य बनता है। हिन्दी साहित्य की तरह वह फैण्टेसी या कल्पना अथवा पौराणिक मिथकों के गौरव से अभिभूत होकर अतीत में नहीं जीता। उसका अतीत तो अभिशप्त है और अतीत का गौरव उसके अपने शोषण का प्रतीक है।" दलित आलोचकों का मानना है कि ग़ैर दलित कवियों का सौन्दर्यबोध जहाँ आनन्द पर आधारित है वहीं दलित कवियों का सौन्दर्यबोध व्यथा या वेदना पर आधारित है। दलित काव्य में व्यक्त हुई वेदना और विद्रोह को पढ़ने के बाद पाठक का मन बेचैन हो जाता है, वही ग़ैर दलित कवियों के काव्य को पढ़ने के बाद एक विशेष प्रकार की आनन्द की प्राप्ति होती है। दलित कविता का सौन्दर्यबोध आनन्द पर निर्भर न होकर समता, स्वतन्त्रता, न्याय और बन्धुत्व पर आधारित है। सौन्दर्य की कल्पना कालगत परिवेशगत होती है। वह समय, परिस्थिति के अनुकूल बदलती रहती है।

निष्कर्षतः हम कह सकते हैं कि दलित कवियों एवं ग़ैर दलित कवियों के सौन्दर्यबोध में कमोवेश साम्यता और विषमता दोनों देखने को मिलती है। प्रगतिशील कवियों की काव्य विषयक मान्यताएँ जहाँ दलितों के काव्य विषयक मान्यताओं से मेल खाती है तो वहीं अन्य ग़ैर दलित कवियों के काव्यशास्त्रीय मानदण्ड से दलित कवियों के मानदण्ड परहेज भी रखते हैं। ग़ैर दलित कवियों की कविता और दलित कवियों

की कविता का सौन्दर्यशास्त्र कुछ मायने में अलग-अलग है। दलित कवियों की कविताओं का मूल्यांकन पारम्परिक भारतीय सौन्दर्यशास्त्र के जरिये नहीं किया जा सकता। इस सन्दर्भ में सुप्रसिद्ध मार्क्सवादी आलोचक मैनेजर पाण्डेय का कहना समीचीन प्रतीत होता है—"साहित्यशास्त्र और सौन्दर्यशास्त्र ऊपरी तौर पर वर्ग, वर्ण और विचारधारा की सीमाओं से, प्रभावों से मुक्त लगते हैं, लेकिन वे मुक्त होते नहीं हैं। यह बात दुनियाभर के साहित्यशास्त्र और सौन्दर्यशास्त्र के बारे में सही है। भारतीय साहित्यशास्त्र की सबसे बड़ी उपलब्धि रस-सिद्धान्त है और रस को ब्रह्मान्द सहोदर कहा जाता है। ऐसी स्थिति में उस साहित्य का मूल्यांकन या उस साहित्य के स्वभाव की पहचान आनन्दवादी दृष्टिकोण से कैसे हो सकती, जिसका लक्ष्य मुक्तिबोध के शब्दों में—'सत्-चित्-वेदना' की अभिव्यक्ति है।" मार्क्सवादी सौन्दर्यशास्त्र और दलित सौन्दर्यशास्त्र में कहीं-न-कहीं एकरूपता विद्यमान है। इस प्रकार मार्क्सवादी सौन्दर्यशास्त्र और दलित सौन्दर्यशास्त्र के आपसी सम्बन्धों को व्याख्यायित करते हुए मैनेजर पाण्डेय लिखते हैं—

"जहाँ तक दलित साहित्य के सौन्दर्यशास्त्र से मार्क्सवादी सौन्दर्यशास्त्र के सम्बन्ध का सवाल है तो मैं कह सकता हूँ कि जितनी दूर तक मार्क्सवादी सौन्दर्यशास्त्र जीवन यथार्थ के अनुभव की अभिव्यक्ति को महत्त्व देता है और कला को प्रतिरोध से जोड़कर देखता है वहीं तक वह दलित साहित्य के सौन्दर्यशास्त्र के सम्भावित निर्माण में सहायक हो सकता है।"

ग.दलित और ग़ैर दलित कवियों के काव्य का तुलनात्मक विश्लेषण

दलित और ग़ैर दलित कवियों की काव्य विषयक मान्यताएँ कमोबेश साम्यता और विषमता से भरी पड़ी है। जहाँ ग़ैर दलित कवियों के काव्य में रस, अलंकार अपनी महत्त्वपूर्ण भूमिका अदा करते हैं, वहीं दलित कवियों को रस, अलंकार से कोई विशेष लगाव नहीं है। दलित और ग़ैर दलित कवियों के सौन्दर्यशास्त्र विषयक मान्यताओं पर राजेन्द्र यादव ने अपना विचार इस प्रकार व्यक्त किया है, "शिल्प, भाषा, रिप्रजेन्टेशन यह समस्या एक विशेष संस्कृति में पले लोगों की है। हमें लगता है कि इसे (दलित को) हमारे जैसा बनने में समय लगेगा। यानी स्टैण्डर हम हैं। हमने अपने-आपको मानव बना लिया है। हम यह तय करते हैं कि उसकी भाषा कैसी हो? हम उसके ऊपरी तौर-तरीके को देखते हैं। उसके भीतर जो तकलीफ है—उसे नहीं देखते। दलितों के सन्दर्भ में मुख्यधारा के आलोचक शिल्पवादी कलावादी सब हो जाते हैं जो हमारे हिसाब से 'खरा' नहीं उतरता वह यहाँ नहीं आयेगा।" इस तरह हम कह सकते हैं कि दलित और ग़ैर दलित कवियों के काव्य सम्बन्धी मान्यताओं भाव पक्ष और कला पक्ष दोनों में विशिष्ट भिन्नताएँ परिलक्षित होती हैं। जहाँ ग़ैर दलित कवियों के काव्य में कला और क्रान्ति दोनों का सम्यक् परिपाक हुआ है, वहीं दलित कवियों के काव्य का निर्माण

भी केवल कला तत्त्वों पर ही निर्भर नहीं है, बल्कि क्रान्ति के द्वारा ही वह भी अस्तित्व में आया है।

हिन्दी के नामचीन आलोचकों ने शुरुआती दलित कविता पर कई प्रकार के आरोप-प्रत्यारोप लगाये। कभी उसके केन्द्र में गुणवत्ता रही, तो कभी भाषा, तो कभी शिल्प, तो कभी सौन्दर्य, तो कभी भावपक्ष, तो कभी बिम्ब, प्रतीक, अलंकार, छन्द इत्यादि। दलित कविता को खारिज करने वाले आलोचकों से हिन्दी साहित्य जगत भरा पड़ा है। इस परिप्रेक्ष्य में मुद्राराक्षस का यह कथन समीचीन प्रतीत होता है, ''अक्सर यह प्रश्न उठता है कि दलित रचनाएँ गुणवत्ता की दृष्टि से कमजोर हैं। आखिर यह गुणवत्ता है क्या? और हमेशा क्या उस गुणवत्ता का धार्मिक निष्ठा के साथ पालन किया गया है? छन्द इस गुणवत्ता का अनिवार्य तत्त्व था पर आधुनिक हिन्दी कविता ने इसे छोड़ दिया। जिस अलंकार निर्भरता ने रीति साहित्य की गुणात्मकता के मानक स्थापित किये थे, अलंकार धार्मिता को वर्तमान साहित्य में कहाँ देखा जायेगा? इस सदी के शुरू में खड़ी बोली को कविता के लिए घोर अनुपयुक्त माना जाता था पर आज कविता खड़ी बोली में लिखी जाती है।'' मुद्राराक्षस के द्वारा बतायी गयी यह विशेषता ग़ैर दलित कवियों की कविता एवं दलित कवियों की कविता पर अक्षरशः लागू होती है। आधुनिक युग की ज्यादातर कविताएँ मुक्त छन्द में रची जाने लगीं। लय, तुक, ताल और छन्द का आज की कविताओं में कोई विशेष महत्त्व नहीं रहा। दलित और ग़ैर दलित कवियों की कविता के मध्य अन्तर स्पष्ट करते हुए मुद्राराक्षस लिखते हैं, ''दरअस्ल कोई भी नया कथ्य अपने पूर्व की विचार परम्परा से विद्रोह करता है। उतनी सीमा तक परम्परा के सौन्दर्यबोध सम्बन्धी मूल्य को भी तोड़ता है। वह अपनी भाषा, अलंकारशास्त्र, और अपना छद तन्त्र बनाता है।''

भाषिक स्वरूप

दलित और ग़ैर दलित कवियों के काव्य के भाषिक स्वरूप में समानता और असमानता दोनों देखने को मिलती हैं। दोनों कवियों के काव्य के अपने अलग-अलग सामाजिक और सांस्कृतिक आधार हैं। दलित काव्य ने संस्कृतनिष्ठ, परम्परागत साहित्यिक भाषा, काव्यशैली, प्रस्तुतीकरण को नकारकर आम जनमानस में प्रचलित सर्वग्राही भाषा को अपनाया है। दलित काव्य की भाषा नकार, प्रतिरोध और विरोध की भाषा है, जिसमें युगों-युगों से सताये गये दलितों की पीड़ा को अभिव्यक्ति मिली है। दलित काव्य की भाषा, शब्दावली, बिम्ब, प्रतीक, छन्द, अलंकार, शिल्प और गुणवत्ता को लेकर प्रश्नचिह्न खड़ा किया जाता रहा है और कहा जाता रहा है कि काव्यपाठ 'पवित्र' होना चाहिए। दलित कवियों की काव्यभाषा के समर्थन में मैनेजर पाण्डेय ने अपना विचार कुछ इस प्रकार रखा है, ''हिन्दी साहित्य की कलात्मक भाषा के अभ्यासी लोग दलित साहित्य की खड़ी और आक्रामक भाषा को सहने और स्वीकार

करने में कठिनाई का अनुभव करते हैं। लेकिन सवाल यह है कि दलित साहित्य में जैसी सच्चाइयाँ और भावनाएँ व्यक्त हो रही हैं, उन्हें क्या ललित भाषा में वांछित प्रभाव के साथ व्यक्त किया जा सकता है।''

दलित कविता ने अपना शास्त्र स्वयं रचा है। इसलिए कविता के परम्परागत गुणवत्ता, शिल्प के जो लोग आदी हो चुके हैं, उनके लिए दलित कविता की भाषा, शिल्प को स्वीकार करने में स्वाभाविक रूप से कठिनाई होगी ही। यह बात तो सर्वविदित है कि जब भी नया कथ्य होगा, उसे बयां करने का अन्दाज भी नया होगा। इस प्रक्रिया में भाषा से लेकर शिल्प के सभी उपकरण अनिवार्य रूप से से बदल जायेंगे। समय और परिवेश के साथ-साथ भाषा, शिल्प और संवेदना में परिवर्तन होता चला जाता है। यह बात दोनों कवियों की कविताओं पर अक्षरशः लागू होती है। दलित काव्य की भाषा व्यवस्था से नकार, दलित की पीड़ा, अपमान और संघर्ष से उपजी हुई है। दलित कविता में आक्रोश, प्रतिरोध, विद्रोह और सदियों का सन्ताप उजागर हुआ है। मैनेजर पाण्डेय ने इस बात की पुष्टि ब्रेख्त के हवाले से इस प्रकार की है, ''आक्रोश में भाषा का रूप और उसकी लय बिगड़ जाती है। दलित साहित्य मुख्यतः आक्रोश का साहित्य है इसलिए उसकी भाषा में व्याकरण की शुद्धता से अधिक प्रभाव की मारकता की चिन्ता है।'' दलित कवियों की भाषा पर अनेक आलोचक भदेसपन और गाली गलौज की भाषा का आरोप लगाते हैं। इस प्रश्न का उत्तर वरिष्ठ आलोचक मैनेजर पाण्डेय ने इस प्रकार दिया है, ''अनुभव का भाषा से बहुत गहरा सम्बन्ध होता है। हम शब्दों में या भाषा में जो कुछ सोचते हैं उसे व्यक्त ही नहीं करते हैं, बल्कि जिन्दगी भी जीते हैं। अनेक आलोचक ऐसे हैं जो दलित साहित्य में ललित भाषा की खोज करते हैं और उसे न पाकर कभी निराश होते हैं तो कभी नाराज परन्तु दलित जिस भाषा में जीते-मरते हैं उसी में अपनी स्मृतियों और अनुभवों की अभिव्यक्ति करते हैं। इसलिए जिसे भदेश कहा जाता है वह दलित जीवन की वास्तविक भाषा है।'' दलित काव्य पर अनगढ़, अरुचिकर, असंयत भाषा और शिल्पगत त्रुटियों, कलात्मकता का अभाव जैसे आरोप अकसर लगते हैं। इस प्रश्न के उत्तर में मराठी आलोचक शरणकुमार लिम्बाले का कहना है, ''मेरा यह आक्रोश मेरा दर्द है। जब मेरी माँ-बहन पर अत्याचार होता है उसे क्या कलात्मक ढंग से अभिव्यक्त करूँ जब मैं लिखता हूँ तो मेरी रचनाएँ मेरे साथ हुए इस कपट की अभिव्यक्ति होती है। अपने ऊपर हुए छल-कपट को कलात्मक शैली में पेश करूँ। जिसका घर जल रहा है उसका सन्ताप सुर में होना चाहिए। आक्रोश शास्त्रीय संगीत नहीं है जो शास्त्रीय संगीत है वह आक्रोश नहीं है। मैं शब्द की अभिव्यक्ति को शस्त्र मानता हूँ कलात्मकता मुझे निशस्त्र करने वाली है। दलित मुक्ति आन्दोलन ही दलित साहित्य की कलात्मकता है।'' दलित और ग़ैर दलित कवियों की कविताओं में सहज, सरल और आम बोलचाल की भाषा को अपनाया गया है। दलित कवियों द्वारा रचित कविताओं की भाषा पर गद्यात्मकता और

सपाटबयानी का आरोप लगाया जाता है। गद्यात्मकता और सपाटबयानी तो मुक्तिबोध की कविताओं के केन्द्र में भी है। दलित काव्य की भाषा गद्यात्मक है जिसमें नकार और विरोध का स्वर मुख्य रूप से उभरता है। दलितों के जीवन की विसंगतियाँ, उत्पीड़न, शोषण और दमन की अभिव्यक्ति के लिए यही भाषा ज्यादा सटीक लगती है। इस सन्दर्भ में ओमप्रकाश वाल्मीकि लिखते हैं, "नकार, विरोध, प्रतिरोध, विद्रोह को व्यक्त करने के लिए दलित कवि जिस भाषा का प्रयोग करता है वह तेज बहाव की तरह है। दलित साहित्य की भाषा सिर्फ नकार और विद्रोह की भाषा ही नहीं बल्कि परिवर्तन की छटपटाहट और अन्तर्सम्बन्धों की ऊर्जा अपने भीतर सँजोये हुए है। वह अपनी दुःखद स्थितियों पर सन्तोष व्यक्त करता है। लेकिन अतीत के स्याह दिनों में अपनी अस्मिता ढूँढ़ना चाहता है—

ओ मेरे अज्ञात अनाम पुरखों
तुम्हारे मूक शब्द जल रहे हैं
दहकती राख की तरह
राख जो लगातार काँप रही है
रोष से भरी हुई। मैं जानना चाहता हूँ
तुम्हारे शब्द-तुम्हारा भय जो तमाम हवाओं के बीच भी
जल रहे हैं दीये की तरह युगों-युगों से।

ग़ैर दलित कवियों की कविताओं में भी यही वेदना, पीड़ा संत्रास विद्रोह, नकार और विरोध साथ-साथ वैचारिक प्रतिबद्धता दिखायी देती है। ग़ैर दलित रचनाकार सामाजिक यथार्थ के प्रति सिर्फ संवेदनशील ही नहीं अपितु सजग भी है। इस सन्दर्भ में रामधारी सिंह 'दिनकर' द्वारा 'रश्मिरथी' में जातिगत उपेक्षाओं से आक्रोशित कर्ण का चरित्रांकन समीचीन प्रतीत होता है—

जाति जाति रटते हैं जिनकी पूँजी केवल पाखण्ड।
मै क्या जानूँ जाति जाति हैं ये मेरे भुजदण्ड।।

× × ×

पूछो मेरी जाति, शक्ति हो तो मेरे भुजबल से।
रवि समान दीपित ललाट से और कवच कुण्डल से।।
पढ़ो उसे जो झलक रहा है मुझमें तेज प्रकाश ।।
मेरे रोम-रोम में अंकित है मेरा इतिहास।।

ग़ैर दलित कवियों के काव्यों में भी अश्लीलता, ग्राम्यता, गद्यात्मक और सपाटबयानी देखने को मिलती है। सुप्रसिद्ध कवि 'धूमिल' साठोत्तरी कविता में अपनी भाषा को आक्रामक बनाने के लिए वर्जित शब्दों का प्रयोग करते हैं, ठीक उसी प्रकार जैसे दलित कवि अपना विरोध और आक्रोश प्रकट करने के लिए गाली-गलौज की भाषा का प्रयोग करते हैं। जहाँ तक 'धूमिल' के काव्य में भदेसपन का सवाल है वे

स्वयं स्वीकार करते हैं कि हाँ-हाँ मैं कवि हूँ। कवि यानी भाषा में भदेस हूँ। 'धूमिल' अपनी 'जनतन्त्र के सूर्योदय' शीर्षक कविता में वर्जित तथा ग्रामीण शब्दों का प्रयोग इस प्रकार करते हैं, ''शहर की समूची पशुता के खिलाफ/ गलियों में नंगी घूमती हुई/ पागल औरत के 'गाभिन पेट' की तरह।'' इस काव्य पंक्ति में 'गाभिन पेट' ग्रामीण शब्द का सार्थक एवं सुन्दर नमूना पेश करता है। वही आगे धूमिल अपने 'कविता' शीर्षक कविता में कहते हैं, ''एक सम्पूर्ण स्त्री होने के पहले ही/ गर्भाधान की क्रिया से गुजरते हुए/...उसने जाना कि हर लड़की/ तीसरे गर्भपात के बाद/ धर्मशाला हो जाती है।''

इस तरह हम कह सकते हैं कि दलित कवियों की कविताओं में आये हुए अश्लीलता, ग्राम्यता, सपाटबयानी ग़ैर दलित कवियों की कविताओं में भी प्राप्त होते हैं। भाषिक सौन्दर्य और कलात्मकता की दृष्टि से निस्सन्देह ही ग़ैर दलित कवियों की भाषा प्रांजल, प्रखर और सौन्दर्ययुक्त है। आज दलित कवियों के काव्य के साथ-ही-साथ ग़ैर दलित कवियों के काव्य पर भी अतिशय गद्यात्मकता, सपाटबयानी, जटिलता, शुष्कता एवं दुर्बोधता के विरुद्ध प्रतिक्रिया का भाव उभर रहा है। बावजूद इसके आज की कविता मनुष्य के सुख-दुःख, आशा-आकांक्षा, मूल्यवान् जीवन स्थितियों एवं विसंगतियों को अपेक्षाकृत ज्यादा, प्रामाणिकता के साथ चित्रित कर रही हैं।

शब्द विन्यास

दलित कविता ने ग़ैर दलित काव्यशास्त्रीय मानदण्डों को नकारकर नये भावबोध को उभारा। तब यह स्वाभाविक है कि दलित कवियों का शब्द विन्यास परम्परागत ग़ैर दलित कवियों की शब्दावली से अलग होगा, किन्तु यह बात आज की दलित कविताओं पर पूर्णतः लागू नहीं होती। दलित कवियों की कविताओं की शब्दावली तद्भव, तत्सम, देशज, विदेशज एवं आंचलिक प्रयोग से ठीक उसी प्रकार लैस है, जिस प्रकार से इनका प्रयोग ग़ैर दलित कवियों की कविताओं में मिलता है। ग़ैर दलित कवियों की कविताओं की तरह दलितों कवियों की कविताओं में भी अपेक्षाकृत संस्कृतनिष्ठ, तत्सम शब्दावली की भरमार है। इसके अतिरिक्त दलित एवं ग़ैर दलित कवियों की कविताओं में यथास्थान अंग्रेजी, अरबी-फारसी आदि विदेशी शब्द भी यदा-कदा मिल जाते हैं। बावजूद इसके तद्भव, देशज शब्दों का प्रयोग कविताओं में सर्वाधिक देखने को मिलता है।

कंवल भारती की कविता का यह अंश देखिये जिसमें संस्कृतनिष्ठ तत्सम शब्दावली, अरबी-फारसी के शब्दों का सुन्दर प्रयोग हुआ है—

क्रान्ति के दस्तावेज सुन्दर नहीं होते
क्रान्ति के पन्ने तुम्हारे मानस को झकझोरते हैं।

कटु भाषा उद्वेलित करते हैं
तुम्हारे सुखमय संसार को।

ठीक इसी प्रकार 'नागार्जुन' की कविता 'हरिजनगाथा' में भी संस्कृतनिष्ठ तत्सम शब्दावली के साथ ही विदेशी शब्दों का यथास्थान प्रयोग हुआ है—

दिल ने कहा दलित माँओं के
सब बच्चे अब बागी होंगे।
अग्निपुत्र होंगे वे,
अन्तिम विप्लव में सहभागी होंगे।

कुछ दलित और ग़ैर दलित कवियों की कविताओं का लोकजीवन से जुड़ाव न होने के कारण वह पाठकों को कुछ कम ही समझ में आती है, जिससे वह पाठक से दूर होती चली जाती है। कविता के इस संकट पर अपना मन्तव्य मैनेजर पाण्डेय ने इस प्रकार व्यक्त किया है "आज की अधिकांश नागर कविता एक गढ़ी हुई साहित्यिक हिन्दी में लिखी जा रही है। वह जीवन के कर्म और अनुभव की भाषा नहीं है। यहाँ तक कि वह मध्यवर्ग के भी जीवन-व्यवहार की भाषा नहीं है। इसीलिए उसकी बोलचाल की भाषा, उसके मुहावरे और कथन भंगिमा से कोई आत्मीय सम्बन्ध नहीं है। यही नहीं उसका लोक भाषाओं से सम्बन्ध भी क्रमशः कम होता जा रहा है। इस भाषा में जब कोई कवि लोक जीवन के अनुभवों को व्यक्त करना चाहता है, तब भाषा और संवेदना के बीच अन्तरंगता की जगह अन्तराल आ जाता है। कुछ कवियों की भाषा पर अंग्रेजी के शब्द, मुहावरे और संरचना का इतना अधिक प्रभाव है कि वह अनुवाद की भाषा लगती है।" कुछ दलित कवियों की कविताओं का लोक जीवन से जुड़ाव काफी हद तक है, इसीलिए उनकी कविताएँ देशज शब्दावली से ज्यादा भरी हुई है। तत्सम शब्दों का उनके यहाँ प्रयोग कम ही मिलता है। दलित काव्य में जिस प्रकार की शब्द योजना है उसी से उसका उद्देश्य पूर्ण हो रहा है। इस सन्दर्भ में हरपाल सिंह अरुष का कहना है, "देशज शब्दावली वाली लोकभाषा में तत्सम शब्दों को लपेटकर सवर्णत्व इस प्रकार क्षरित किया जा रहा है जिसकी कल्पना शायद ही कभी की जा सकी हो कि शब्दों का ऐसा काव्यात्मक प्रयोग भी किया जा सकता है। तत्सम शब्दों के अर्थक्रम जिस तेजी से टूटते जा रहे हैं, उनको देखकर भौचक होकर ही शायद ये पारम्परिक भाषा शास्त्री हतप्रभ हो रहे हैं।" ठीक इसी तरह दलित काव्य की शब्दावली पर अपना मत प्रकट करते हुए ओमप्रकाश वाल्मीकि लिखते हैं,— "शब्द की मारक शक्ति से दलित अच्छी तरह परिचित हो चुका है उसने शब्द के अर्थ को जान लिया है।" दलित काव्य में दलित समाज की बोली बानी के ऐसे शब्द प्रकट होते हैं जिनसे हिन्दी काव्य जगत अनभिज्ञ है। यह दलित काव्य को ताजगी देता है और भाषा की जड़ता को भी तोड़ता है। लोक जीवन में प्रचलित नये शब्दों तथा अर्थों को ग़ैर दलित कवियों ने अपनी कविताओं में स्थान दिया है। हिन्दी काव्य जगत के

सुप्रसिद्ध कवि 'निराला' ने भाषा में शब्द के प्रयोग की महत्ता को स्पष्ट करते हुए लिखा है, "किस शब्द का प्रयोग उचित होगा, किस शब्द से कविता में भाव की व्यंजना अधिक होगी इसका भी ज्ञान कवियों को रखना पड़ता है। शब्दों के बिना भाषा का अस्तित्व सम्भव ही नहीं है। उनकी दृष्टि में शब्द शाश्वत है।"

छन्द विधान

छन्द को कविता का शारीरिक अनुशासन माना जाता है, पर छन्द का अर्थ यहाँ पिंगलशास्त्र से नहीं है। दलित एवं ग़ैर दलित कवियों के काव्य में अनुशासन को नया अर्थ प्रदान किया गया है। पारम्परिक छन्द योजना से दलित एवं ग़ैर दलित कविता का सम्यक विवेचन एवं विश्लेषण नहीं हो सकता है इसीलिए उसने अपने लिए नये छन्दशास्त्र को गढ़ा है। दलित एवं ग़ैर दलित कवियों ने प्रायः मुक्त छन्द, अतुकान्त छन्द काव्य रूप का प्रयोग किया है, किन्तु कुछ दलित एवं ग़ैर दलित कवियों ने अपनी कविताओं में गजलों, गीतों, लोकधुनों, सानेट आदि का भी प्रयोग किया। कालीचरण 'स्नेही', माता प्रसाद आदि कवियों ने दोहा, चौपाई शैली में भी अपनी कविताओं को रचा है। ऐसा माना जाता है कि मुक्त छन्द की परम्परा 'निराला' से पहले ही हिन्दी काव्य में व्याप्त थी। 'निराला' ने तो मुक्त छन्द को हिन्दी काव्य में प्रतिष्ठापित किया। आधुनिक हिन्दी कविता में मुक्तछन्द, छन्दोबद्ध कविता की यांत्रिकता के खिलाफ एक चुनौती बनकर उभरा, जिससे कविता की रूपरेखा बदल गयी। किन्तु उसके प्रकृति, उसके स्वरूप, उसके भाव में कोई परिवर्तन नहीं आया। वैसे मुक्तक काव्य मुक्त छन्द में ही लिखा जा सकता है। मुक्त छन्द की पहली शर्त है बन्धन रहित। अपनी इसी विशेषता के कारण उसमें भावाभिव्यंजन की सफल अभिव्यक्ति होती है। कवि गण-मात्रा के बाह्य साधनों से मुक्त होकर भावाभिव्यक्ति के लिए सक्षम भाषा का प्रयोग करता है। इसी विशेषता के कारण मुक्त छन्द में सहज नम्यता पायी जाती है, जबकि परम्परानुमोदित छन्दों की कोटियाँ बँटी हुई हैं। जैसे कोमल भावों के लिए वसन्ततिलका आदि तो पुरुषभावों के लिए स्त्रग्धरा जैसे छन्दों का विधान है, किन्तु मुक्त छन्द में सरलता एवं सहजता से ही दोनों भावों का प्रकाशन सम्भव है। कवि जिस तरह अपने कथ्य (भाव) को काव्य के माध्यम से प्रस्तुत करता है, वही उसका छन्द बन जाता है। जिन दलित एवं ग़ैर दलित कवियों के काव्य में गजल, गीतों, लोकधुनों का उपयोग हुआ है उनका कथ्य किसी अन्य रूप में व्यक्त नहीं हो सकता है। दलित कवि माता प्रसाद द्वारा 'एकलव्य' खण्डकाव्य में दोहा छन्द का प्रयोग द्रष्टव्य है :—

पूरी हम शिक्षा करे, जनमत हो तैयार।
रंग वर्ण अरु भेद का, कर डाले संहार।।

ठीक इसी प्रकार नवोदित दलित कवि यशवंत वीरोदय ने गजलों के माध्यम से अपनी कविता को नयी अर्थवत्ता प्रदान की है :—

दिल में दर्द है, आँखों से सजल लिखता हूँ।
सामने दुनिया है, इसलिए गजल लिखता हूँ।।

सुप्रसिद्ध कवि कालीचरण 'स्नेही' द्वारा 'जय भारत जय भीम' काव्य संग्रह में साखी छन्द प्रयोग द्रष्टव्य है—

मानवता का पक्ष ले, जूझ रहा जो नित्य।
समता का साहित्य ही, है असली साहित्य।।

महाप्राण निराला की कविताओं में मुक्त छन्द का अधिकाधिक प्रयोग हुआ है। मुक्त छन्द के माध्यम से ही वे कोमल भावों की सफल अभिव्यंजना अपने काव्य में करते हैं—

जल्द जल्द पैर बढ़ाओ, आओ, आओ
आज अमीरों की हवेली। किसानों की होगी पाठशाला।
धोबी, पासी, चमार, तेली
खोलेंगे अँधेरे का ताला।।

ठीक इसी प्रकार जगदीश गुप्त ने भी अपने 'शम्बूक' खण्डकाव्य में मुक्त छन्द का प्रयोग किया है। मुक्त छन्द में रचित यह काव्यपंक्ति द्रष्टव्य है—

शूद्र हूँ मैं लिये काली देह
इसी से मुझ पर तुम्हें सन्देह।।

निष्कर्षतः यह बात आज लगभग पचास फीसद सत्य है कि मुक्त छन्द की कविता से आज के तेज, संघर्षशील, जटिल एवं संश्लिष्ट जीवन की विसंगतियों को रूपायित करने में मदद मिली, तो वही छन्द, गेयता, लय एवं तुक की अनुपस्थिति से कविता और पाठक के बीच दरारें बढ़ी हैं। आज की कविता की अतिशय गद्यात्मकता, सपाटबयानी, जटिलता, शुष्कता एवं दुर्बोधता के विरुद्ध प्रतिक्रिया का भाव उभर रहा है। गीत, नवगीत, गजल, नज़्म, रुबाई एवं दोहा छन्द के प्रति रचनाकारों एवं पाठकों में बढ़ता रुझान इस बात का साफ एवं स्पष्ट संकेत है।

बिम्ब विधान

हिन्दी काव्य जगत में बिम्बों का अप्रतिम स्थान हैं। बिम्बों का आविर्भाव कल्पना से होता है, जब कल्पना मूर्त रूप धारण करती है तब बिम्बों की उत्पत्ति होती है और जब यही बिम्ब प्रयोग होते-होते किसी निश्चित अर्थ को व्यक्त करने लगते हैं तब उनसे प्रतीकों का निर्माण होता है। काव्य में कला विवेचन की तात्त्विक दृष्टि से बिम्ब, कल्पना और प्रतीक का मध्यस्थ है।

दलित और ग़ैर दलित कवियों के काव्य में प्रयुक्त बिम्बों में समानता और असमानता दोनों दिखायी देता है। दलित काव्य में कुछ ऐसे भी बिम्ब प्रयुक्त हुए हैं जो ग़ैर दलित कवियों के काव्यों में अस्वीकृत और बहिष्कृत है। वैसे भी बिम्बों के सृजन

तथा भावना पर व्यक्ति भेद, रुचि भेद का प्रभाव पड़ता है। सामूहिक अवचेतन से सम्बन्धित बिम्ब सौन्दर्यशास्त्र की दृष्टि से अधिक महत्त्वपूर्ण होते हैं क्योंकि इनमें आशुग्राह्यता का गुण विद्यमान रहता है। दलित कवियों और ग़ैर दलित कवियों द्वारा प्रयुक्त बिम्बों में ताजगी उद्‌बोधनशीलता पायी जाती है क्योंकि बिम्ब शब्दाश्रित माने जाते हैं। बिम्ब की महत्ता के सन्दर्भ में केदारनाथ सिंह लिखते हैं, "शब्द की अपेक्षा बिम्ब अधिक सन्दर्भ सापेक्ष होता है, क्योंकि वह यथार्थ का एक सार्थक टुकड़ा होता है। वह अपनी ध्वनियों और संकेतों से भाषा को अधिक संवेदनशील और पारदर्शी बनाता है। उसका आधार कोशगत अर्थ नहीं होता, सम्पूर्ण जीवन और इतिहास होता है।" वही आगे वे हिन्दी काव्यजगत में बिम्ब सृष्टि को एक महत्त्वपूर्ण स्थान देते हुए लिखते हैं, "प्राचीन काव्य में जो स्थान चरित्र का था, आज की कविता में वही स्थान बिम्ब अथवा इमेज का है।" ठीक इसके विपरीत सुप्रसिद्ध मार्क्सवादी आलोचक नामवर सिंह अपना मत इस प्रकार व्यक्त करते हैं— "काव्यभाषा के लिए प्रायः बिम्ब योजमा हानिकर सिद्ध हुई है। बिम्बों के कारण कविता बोलचाल की भाषा से अकसर दूर रही है।" हिन्दी कविता में बिम्बों का इतना प्रचुर मात्रा में प्रयोग होने लगा जिससे कालान्तर में उसकी उपयोगिता, अर्थवत्ता तथा रचनात्मक सामर्थ्य पर सन्देह होने लगा। इस सन्दर्भ में नामवर सिंह लिखते हैं, "छठे दशक के प्रारम्भ में उत्पन्न विषम सामाजिक स्थितियों की चुनौती के सामने बिम्ब विधान कविता में अप्रासंगिक सिद्ध होने लगी।"

हिन्दी के दलित और ग़ैर दलित कवियों द्वारा प्रयुक्त बिम्ब दलित जीवन की त्रासदी और उसके यथार्थ को व्यक्त करते हैं। इस सन्दर्भ में ओमप्रकाश वाल्मीकि की यह कविता द्रष्टव्य है—

रामेसरी के हाथ में थमी बाँस की मोटी झाड़ू
सड़क के ऊबड़-खाबड़ सीने पर/श्च श्च की ध्वनि तैरती है।
उड़ाती है धूल का गुबार/धूल जो सैकड़ों वर्षों से
जम रही है पर्त-दर-पर्त फेफड़ों में रामेसरी के।

दलित कविता में प्रयुक्त बिम्ब आक्रोश, प्रतिरोध, विद्रोह की सशक्त अभिव्यक्ति करते हैं—

तुम्हें क्यों शर्म नहीं आयी
गल चुकी मोम बत्तियाँ
आज वह जंगल की आग है
बुझाये न बुझेगी
आग की दरिया बन जायेगी
उसके तेवर पहचानो

× × ×

पुरुष के सर्वस्व को नकार कर
नीचा दिखायेगी।

सुशीला टाकभौरे की इन काव्य पंक्तियों में स्त्री विद्रोह का स्वर मुखरित हुआ है। यह तेवर हिन्दी दलित कविता की पहचान है। बकौल ओमप्रकाश वाल्मीकि "दलित कविता ने अन्धकार से लड़ते हुए जुगनू के समान अपने भीतर असंख्य सूर्यों को जन्म दिया है जो उसकी अभिव्यक्ति को शक्ति देता है। सूर्य, रोशनी, प्रकाश, रात-दिन, ज्वालामुखी, समुद्र, तूफान दलित कविता में शब्द भर नहीं है। बल्कि ये आवेगपूर्ण अनुभवों की अभिव्यक्ति हैं।"

दलितों के दुःख दर्द को केवल दलित जाति में जन्मा कवि ही अनुभव करें! ऐसा सम्भव नहीं है। अदम गोण्डवी ने अपनी कविता में सामन्ती जुल्म से पीड़ित दलितों की त्रासद स्थितियों का बिम्बों के माध्यम से सजीव एवं जीवन्त चित्रण इस प्रकार किया है—

मेरा मुँह क्या देखते हो/ इसके मुँह में थूक दो।
आग लगाओ और इसकी/ झोंपड़ी भी फूँक दो।।
और फिर प्रतिशोध की/ आँधी वहाँ चलने लगी।
बे-सहारा निर्बलों की झोंपड़ियाँ जलने लगीं।।

दलित एवं ग़ैर दलित कवियों के काव्य में प्रयुक्त बिम्बों में प्रमुख अन्तर यह है कि ग़ैर दलितों कवियों की कविताओं में प्रयुक्त बिम्ब, कल्पना पर कुछ ज्यादा आधारित है। वहीं दलितों के काव्य में प्रयुक्त बिम्ब कल्पना पर कम यथार्थ पर अधिक आधारित है।

प्रतीक विधान

कोई भी कवि या रचनाकार अपनी रचना में प्रतीक अपने आसपास के परिवेश और वातावरण से कथावस्तु के आवश्यकतानुसार चुनता है। प्रतीक द्वारा रचना प्रभावशाली और अर्थपूर्ण बनती है। प्रतीक प्रस्तुत और अप्रस्तुत दोनों को अपने भीतर समाहित किये रहते हैं। प्रतीकों में व्यंजना की शक्ति प्रचुर मात्रा में रहती है। हिन्दी काव्यजगत में प्रतीकों की महत्ता सर्वविदित है। प्रतीक द्वारा भावना, विचार, बोध आदि की अभिव्यक्ति जहाँ रचना को प्रभावकारी बनाती है, वहीं अर्थपूर्ण भी। प्रतीकों के माध्यम से कवि अपने भावों को संक्षेप में व्यक्त करता है। दलित और ग़ैर दलित कवियों के काव्य में प्रतीकों की भरमार है। जहाँ दलित कवियों ने पारम्परिक प्रतीकों के स्थान पर दलित जीवन से सम्बन्धित प्रतीकों का प्रयोग अपने काव्यों में किया है। वहीं ग़ैर दलित कवियों ने प्राचीन पारम्परिक रूप से मान्य प्रतीकों के साथ ही दलित जीवन की त्रासदी से सम्बद्ध प्रतीकों का भी प्रयोग अपनी कविताओं में किया है। दलित कविता आक्रोश की कविता है इसलिए उसके प्रतीकों में तल्खी महसूस की जा सकती

है। दलित एवं ग़ैर दलित कवियों की कविताओं में प्रयुक्त प्रतीक सामाजिक जीवन की विद्रुपताओं, विडम्बनाओं का यथार्थ चित्रण करते हैं। दलित काव्य में प्रयुक्त प्रतीकों के सन्दर्भ में रमणिका गुप्ता का यह कथन समीचीन प्रतीत होता है, " दलित साहित्य के प्रतीक भिन्न हैं। जो यथार्थ की कोख से उपजे हैं, ये प्रतीक इनके दैनिक कार्य से जुड़े हैं। वे नफीस एवं नाजुक नहीं बल्कि खुरदुरे हैं। मैले, कुचैले हैं। भोड़े हैं, पर मजबूत हैं। वे नये नहीं पुराने टूटे-फूटे सामान से टेढ़े-मेढ़े, मुड़े-तुड़े होते हैं और जो उनकी अन्त्यज दशा और अकिंचनता के प्रतीक होते हैं। वे कल्पना की रंगीनियाँ लिए हुए नहीं बल्कि तथ्यों, तार्किक निष्कर्षों तथा सत्य से पैदा होते हैं। झाड़ू, टोकरी, खपची, चमड़ा, जूता, सिलाई करने वाला सूआ, चमड़ा छिलने वाला छुरा या अन्य औजार अथवा यन्त्र आदि, सब उनके दैनिक कार्यों से जुड़े हैं, उनके अपने पुश्तैनी वाद्य यन्त्र भी उनके प्रतीक हैं।" दलित काव्यजगत में वे ही प्रतीक के रूप में प्रयुक्त हुए जिनसे उनका प्रतिदिन का सरोकार है। दलित कवि लालचन्द राही ने दलितों की समाजिक स्थिति को वृक्ष के माध्यम से सशक्त ढंग से व्यक्त किया है—

अब वृक्ष की कटी-छँटी टहनियाँ/ पुनः प्रस्फुटित होने लगी हैं।
द्रुत गति से/ बीसवीं सदी के उत्तरार्द्ध में।

इन काव्य पंक्तियों से यह बात स्पष्ट हो जाती है कि दलित काव्य में जो प्रतीक प्रयुक्त हुए है वह शोषण और दमन को अभिव्यक्त करने के लिए ही है, न कि विरह में तड़पते हुए नायक/नायिका की पीड़ा को दर्शाने के लिए। बकौल ओमप्रकाश वाल्मीकि "दलित कविता में पेड़, लोकतन्त्र, भेड़िये, जंगली सूअर, कुत्ते शोषण दमन और गुलामी के प्रतीक हैं। जो सामाजिक जीवन की घोर अमानुषिकता को रेखांकित करते हैं।" इस सन्दर्भ में मलखान सिंह की यह कविता द्रष्टव्य है—

तब से हम जी रहे हैं/ सड़ियल कुत्ते की जिन्दगी
जिसके करीब से गुजरने पर/ पंख सड़ जाते हैं हवाओं के
और सामीप्य से/अछूत हो जाते हैं पेड़-पौधे।

दलित कवियों का स्वर तीखा, व्यंग्य, आक्रोश से परिपूर्ण है। उसने समाजिक असामानता को सदियों से सहा है। उसकी तल्खी एवं कटुता प्रतीकों में महसूस की जा सकती है। पारम्परिक प्रतोकों की जगह दलित कवियों ने मौलिक और नये प्रतीक ईजाद किये हैं। ग़ैर दलित कवियों के काव्य में पारम्परिक और नवीन दोनों प्रतीकों की भरमार है। प्रसिद्ध छायावादी कवि जयशंकर प्रसाद ने 'कामायनी' महाकाव्य में प्रेम और विरह की तड़प से युक्त प्राकृतिक उपादानों को प्रतीक बनाकर जो सूक्ष्म अभिव्यक्ति करते हैं उसका लक्ष्य विरह की दशा को दर्शाना है। उदाहरणस्वरूप जयशंकर प्रसाद के इस काव्य पंक्ति को लिया जा सकता है—

झंझा झकोर गर्जन था, बिजली थी नीरद माला।
पाकर इस शून्य हृदय को सबने आ डेरा डाला।।

निराला ने 'कुकुरमुत्ता' कविता में दलितों के निवास स्थान का जो वर्णन किया है। वह उनकी जिन्दगी का यथार्थ चित्र है। उनकी इस दुर्दशा का कारण है पूँजीपति वर्ग। अतः उनके प्रति आक्रोश स्वाभाविक है—

अबे सुन बे गुलाब/ भूल मत जो पायी खुशबू,
रंगों आब खून चूसा खाद का तूने अशिष्ट,
डाल पर इतराता है कैपीटलिस्ट
कितनों को तूने बनाया है गुलाम।

'गुलाब' यहाँ शोषक पूँजीपति वर्ग का प्रतीक है तथा 'कुकुरमुत्ता' श्रमजीवी शोषित वर्ग के प्रतीक के रूप में चित्रित है।

निष्कर्ष रूप में हम कह सकते हैं कि दलित कवियों और ग़ैर दलित कवियों के काव्य में प्रयुक्त प्रतीक अपने वातावरण एवं परिवेश से लिये गये हैं। दलित एवं ग़ैर दलित कवियों द्वारा प्रयुक्त प्रतीकों में कोई विशष अन्तर नहीं है। ग़ैर दलित कवियों ने जहाँ पारम्परिक प्रतीकों के साथ नये प्रतीकों को भी काव्य में यथा स्थान प्रयुक्त किया है, वहीं दलितों के काव्य में भी प्रयुक्त प्रतीक एकदम नये भावबोध से परिपूर्ण है।

मिथकीय स्वरूप

दलित एवं ग़ैर दलित कवियों ने अपनी रचनाओं में मिथकों का भरपूर प्रयोग किया है। दोनों कवियों के काव्यों में कर्ण, एकलव्य, शम्बूक इत्यादि पात्र नायकत्व के अधिकारी हैं। पारम्परिक और पौराणिक मिथकीय पात्रों द्वारा कविता में आक्रोश, प्रतिरोध और विरोध की अभिव्यक्ति हुई है। दलित एवं ग़ैर दलित कवियों ने ऐतिहासिक, पौराणिक मिथकों के द्वारा दलित जीवन की त्रासदी, विसंगति और सामाजिक सन्दर्भों की वास्तविकता को चिह्नित किया है। कर्ण, एकलव्य, शम्बूक इत्यादि पात्र दलितों के विद्रोही स्वर को तल्खी प्रदान करते हैं।

ग़ैर दलित एवं दलित कवियों की दलित कविताओं में मिथक कथाएं दलित जीवन की पीड़ा और त्रासदी का चित्रण करती हैं। इसके साथ ही दलितों के विद्रोह, विक्षोभ की भावनाओं, अस्मिता, अस्तित्व की तलाश के लिए जूझते सरोकारों को भी रेखांकित करती हैं।

दलित कवियों एवं ग़ैर दलित कवियों की कविताओं में जो प्रमुख मिथकीय अन्तर दृष्टिगोचर होता है, वह यह है कि दलित कवि राम के स्थान पर शम्बूक, द्रोणाचार्य के स्थान पर एकलव्य, अर्जुन के स्थान पर कर्ण, प्रह्लाद के स्थान पर हिरण्यकशिपु

और होलिका को महिमामण्डित करते हैं। ग़ैर दलित कवि जगदीश गुप्त, रामकुमार वर्मा, रामधारी सिंह 'दिनकर', नरेश मेहता और मोहन अवस्थी इत्यादि कवियों ने दलित कवियों की भाँति क्रमशः शम्बूक, एकलव्य, शबरी और कर्ण को महिमामण्डित

किया है। हिन्दी के दलित कवियों में माता प्रसाद, कँवल भारती, मोहनदास नैमिशराय, जयप्रकाश कर्दम, ओमप्रकाश वाल्मीकि, मलखान सिंह, सुशीला टाकभौरे, कालीचरण 'स्नेही' ने अपनी अनेक कविताओं में मिथकों का भरपूर प्रयोग किया है। इनके मिथक नये मिथकीय स्वरूप की व्याख्या करते हैं। परम्परागत हिन्दी काव्यजगत में राम की सर्वोच्चता का मिथक सर्वोपरि है, जिनको दलित कवि कालीचरण 'स्नेही' ने कटघरे में खड़ा कर दिया है—

राम तुम्हारा आचरण अद्‌भुत और विचित्र।
थी रावण से दुश्मनी, हुआ विभीषण मित्र।।
थी गौतम अभिशप्त जो, उसको किया बहाल।
खुद अपनी प्रिय जानकी, घर से दई निकाल।।
मारी तुमने ताड़का, थी सचमुच निर्दोष।
हँसी ठिठोली स्वयं की सूर्पणखा को दोष।।
खाये तुमने प्रेम से उस शबरी के बेर।
सिर काटा शम्बूक का, यह कैसा अन्धेर।।

दलित कविता ने पारम्परिक मान्यताओं और आदर्शों से भिन्न अपना मिथक स्वयं गढ़ा है। पौराणिक आदर्श पात्र को वह नायक नहीं मानती। दलित कवि पौराणिक पात्रों के दोहरे चरित्र को बारीकी से विश्लेषित कर उसके दूसरे रूप को भी उजागर करते हैं।

मलखान सिंह शिव लिंग के इर्द-गिर्द रचे मिथकीय स्वरूप को ध्वस्त करते हुए एक रक्तरंजित परिभाषा देते हुए लिखते हैं—

हम जब भी/तेरे कदमों में सर रखने की सोचते हैं।
तेरा धरती में गड़ा स्थूल लिंग
अग्रज एकलव्य का कटा अंगूठा
प्रतीत होता है हमें।

'शम्बूक' शीर्षक कविता में कंवल भारती शम्बूक के माध्यम से सामाजिक परिवर्तन का मिथक गढ़ते हैं। वे लिखते हैं—

शम्बूक तुम आज भी सच हो/
आज भी दे रहे हो शहादत
सामाजिक परिवर्तन की यज्ञ में।

ग़ैर दलित कवियों के यहाँ भी कर्ण, एकलव्य, शम्बूक और शबरी नायक की भूमिका में प्रतिष्ठित हुए हैं। ग़ैर दलित कवि रामधारी सिंह 'दिनकर' ने कर्ण की वीरता का वर्णन 'रश्मिरथी' खण्ड काव्य में किया है। कवि का मानना है कि हीनता मूलक विचार परम्परावादी विचार हैं, जिसे वीर पुरुष स्वीकार नहीं कर सकते क्योंकि वीर खींच कर रहते हैं, इतिहासों में लीक। इतना ही नहीं आज के युग की पुकार को और अधिक

उग्र रूप में व्यक्त करते हुए 'दिनकर' ने दुर्योधन के मुख से कहलवाया है—

बड़े वंश से क्या होता है, खोटे हों यदि काम।
नर का गुण उज्ज्वल चरित्र है, नहीं वंश, धन, धाम।।

ग़ैर दलित कवि रामकुमार वर्मा ने 'एकलव्य' खण्डकाव्य में एकलव्य के चरित्र की महत्ता को प्रतिपादित करते हुए लिखा है—

तुम विप्र हो, हे शिष्य! गुरु द्रोण शूद्र हैं!
हा, तुम्हारी गुरुता में गुरु हुआ लघु है।
गुरु-भक्ति ऐसी जो भविष्य के भाल पर,
तिलक बनेगी रवि-रश्मि को समेट के।

एकलव्य की गुरु भक्ति से प्रभावित होकर गुरु द्रोणाचार्य के मुख से यह शब्द मुखरित हो गया जो एकलव्य को अर्जुन से ज्यादा महान शिष्य सिद्ध करता है।

'शम्बूक' लघुकाव्य के माध्यम से ग़ैर दलित कवि जगदीश गुप्त ने शम्बूक को एक नया मिथकीय स्वरूप प्रदान किया है। शम्बूक, राम को राजा के कर्त्तव्यबोध से अवगत कराता हुआ कहता है—

कौन शासक भूल अपनी मानता
सदा अपराधी प्रजा को जानता
राम तुम राजा बने किस हेतु हो?
व्यष्टि और समष्टि मन के सेतु हो?
शूद्र घाती बने, करके क्रोध,
क्या तुम्हारा यही समताबोध।

दलित और ग़ैर दलित कवियों ने पारम्परिक पौराणिक मिथकों को तोड़कर शास्त्रीय प्रतीकों को नकारते हुए उनके सच को उजागर किया है। बकौल रमणिका गुप्ता "दलित साहित्य अभिजात साहित्य से बिल्कुल भिन्न है। वह उनके मिथकों को तोड़कर नये मिथक गढ़ता है या पुराने मिथकों को नये सिरे से परिभाषित करता है।"

इस प्रकार हम देखते हैं कि दलित एवं कुछेक ग़ैर दलित कवियों ने पारम्परिक मिथक मान्यता और आदर्श से भिन्न एक नया सौन्दर्यशास्त्र गढ़ा है जो अधिक मानवीय, अधिक उपयोगी और यथार्थपरक हैं। दलित एवं ग़ैर दलित कवियों की कविताओं में कर्ण, एकलव्य, शम्बूक नायकत्व प्राप्त कर चुके हैं। इन पात्रों के आधार पर प्रचलित पारम्परिक मिथकीय स्वरूप के सौन्दर्यशास्त्रीय मान्यताओं पर एक प्रश्नचिह्न खड़ा हुआ है। रावण, हिरण्यकशिपु, शूर्पणखा, शम्बूक, एकलव्य आदि को जिन्हें हिन्दी काव्य जगत में उचित स्थान नहीं मिला उन पर दलित कवियों द्वारा पुनर्विचार करना या उनके साथ किये गये व्यवहारों का पुनर्मूल्यांकन करना न तो अनुचित है न आश्चर्यजनक। इस सन्दर्भ में मैनेजर पाण्डेय लिखते हैं—"आज के जो दलित लेखक पुराणों और महाकाव्यों में वर्णित राक्षसों पर अगर पुनर्विचार कर रहे

हैं तो यह अपत्तिजनक क्यों माना जाय? वास्तव में हर नया सामाजिक और सांस्कृतिक आन्दोलन अपने उद्देश्य के अनुसार परम्परा का पुनर्मूल्यांकन करता है।'' इस प्रकार अब यह देखने में आ रहा है कि दलित और ग़ैर दलित कवि हिन्दू मान्यताओं में राक्षस कही जा रही जातियों पर भी रचनाएँ कर रहे हैं।

निष्कर्षतः हम कह सकते हैं कि पारम्परिक साहित्यिक, पौराणिक मान्यताओं, मापदण्डों के विरोध में दलित कविता ने अपना रास्ता चुना। बिम्ब, प्रतीक और मिथक सभी में व्यवस्था के खिलाफ प्रतिरोध, नकार, आक्रोश, दिखायी देता है। मानव मुक्ति के लिए लिखे जा रहे इस काव्य की पहचान इसके भावपक्ष से की जा सकती है, जिसे व्यवस्था के विरोध में एक दलित कवि पीड़ा को भोगकर लिखता है। दलित कविता की अवधारणा में मुक्ति का यह व्यापक समाजशास्त्र परिलक्षित होता है, जिसे दलित और ग़ैर दलित कवियों ने अब तक के यथार्थ चिन्तन से पाया है। यह वही चिन्तन है जो मानव मुक्ति की आवाज को बुलन्द करता है।

उपसंहार

हिन्दी साहित्य की लगभग सभी बिधाओं में दलित हाशिये पर रहा है और एक लम्बे समय तक उसका स्वर सुनायी नहीं पड़ा, किन्तु भूमण्डलीकरण ने दलितों को भी अपने अधिकारों और आत्मसम्मान के लिए आगे आने का अवसर प्रदान किया। भूमण्डलीकरण ने न केवल समाज, संस्कृति, धर्म और राजनीति को ही प्रभावित किया अपितु साहित्य और कला के केन्द्र को भी बदल दिया। इसके साथ ही आधुनिक हिन्दी कविता के समकालीन परिदृश्य में दलित चेतना के आगमन ने कविता को कलात्मक संरचना के साथ उसे एक सामाजिक संरचना के रूप में ढालने का काम किया। दलित साहित्य आन्दोलन के उभार ने हिन्दी साहित्य जगत में बेचैनी पैदा की जिसके फलस्वरूप साहित्य की तमाम विधाओं में दलित अन्वेषण की प्रक्रिया की शुरुआत हुई।

हिन्दी में दलित चेतना सम्बन्धी कविताएँ बीसवीं सदी के आरम्भ से ही मिलने लगती हैं। राष्ट्रीय जागरण और मुक्ति आन्दोलन के प्रभाव में रचे जाने वाले काव्यों में दलित चेतना को विशेष तरजीह मिली है। ठीक उसी समय दलित क्षेत्र में भी लेखन की शुरूआत होती है। आदि हिन्दू आन्दोलन के जनक और अम्बेडकर के विचारों से प्रभावित स्वामी अछूतानन्द हरिहर ने 1912 ई. में अम्बेडकर के आन्दोलन से प्रभावित होकर मनुस्मृति पर अपनी प्रसिद्ध कविता लिखी जिसमें दलित चेतना का विशिष्ट रूप देखने को मिलता है।

हिन्दी दलित कविता के मूल में फूले-अम्बेडकरी विचारधारा है। फूले-अम्बेडकर के विचार से ही दलित कविता लैस है। समतावादी समाज की स्थापना ही दलित काव्य का मुख्य ध्येय है। दलित कविता एक तरह से विद्रोह की कविता है। अतः इस कविता में विद्रोहात्मकता का स्वर अधिक ऊँचा है। परम्परा और रूढ़ियों के प्रति नकार, जाति-पाँति, भेद-भाव, ऊँच-नीच का विरोध दलित कविता का मुख्य उपजीव्य है। दलित कविता ने भारतीय समाज में प्रचलित प्राचीन रूढ़ियों और परम्पराओं का जमकर विरोध किया है।

दलित साहित्य को लेकर साहित्यिक घरानों में कई विवाद हैं, इसके नामकरण, रचनाकार से लेकर स्वरूप, अन्तर्वस्तु के विषय में साहित्यिक बिरादरी

में बहस जारी है। एक बहस दलित साहित्य की अवधारणा को लेकर है कि क्या दलित साहित्य के अन्तर्गत केवल दलितों के द्वारा रचित साहित्य को रखा जाए अथवा उस साहित्य को भी जो ग़ैर दलितों द्वारा दलितों के जीवन पर लिखा गया है? दरअस्ल सवाल स्वानुभूति और सहानुभूति के प्रश्न का है। जो प्रामाणिक अभिव्यक्ति के प्रश्न से जुड़ा है। जहाँ दलित आलोचक, चिन्तक और कवि दलित साहित्य को सिर्फ दलितों द्वारा रचित साहित्य तक ही सीमित रखना चाहते हैं उसके भी ठोस कारण हैं जिसकी विस्तार से चर्चा की गयी है। इसके अलावा जैसा कि राजेन्द्र यादव, रमणिका गुप्ता मैनेजर पाण्डेय, शिवकुमार मिश्र जैसे अनेक ग़ैर दलित साहित्यकारों ने भी स्वीकार किया है कि दलित साहित्य का प्रामाणिक व्याख्याता दलित लेखक ही हो सकता है, स्वानूभूति, यथार्थ का कोई विकल्प नहीं हो सकता। किन्तु यह बात भी कम महत्त्वपूर्ण नहीं है कि देखे, सुने अथवा संवेदना के स्तर पर आत्मसात किये गये यथार्थ की भी अपनी एक विश्वसनीयता और प्रामाणिकता होती है। जिसका साक्ष्य प्रेमचन्द, निराला, नागार्जुन और अदम गोण्डवी, जैसे लेखकों की कृतियों में मिलता है। यदि कोई ग़ैर दलित कवि या लेखक दलित जीवन की विसंगतियों का साक्षात्कार कर पूरी संवेदना के साथ उनके जीवन संघर्ष को प्रस्तुत कर रहा है तो ऐसे लेखन को बाहर रखना न्याय नहीं होगा। शरणकुमार, लिम्बाले, चमनलाल, रत्न कुमार, साँभरिया जैसे प्रभृति दलित साहित्यकारों ने इस मत की वकालत की है। प्रस्तुत पुस्तक में इसकी भी विवेचना की गयी है। जहाँ तक दलित और ग़ैर दलित कवियों के काव्य की वैचारिकी का प्रश्न है तो हर विमर्श, हर आन्दोलन का अपना एक वैचारिक आधार होता है। वैचारिकी से तात्पर्य उस केन्द्रीय सोच, उस दर्शन, उस सिद्धान्त से है। जिस पर वह आन्दोलन वह विमर्श आधारित है। दलित काव्य भी अपना आदर्श अम्बेडकर को मानता है यानी दलित काव्य की वैचारिकी अम्बेडर वाद से प्रेरणा ग्रहण करती है। दलित आलोचक, चिन्तक शरणकुमार लिम्बाले, जयप्रकाश कर्दम, ओमप्रकाश वाल्मीकि और कँवल भारती इत्यादि। जैसे प्रभृति विद्वान् अम्बेडकर को ही अपना प्रेरणास्त्रोत मानते हैं। दलित और ग़ैर दलित साहित्य के वैचारिकी के सन्दर्भ में महेन्द्र प्रताप राना लिखते हैं, दलित साहित्य राष्ट्रीय एकता को प्रदर्शित करता है। यह मातृभाव का सन्देश देता है। इसके विपरीत ग़ैर दलित साहित्य देश व समाज को तोड़ने पर बल देता है। ग़ैर दलित साहित्य वर्ण-व्यवस्था पर आधारित है जबकि दलित साहित्य वर्ण-व्यवस्था का घोर विरोधी है। वही धर्मवीर दलित एवं ग़ैर दलित काव्य की वैचारिकी के विषय में लिखते हैं दलित साहित्य की विशेषता है कि हिन्दू साहित्य के विश्वकोष महाभारत और रामायण से यह अपने कथानक नहीं चुन सकता कारण साफ है कि ये उसके साहित्यिक ग्रन्थ नहीं है। यानी धर्मवीर हिन्दू धर्म में प्रचलित इन महाकाव्यों से अपना विरोध दर्ज कराते हैं। दलित आलोचक

तेज सिंह तो यहाँ तक कह देते हैं कि गैर दलित साहित्य शास्त्रीय, अपारदर्शी हैं। तो दलित साहित्य यथार्थवादी व पारदर्शी हैं। एक प्रकार से देखा जाय तो दलित कविता में इतिहास और संस्कृति के सन्दर्भ में नयापन है। उसकी सांस्कृतिक चेतना पारम्परिक सांस्कृतिक चेतना से भिन्न है और इतिहास बोध में इतिहास में उपेक्षित दलित, पीड़ित पात्रों का गौरवगान है। प्रस्तुत पुस्तक में इन सभी बातों के विवेचन का विनम्र प्रयास किया गया है। जहाँ तक प्रतिरोध और कला के छल के द्वन्द्व का प्रश्न है तो दलित साहित्यकार परम्परावादी प्रतिमानों को मानने के हिमायती नहीं है। वे भाषा, रस, छन्द, अलंकार, प्रतीक और बिम्ब आदि काव्य विधायक तत्त्वों की अपनी कविताओं में परवाह नहीं करते हैं। वे इन प्रतिमानों को नकारते हुए नये प्रतिमान स्थापित करना चाहते हैं। भाषा, विषय वस्तु, कथ्य और संवेदना के स्तर पर वे विद्रोह का विगुल बजाते हैं। इसकी भी विवेचना पुस्तक में की गयी है।

जहाँ तक स्वतन्त्रता के पूर्व दलित एवं ग़ैर दलित साहित्य के परिदृश्य का सवाल है तो मेरी दृष्टि में भारतेन्दु युग में अभी तक किसी बड़े दलित लेखक या कवि की पहचान नहीं हो सकी। जयप्रकाश कर्दम ने अपनी पुस्तक 'दलित साहित्य का इतिहास-भूगोल' में लिखा है कि मारकण्डे दास 'चिंरजीत' उपनाम से कविता किया करते थे। मारकण्डे आधुनिक भोजपुरी साहित्य के पहले दलित कवि है। वे जाति के मोची थे और गाजीपुर में रहा करते थे। उनकी कुछ रचनाएँ हिन्दी में भी हैं। पर इतना जरूर है कि वे भारतेन्दु के समकालीन थे और उनसे उम्र में थोड़े छोटे थे। मारकण्डे दास की भोजपुरी में बनारसी भोजपुरी का मिश्रण है। उनकी रचनाएँ श्रृंगारिकता एवं भक्तिभावना से ओत-प्रोत हैं। (आधुनिक भोजपुरी के दलित कवि और काव्य, डॉ. राजेन्द्र प्रसाद सिंह) श्रृंगार एवं भक्ति भावना भारतेन्दु युग की एक अन्यतम विशेषता मानी जाती है।

भारतेन्दु युगीन कवियों में भारतेन्दु हरिश्चन्द्र, प्रतापनारायण मिश्र, चौधरी बद्रीनारायण प्रेमघन में कोई भी दलित कवि नहीं है। बावजूद इसके भारतेन्दु युगीन ज्यादातर कवियों ने अपनी कविताओं में दलितों की भावनाओं को संस्पर्श जरूर किया है। इनकी रचनाओं में दलितों की स्थिति, उनके परिवेश, रहन-सहन, वेश-भूषा, उनके श्रम को थोड़ी मात्रा में ही सही किन्तु उसका जिक्र जरूर हुआ है। भारतेन्दु युगीन कविता में दलितों के पक्ष और विपक्ष दोनों से सम्बन्धित रचनाएँ दिखायी पड़ती हैं, किन्तु यह भी सच है कि भक्तिकाल के बाद दलितों को उपजीव्य बनाकर भारतेन्दु युगीन कवियों ने ही काव्य सृजन का कार्य किया है। मेरी जानकारी में रीतिकालीन किसी भी कवि की कविताओं में दलितों का चित्रण नहीं मिलता है। प्रस्तुत पुस्तक में इन सब बातों का यथास्थान जिक्र हुआ है।

यों तो द्विवेदी युगीन ग़ैर दलित कवियों की लम्बी श्रृंखला प्राप्त होती है किन्तु मैथिलीशरण गुप्त, श्रीधर पाठक, गयाप्रसाद शुक्ल 'सनेही', सियारामशरण गुप्त,

अयोध्या सिंह उपाध्याय हरिऔध और रामनरेश त्रिपाठी के काव्य में दलित मुखर रूप से आया है। यदि भारतेन्दु एवं द्विवेदी युग के अन्तर की बात करें तो निःसन्देह भारतेन्दु युगीन कवियों ने दलितों का उत्थान चाहा तो है किन्तु वे वर्णाश्रम व्यवस्था को तोड़ना नहीं चाहते थे, जबकि द्विवेदी युगीन कवियों की दृष्टिकोण में दलितों का सम्यक् उत्थान नजर आता है मसलन उन्होंने वर्णाश्रम व्यवस्था पर चोट भी किया है और दलितों की हिमायत भी की है साथ ही उन्हें मुख्यधारा के साथ जोड़ने का भी प्रयास किया है।

द्विवेदी युगीन कवियों ने दलितों की सामाजिक उपयोगिताओं को भी सिद्ध किया है। बावजूद इसके आधुनिक हिन्दी कविता में सर्वप्रथम भारतेन्दु युगीन कवियों ने ही दलितों को वर्ण्य विषय बनाया। द्विवेदी युगीन दलित कवियों में हीरा डोम एवं अछूतानन्द 'हरिहर' की पर्याप्त चर्चा होती है। इनके काव्य में ही सर्वप्रथम दलितों की पीड़ा, सामाजिक उपेक्षा उनके शोषण का उल्लेख मिलता है। अछूतानन्द की कविता में इतिहास की गवेषणा थी। शोषणाधारित समाज एवं अन्याय की आलोचना थी। अछूतानन्द के बाद स्वामी शंकरानन्द एवं अयोध्यानाथ ब्रह्मचारी का नाम आता है, दोनों ही वेदमार्ग पर चलकर वर्ण-व्यवस्था के पक्के समर्थक बने। यों तो ज्यादातर छायावादी कवि ग़ैर दलित हैं। बावजूद इसके इन कवियों ने अपनी कविताओं में दलितों की सामाजिक, आर्थिक समानता की बात उठायी है। छायावादी कवियों में, प्रसाद, पन्त, निराला, महादेवी वर्मा सशक्त हस्ताक्षर के रूप में जाने जाते हैं। इसके अतिरिक्त रामकुमार वर्मा, आर.सी. प्रसाद सिंह आदि कवियों ने भी दलित चेतना सम्बन्धी कविताएँ लिखी हैं। महादेवी वर्मा की कविताओं में दलित शब्द का दो स्थान पर प्रयोग जरूर हुआ है किन्तु उसका दलितों से कोई निजी सरोकार नहीं है। वैसे ही प्रसाद की कविताओं में भी दलित चेतना का वास्तविक अंकन नहीं हुआ है।

छायावादी कवियों में सर्वप्रथम यदि किसी कवि में दलितों की पीड़ा, व्यथा और वेदना के प्रति गहरी संवेदनशीलता है उनके उत्थान की गहरी आकांक्षा हैं तो वह है 'निराला' में। दलित आलोचक राजकुमार सैनी का मत है कि हिन्दी की आधुनिक हिन्दी कविता के इतिहास में दलित शब्द का प्रयोग सम्भवतः सबसे पहले महाकवि निराला ने किया—'दलित जन पर करो करुणा।' निराला की अनेक कविताओं में दलितों को उचित प्रतिनिधित्व मिला है। यहाँ नाम देने की कोई आवश्यकता नहीं है। निराला की काव्य संवेदना का एक बड़ा भाग दलित चेतना का उद्घोष करता है। पन्त की अनेक कविताओं में दलित चेतना के मार्मिक चित्र मिलते हैं। पन्त के परवर्ती काव्य संकलनों में ग्राम्या, युगपथ, युगवाणी में दलितों को यथोचित स्थान दिया गया है। दलितों के शोषण में रूढ़ परम्पराओं की अहम भूमिका रही है। पन्त जी समस्त रूढ़िवादी परम्पराओं को विसर्जित करने की सलाह

देते हैं। छायावादी लघुत्रयी से सम्बन्धित रामकुमार वर्मा ने अछूतों का समाज में महत्त्व प्रतिपादित किया है। समाज में सबका अपना महत्त्व है। 'अछूत' शीर्षक कविता में रामकुमार वर्मा कहते हैं कि यदि अछूत अपना काम छोड़ दें तो पण्डितों को हाथ में झाड़ू-डलिया लेनी पड़ जायेगी इसलिए भेद-भाव भुलाकर मिल-जुल कर रहना ही श्रेयस्कर है। आर.सी. प्रसाद की 'हरिजन' कविता में दलितों को ईश्वर की सच्ची विभूति कहकर उनका सामाजिक महत्त्व बढ़ाया गया है।

उत्तर छायावाद में कई काव्यधाराएँ एक साथ चलती है। इनमें वर्गों का विभाजन करना मुश्किल है। इसलिए इस काल के प्रमुख कवियों की रचनाओं में सीधे दलित बोध को देखा जा सकता है, बजाय उन्हें पृथक्-पृथक् वर्गों में विभक्त करके। इस समय भारत में वर्ग संघर्ष तीव्र हो चुका था सामाजिक विषमता और शोषण के कारण दलितों की सबसे बुरी स्थिति थी। उत्तर छायावादी कवियों ने अपनी रचनाओं में इसी दलित बोध को अभिव्यक्ति दी है। उत्तर छायावादी कवियों में हरिवंशराय बच्चन, माखनलाल चतुर्वेदी, बालकृष्ण शर्मा 'नवीन', भगवतीचरण वर्मा, सुभद्रा कुमारी चौहान, रामधारी सिंह 'दिनकर', नरेन्द्र शर्मा, रामेश्वर शुक्ल 'अंचल', सोहनलाल द्विवेदी इत्यादि की कविताओं में दलित समस्याओं को प्रमुखता से उकेरा गया है। मैंने अपने पुस्तक में जिसके विश्लेषण का भी विनम्र प्रयास किया है।

हरिवंशराय बच्चन अपने प्रसिद्ध काव्य संग्रह मधुशाला में जाति-पाँति का विरोध करते हुए लिखते हैं कि वहाँ सब एक साथ बैठकर पीते हैं। कोई किसी प्रकार का भेद-भाव नहीं मानता है। सौ समाज सुधारकों का काम अकेले मधुशाला करती है। बच्चन ने अपनी अनेक कविताओं में दलितों की पीड़ा, तिरस्कार, अपमान को उकेरा है। 'मिट्टी का द्रोणाचार्य' शीर्षक कविता के अन्तर्गत एकलव्य का उदाहरण देकर उन्होंने दलितों के प्रति होने वाले उपेक्षा और अन्याय को बतलाया है। बालकृष्ण शर्मा 'नवीन' ने दलितों के इस स्थिति के लिए व्यक्ति को ही नहीं बल्कि ईश्वर को भी कटघरे में खड़ा किया है। ईश्वर के प्रति यह पहली विद्रोह वाणी किसी ग़ैर दलित कवि की मानी जा सकती है। प्रेम एवं मस्ती के गायक कवि के रूप में शुमार भगवतीचरण वर्मा ने भी दलितों की स्थिति का चित्रण बड़ें मार्मिक ढंग से किया है। एकलव्य की भाँति कर्ण के साथ भी वर्ण-व्यवस्था के नाम पर अन्याय किया गया जिसका जिक्र उन्होंने त्रिपथगा नाटक में किया है। ठीक इसी प्रकार रामधारी सिंह 'दिनकर' अपने खण्डकाव्य रश्मिरथी में वर्ण-व्यवस्था को आधार बनाकर चलते हैं। कर्ण को सूत पुत्र होने के कारण जब अर्जुन से लड़ने की अनुमति नहीं दी जाती तब वह क्रोध से कहता है कि जाति-पाँति क्या रटते हो? यदि शक्ति हो तो मेरे भुजबल से मेरी जाति पूछो।

प्रगतिशील काव्य धारा के प्रमुख कवि नरेन्द्र शर्मा ने अपने काव्य संग्रह 'रक्त चन्दन' में संकलित 'हत्यारा' शीर्षक कविता में दलितों के शोषण के लिए ब्राह्मणों को जिम्मेदार ठहराया है। राष्ट्रीय सांस्कृतिक कव्यधारा की प्रमुख कवयित्री सुभद्रा

कुमारी चौहान ने 'प्रभु तुम मन की जानो' शीर्षक कविता में दलितों के मन्दिर में प्रवेश निषेध को वर्ण्य विषय बनाया है वे कहती हैं कि मैं अछूत हूँ इसलिए मुझे मन्दिर में आने का अधिकार नहीं है किन्तु ईश्वर आप यह मत समझना कि आप से मुझे कोई घृणा है। ठीक इसी प्रकार सोहनलाल द्विवेदी ने भी 'हरिजनों की गीत' शीर्षक कविता में दलितों का चित्रण किया है।

प्रगतिवादी कवियों ने वर्ग के आधार पर दलितों का जबरदस्त पक्ष लिया। प्रगतिवादी कविता ने शोषक और शोषितों के माध्यम से दलितों को काव्य विषय बनाया। ये कवि आर्थिक दृष्टि से एक समतावादी समाज की स्थापना करना चाहते हैं।

प्रयोगवादी कवियों में शुमार अज्ञेय, गिरिजाकुमार माथुर, नरेश मेहता, धर्मवीर भारती, भारतभूषण अग्रवाल तथा प्रभाकर माचवे आदि हिन्दी काव्यजगत में अपना महत्त्वपूर्ण स्थान रखते हैं। इन सभी कवियों ने अपनी लेखनी द्वारा दलितों की सामाजिक, आर्थिक समस्याओं को अपनी कविताओं में उकेरा है। प्रयोगवादी कवियों ने भी दलितों के प्रति बरते जाने वाले अस्पृश्यता के भाव का मुखर विरोध किया जिसकी परिणति हमें नरेश मेहता कृत 'प्रार्थना पुरुष' एवं 'शबरी' खण्डकाव्य में मिलती है। चौंकाने वाली बात यह है कि छायावाद से प्रगतिवाद तक किसी दलित कवि की किसी दलित कविता का उल्लेख नहीं मिलता है, अगर किसी का उल्लेख मिलता है तो वह है बिहारी लाल हरित। जिनकी जोटव भजनावली 1938 ई. में प्रकाशित हुई जिनमें कवि मेहनतकश गरीब दलित की पीड़ा का चित्रण करता है। सामन्ती व्यवस्था में उसकी सबसे बड़ी पीड़ा है उससे बेगार लेना। इसी बीच बिहारी लाल हरित का सम्पर्क अम्बेडकर से हुआ जिनके विचारों को सुनकर उनकी कविता में नयी सौन्दर्य चेतना का विकास हुआ जिसके फलस्वरूप उनकी आठ कविताओं की लघुपुस्तिका 'अछूतों का पैगम्बर' नाम से 1946 ई. में प्रकाशित हुई। 1946 ई. में उनके दो काव्य संग्रह 'अछूतों का बेताज बादशाह' और 'अछूतों का पिस्तौल' भी छप चुकी थी किन्तु ये पुस्तकें आज उपलब्ध नहीं है। बिहारी लाल हरित के अलावा इस युग में किसी अन्य दलित कवि की कविताओं का अभी तक पता नहीं चल सका है। स्वतन्त्रता के पश्चात् ग़ैर दलित कवियों की एक लम्बी शृंखला प्राप्त होती है। नयी कविता के कवियों ने समाज में व्याप्त विषमता, जाति-भेद, उपेक्षा, दुर्दशा को कविता का विषय बनाया। नयी कविता के प्रमुख कवि जगदीश गुप्त ने शम्बूक वध काव्य के माध्यम से दलितों के साथ होने वाले अन्याय को प्रदर्शित किया है। शासक वर्ग जिस प्रकार से उस अन्याय को न्याय साबित करने का प्रयास करता है यह भी इसमें द्रष्टव्य है। नयी कविता ने सामाजिक वैषम्य और आर्थिक वर्ग विभेदता का विरोध किया। नये कवियों ने सामाजिक दायित्व को समझा। समाज में विषमता पैदा करने वाले धार्मिक, पाखण्ड सामाजिक कुरीतियों

का डटकर मुकाबला किया। समकालीन कवियों की एक लम्बी फेहरिस्त है किन्तु जिनमें दलित चेतना स्पष्टतः दिखायी पड़ती है वे हैं, सुदामा प्रसाद पाण्डेय 'धूमिल', कैलाश वाजपेयी, रणजीत, सोमदत्त, अदम गोण्डवी, मंगलेश डबराल, राजेश जोशी, चन्द्रकान्त देवताले, लीलाधर जगूड़ी इत्यादि।

स्वतन्त्रता के लम्बे वर्षों के बाद भी शोषित जनता को आजादी एवं जनतन्त्र का सुख न प्राप्त हुआ। ऐसे पूँजीवादी लोकतन्त्र से शोषित वर्ग का मोहभंग हो गया। देश की व्यवस्था में भ्रष्टाचार और शोषण की प्रक्रिया तेज होने लगी। समकालीन कवियों ने भ्रष्ट व्यवस्था के समस्त तन्त्र पर प्रहार किया। समकालीन कविता में भूखे आदमी का बयान, रोटी का संघर्ष, श्रम का शोषण और अकाल से उत्पन्न विकट स्थितियों का बखूबी चित्रण हुआ है।

स्वतन्त्रता के पश्चात् दलित काव्य के परिदृश्य पर नजर डाली जाये तो हमें एक लम्बी शृंखला कवियों की प्रप्त होती है। स्वतन्त्रता के पश्चात् भारतीय समाज में बसे सभी वर्णों ने अपने विचार से इस स्वतन्त्रता का अनुभव किया था। दलितों ने भी इस आजादी को अपने तरीके से अनुभव किया। रूपचन्द महाशय की रूपचन्द भजनावली सन् 1956 ई. में प्रकाशित हुई, जिसमें कवि ने दलितों के भी स्वतन्त्र होने पर खुशी ज़ाहिर की है वे लिखते हैं कि अब दलितों को मन्दिर में प्रवेश करने से कोई नहीं रोकेगा। और न ही उन्हें अब कोई कुएँ से पानी लेने के लिए मना करेगा। यदि कोई चमार कहकर उनको बुलाया तो उसे सजा मिलेगी। मतलब आजादी के बाद दलितों की सामाजिक महत्त्व में बढ़ोतरी हुई है। सामाजिक व्यवस्था में अब उन्हें सम्मान एवं बराबरी की दृष्टि से देखा जायेगा उनके लिए यही आजादी का मतलब था। साठ के दशक में दलित कवि चन्द्रिका प्रसाद जिज्ञासु दलित चेतना के वाहक के रूप में नजर आते हैं। जिज्ञासु ने जिस आजादी का स्वप्न देखा था वह आजादी मिलने के बाद पूर्ण न हो सकी। स्वतन्त्रता के बावजूद शोषक हर तरह का शोषण करने के लिए स्वतन्त्र है। चोर-बाजारी, रिश्वतखोरी रूक नहीं रही है जिसका कवि को काफी गहरा क्षोभ है। नब्बे के दशक में दलित साहित्य आन्दोलन के अन्तर्गत एक विशाल लेखक वर्ग तैयार हुआ जिनका रचनाकर्म दलित सवालों को न केवल प्रखर रूप में उठाया बल्कि उसके पक्ष में दलित साहित्य का वातावरण भी विकसित किया। ज्यादातर दलित कवियों ने ब्राह्मणवादी व्यवस्था, जाति-पाँति, ऊँच-नीच, भेद-भाव, पूँजीवाद, सामन्तवाद आदि का खुलकर विरोध किया। इन रचनाकारों में मोहनदास नैमिशराय, जयप्रकाश कर्दम, श्यौराजसिंह 'बेचैन', ओमप्रकाश वाल्मीकि, कंवल भारती, सोहनपाल सुमनाक्षर, कालीचरण स्नेही, लक्ष्मीनारायण सुधाकर, सी. बी. भारती, मलखान सिंह, सूरजपाल चौहान, दयानन्द बटोही, सुशीला टाकभौरे, कुसुम, वियोगी आदि महत्त्वपूर्ण हस्ताक्षर हैं। इन सभी कवियों के यहाँ प्रतिरोध का स्वर और आक्रोश

हमें देखने को मिलता है। दलित कवियों की ज्यादातर कविताओं में भावुकता का कोई स्थान नहीं है, उनकी कविताओं में सामाजिक रूढ़ियों का विरोध, ईश्वर के प्रति नकार, सामाजिक समानता पर बल, शोषण का मुखर विरोध व्यंजित हुआ है।

जहाँ तक दलित और ग़ैर दलित कवियों के काव्य में साम्य और वैषम्य का प्रश्न है तो दोनों कवियों के काव्यों में समानता एवं विषमता दृष्टिगोचर होती है। समानता

की बात करें तो दोनों कवियों के काव्यों में ज्यादतर जगहों पर वर्ण-व्यवस्था, दलित दीन-हीनों का चित्रण, उनकी यातना, पीड़ा, संत्रास, संघर्ष और मुक्ति की आकांक्षा, शोषण का विरोध, सामाजिक समानता पर बल का चित्रण मिलता है। जहाँ दलितों की काव्य दृष्टि का निर्माण अम्बेडकर के दर्शन के आधार पर हुआ है वहीं ग़ैर दलितों कवियों की वैचारिकता का निर्माण गाँधी एवं मार्क्स के दर्शन से है। विषमता की दृष्टि से देखा जाय तो सबसे प्रमुख तत्त्व स्वानुभूति और सहानुभूति का उभरकर सामने आता है। इसके साथ ही काव्यवस्तु, काव्य भाषा, बिम्ब, प्रतीक, मिथक, शैली की दृष्टि में भी अन्तर परिलक्षित होता है। जिसका समुचित विवेचन इस पुस्तक में करने की कोशिश की गयी है।

जहाँ तक दलित और ग़ैर दलित कवियों के विषयवस्तु के चयन के स्वरूप का सवाल है तो हम कह सकते हैं कि दलित एवं ग़ैर दलित कवियों ने दलित चेतना को अपने शब्दों में पिरोया है। दलितों को केन्द्र में रखकर जो भी कविताएँ लिखी गयी हैं वे उनके प्रति शोषण, अन्याय, उत्पीड़न, अत्याचार का डटकर मुकाबला करती है। ये कविताएँ आज दलितों की दशा एवं दिशा दोनों का निर्धारण कर रही हैं। इन कवियों की कविताओं में वर्ण-व्यवस्था, अस्पृश्यता का विरोध, छुआछूत, असमानता का विरोध जाति के आधार पर शोषण का विरोध रूढ़ियों, आडंबरों एवं पाखण्डों का विरोध के साथ ही जाति-पाँति, ऊँच-नीच और भाग्यवाद के खिलाफ विद्रोह का स्वर उभरा है। आज दलित शोषण, दमन, अत्याचार और उत्पीड़न से मुक्ति चाहता है। जिसमें दलित एवं ग़ैर दलित कवियों की कविताएँ अहम भूमिका अदा कर रही है। जिसका विवेचन मैंने प्रस्तुत शोध प्रबंध में किया है। जहाँ तक दलित चेतना के विविध रूप का प्रश्न है तो दलित चेतना को विकसित करने में धार्मिक सन्तों, राष्ट्रीय नेताओं, बुद्धिजीवियों और समाज सुधारकों का विशेष हाथ रहा है। इन सभी तथाकथित लोगों ने दलितों की सामाजिक, सांस्कृतिक, आर्थिक, और राजनीतिक समस्याओं की ओर ध्यानाकर्षित किया। दलित चेतना को गाँधीवाद, मार्क्सवाद, अम्बेडकरवाद और लोहियावाद ने विशेष रूप से प्रभावित किया।

हिन्दी कविता में दलित चेतना को उद्‌बुध करने में विभिन्न आन्दोलनों की भूमिका महत्त्वपूर्ण एवं सराहनीय है। जिसका विवेचन मैंने अपने पुस्तक में करने का विनम्र प्रयास किया हैं

जहाँ तक मिथक एवं इतिहास दृष्टि की बात है तो दलित एवं ग़ैर दलित कवियों के मिथकों में समानता एवं विषमता दोनों परिलक्षित होती है। जहाँ दलित कवियों के काव्यनायक एकलव्य, शम्बूक, कर्ण, रावण, हिरण्यकशिपु, शूर्पणखा, अहल्या, हैं वहीं कुछ ग़ैर दलित कवियों को छोड़ दिया जाय तो ज्यादातर कवियों के काव्य नायक द्रोणाचार्य, अर्जुन, राम, प्रह्लाद इत्यादि हैं। दलित कवियों की कविताओं में पौराणिक एवं ऐतिहासिक मिथक नये तरीके से प्रयुक्त हुए हैं। दलित कवियों ने अनेक परम्परागत नायकों के दोहरे मानदण्डों को दिखाते हुए उनके दूसरे चेहरे को सामने लाने का प्रयास किया है।

भगवान राम जो गैर दलित कवियों के यहाँ मर्यादा पुरुषोत्तम के रूप में चित्रित हैं, उसी राम को दलित कवि हत्यारे के रूप में चित्रित करता है। इसी प्रकार गुरु द्रोणाचार्य को गुरु की महत्ता से गिराकर दलित कवि खलनायक के रूप में चित्रित करता है। वहीं दूसरी ओर दलित कवियों के यहाँ शम्बूक, एकलव्य, कर्ण आदि पात्र नायक के रूप में प्रतिष्ठित हुए हैं जो जिजीविषा, विद्रोह और संघर्ष के प्रतीक बन गये हैं। जिसका विवेचन मैंने अपने शोध प्रबंध में किया है।

दलित एवं गैर दलित कवियों के काव्य के समाजशास्त्रीय विश्लेषण से पता चलता है कि दलित एवं ग़ैर दलित कवियों के काव्य का स्वरूप अपने-अपने समाजशास्त्र पर टिका है, क्योंकि दोमों कवियों की सामाजिक संरचना पृथक्-पृथक् है। दलित साहित्यकारों का मानना है कि दलित कवियों का सामाजिक ढाँचा पूरी तरह से लोकतान्त्रिक एवं ग़ैर दलित समाज से पूरी तरह से भिन्न है। दलित विचारकों का मानना है कि दलित समाज के स्त्री-पुरुष दोनों ही परिश्रमी होते हैं और उनको आपस में बराबरी का दर्जा हासिल है, जबकि दलित स्त्रियों के बरअक्स ग़ैर दलित समाज की स्त्रियाँ पुरुषों के अधीन रहती हैं साथ ही वे अपने पारिवारिक निर्णयों में भी शामिल नहीं रहती हैं।

जहाँ तक प्रतिरोध का स्वरूप और नये समाज के निर्माण के स्वप्न की बात है तो दलित एवं ग़ैर दलित कवियों का प्रतिरोध और नकार वर्ण-व्यवस्था, जाति-पाँति, ऊँच-नीच, सामन्ती सोच, ब्राह्मणवादी दृष्टिकोण के साथ ही सामाजिक, आर्थिक विषमताओं के प्रति है। इस प्रतिरोध के पीछे जो उद्देश्य और आदर्श है वह ऐसे समाज की सृष्टि है जो समन्वय, सामंजस्य और सहअस्तित्व पर आधारित हो। इन कवियों का प्रतिरोध उन्हीं व्यवस्थाओं, विश्वासों और मान्यताओं के प्रति है जो देश, समाज और मानवता के लिए अशुभ एवं अमंगलकारी है। उक्त तथ्यों का भी विवेचन मेरे पुस्तक में हुआ है।

यदि हम कविता के समाजशास्त्र दलित एवं ग़ैर दलित काव्य दृष्टि के अन्तर की बात करें तो दलित एवं ग़ैर दलित कवियों के काव्य दृष्टि में कुछ बिन्दुओं पर समानता एवं असमानता दोनों दृष्टिगोचर होती है। ग्रामीण परिवेश का चित्रण दोनों

कवियों के यहाँ बखूबी मिलता है। भारतीय गाँव को दोनों कवियों के काव्यों में सामन्तवाद, जातिवाद, वर्ण-व्यवस्था के पोषक के रूप में चित्रित किया गया है। दलित एवं ग़ैर दलित दोनों कवियों के काव्यों में ईश्वर के अस्तित्व के प्रति नकार की भावना चित्रित हुई है। ग़ैर दलित कवि ईश्वर के अस्तित्व पर दलितों के पर बरअक्स कमतर हमलावर हुआ है। स्वतन्त्रता से मोह भंग के प्रश्न पर दलित एवं ग़ैर दलित कवियों ने अपनी लेखनी चलायी है। समाज में स्त्री के प्रति दृष्टिकोण को लेकर दोनों वर्ग के कवियों ने नारी अस्मिता के सवाल को उभारा है। स्त्रियों की उपेक्षा, शोषण, दमन और बलात्कार को ज्यादतर कवियों ने लक्षित किया है।

यदि दलित एवं ग़ैर दलित कवियों की सामाजिक प्रतिबद्धता एवं सरोकार की बात की जाय तो वे कमोबेश अपनी-अपनी जगह उचित है। दोनों खेमों ने शोषण, उत्पीड़न, अन्याय और अत्याचार का खुलकर विरोध किया है। दलित कविता की सामाजिक प्रतिबद्धता समाज में व्याप्त रीति-रिवाज, परम्पराओं, मान्यताओं का विरोध है। सामाजिक व्यवस्था में जकड़े दलित की सामाजिक व्यवस्था के प्रति विद्रोह, प्रतिरोध और प्रतिशोध लेने के लिए प्रतिबद्ध होना एक नयी चेतना को प्रकट करती है। दलित एवं ग़ैर दलित कवियों ने अपनी कविताओं में दलितों के साथ सदियों से बरती जा रही भेद-भाव की नीति, आत्मसम्मान और स्वाभिमान की छटपटाहट के साथ ही सामाजिक परिवर्तन के प्रति भी आक्रोश व्यक्त किया है। दलित कविता की सामाजिक प्रतिबद्धता और सरोकार जाति-विहीन, वर्ग-विहीन समाज की रचना करना है। जिसका विवेचन मैंने अपने पुस्तक में करने की कोशिश की है।

दलित कवियों के सौन्दर्यबोध को देखने से पता चलता है कि दलित कविता का परम्परावादी सौन्दर्यबोध से कोई लेना-देना नहीं है। उसका अपना आलोचनाशास्त्र है। दलित कवियों और आलोचकों की मान्यता है कि दलित काव्य के सौन्दर्यबोध का मूल्य विधान अलग होगा और उसके निकष 'आशय' से जुड़े होंगे। 'आकृति' अभिव्यक्ति के केवल माध्यम से जुड़ी होगी। दलित आलोचकों का मानना है कि ग़ैर दलित काव्यशास्त्र का सौन्दर्य बोध अध्यात्मवाद की स्थापना करता है। जबकि दलित काव्यशास्त्र अपने उद्‌भव काल से ही भौतिकवादी है। दलित कवियों का सौन्दर्यबोध केवल स्वीकार में ही विश्वास नहीं करता अपितु उसके लिए नकार भी महत्त्वपूर्ण है। दलित कविता का सौन्दर्यबोध नकार, विरोध संघर्ष, तनाव से उपजा हुआ है। दलित कविता दलितों पर थोपी गयी मान्यताओं, वर्जनाओं का विरोध करती है। दलित काव्य के सौन्दर्यबोध के मूल में प्रतिरोध एवं नकार है। ग़ैर दलित कवियों के सौन्दर्यबोध पर आरोप लगाते हुए दलित आलोचकों का कहना है कि उनका सौन्दर्यबोध सत्यं, शिवं, सुन्दरं की कसौटी पर आधारित है किन्तु यह बात सौ फीसद सच नहीं है। ग़ैर दलितों कवियों की कविताओं में भी दलितों की पीड़ा,

यातना, सन्त्रास, आक्रोश, प्रतिरोध और नकार को यथोचित स्थान दिया गया है। जिसके विवेचन का विनम्र प्रयास मैंने अपने पुस्तक में किया है।

दलित कवियों के सौन्दर्यबोध में कमोबेश साम्यता और विषमता देखने को मिलती है। प्रगतिशील कवियों की काव्य विषयक मान्यताएं जहाँ दलितों के काव्य विषयक मान्यताओं से मेल खाती है तो वही अन्य ग़ैर दलित कवियों की काव्यशास्त्रीय मानदण्डों से दलित कवियों के मानण्दड परहेज भी रखते हैं। जैसे ग़ैर दलित कवियों के सौन्दर्यबोध, कल्पना, बिम्ब और सौन्दर्य से भी परिपूर्ण है। जिनका दलित कविता में कोई स्थान नहीं है।

जहाँ तक दलित एवं ग़ैर दलित कवियों के काव्य के तुलनात्मक विश्लेषण का प्रश्न है तो ग़ैर दलित कवियों की काव्य में रस, छन्द, अलंकार अपनी महत्त्वपूर्ण भूमिका अदा करते हैं वहीं दलित कवियों को रस, छन्द, अलंकार से कोई विशेष लगाव नहीं है। दलित कविता की भाषा पर तरह-तरह के आरोप लगाये जाते हैं। इस पर अनगढ़, अश्लील और सपाटबयानी का भी आरोप लगाया जाता है। दलित कवियों ने अपने परिवेशानुकूल भाषा का प्रयोग किया है जो उनके अपमान, वेदना, संघर्ष, प्रतिरोध के साथ उनकी आकांक्षाओं आदि को व्यंजित करती है। होना यह चाहिए कि दलित कविता की शब्दावली तद्भव, देशज और आंचलिक प्रयोगों से बहुल हो, जबकि वर्तमान दलित कवियों की कविताओं में अपेक्षाकृत तत्सम शब्दावली की भरमार है। छन्द विधान की दृष्टि से देखा जाय तो ग़ैर दलित कवियों ने अपनी कविताओं में पारम्परिक छन्दों के साथ मुक्त छन्द, अतुकान्त छन्दों का भी प्रयोग किया है, दलित कवियों ने भी अपनी कविताओं में मुक्त छन्दों के साथ दोहा, चौपाई, ग़ज़लों का भी प्रयोग किया है। दलित कवियों के बिम्ब एवं प्रतीक अपने परिवेश की उपज हैं। दलित कवियों ने अपनी कविताओं में पारम्परिक प्रतीकों के स्थान पर नये प्रतीकों का प्रयोग किया है। दलित कविता में पेड़, लोकतन्त्र, भेड़िये, जंगली सुअर, कुत्ते गुलामी के प्रतीक है।

यद्यपि ग़ैर दलित कवियों की कविताओं में प्रतीकों की भरमार है तथापि उन्होंने भी कुछ दलितों द्वारा प्रयुक्त प्रतीकों को अपने काव्य में स्थान दिया है। दलित कविता में प्रयुक्त बिम्ब दलित जीवन की त्रासदी और उसकी विसंगतियों का यथार्थ अंकन करते हैं, दलित और ग़ैर दलित कवियों द्वारा कविताओं में प्रयुक्त बिम्ब आक्रोश और विद्रोह की सशक्त अभिव्यक्ति करते हैं। जहाँ तक मिथकों का प्रश्न है तो दलित और ग़ैर दलित कवियों द्वारा प्रयुक्त मिथक अपने सन्दर्भों एवं परिवेश के अनुसार हैं। जहाँ दलित कवियों ने ऐतिहासिक एवं पौराणिक मिथकों द्वारा अपने जीवन की विसंगतियों शोषण, दमन, उत्पीड़न को रूपायित किया है वहीं ग़ैर दलित कवियों द्वारा प्रयुक्त पारम्परिक मिथक उनके ऐतिहासिक, पौराणिक चेतना को प्रदर्शित करते हैं। जिसके विवेचन का विनम्र प्रयास मैंने अपने पुस्तक में करने की कोशिश की है।

आधुनिक हिन्दी के दलित और ग़ैर दलित कवियों की दलित सम्बन्धी कविताओं के तुलनात्मक अध्ययन से यह स्पष्ट हो जाता है कि दलित कविता ने आज एक लम्बा रास्ता तय कर लिया है और तेजी से बदलते हुए दौर में नयी परिस्थितियों, समस्याओं एवं चुनौतियों से टकरा रही है ताकि वह अपनी सम्पूर्ण सम्भावनाओं को साकार कर सके, जिसकी अन्तिम परिणति इस रूप में होगी अथवा होनी चाहिए कि वह दलित कविता होते हुए भी सम्पूर्ण मानवीय अनुभव की कविता बन सके। इसके लिए उसे वर्ण-जाति के अतिरिक्त वर्ग और लिंग की विषमता के विरोध की कविता बनना पड़ेगा एवं सम्पूर्ण मानवता की प्रतिष्ठा करनी पड़ेगी और इसकी पूर्ण संभावना दलित कविता में मौजूद है।

सन्दर्भ ग्रन्थ सूची

आधार ग्रन्थ

अजित कुमार (सम्पा.) : बच्चन रचनावली : भाग-1: राजकमल प्रकाशन : दिल्ली : संस्करण, 1987

बच्चन रचनावली : भाग-2, राजकमल प्रकाशन : दिल्ली : संस्करण 1987

अदम गोंडवी : समय से मुठभेड़ : वाणी प्रकाशन : नयी दिल्ली : संस्करण 2016

अयोध्या सिंह उपाध्याय हरिऔध : चोखे चौंपदे : खड्ग विलास प्रेस : पटना : संस्करण 1924

अज्ञेय (सम्पा.) : तीसरा सप्तक : भारतीय ज्ञानपीठ प्रकाशन : दिल्ली : संस्करण 1967

इन्द्रधनु रौंदे हुए ये : सरस्वती प्रेस इलाहाबाद प्रथमावृत्ति, 1957

ईश कुमार गंगानिया : हार नहीं मानूँगा : अतिश प्रकाशन : हरिनगर दिल्ली : प्रथम संस्करण 2000

एन. आर. सागर : आजाद हैं हम, संगीता प्रकाशन, दिल्ली : संस्करण 1995

ओंकार शरद (सम्पा.) : निराला ग्रन्थावली, भाग-3 : प्रकाशन केन्द्र, लखनऊ : संस्करण : संवत् 2030 वि.

ओमप्रकाश वाल्मीकि : बस्स! बहुत हो चुका : वाणी प्रकाशन, नयी दिल्ली : संस्करण 1997

सदियों का सन्ताप : फिलहाल प्रकाशन : धर्मपुर, देहरादून : संस्करण 1989।

कँवल भारती : तुम्हारी निष्ठा क्या होती ? बोधिसत्व प्रकाशन : रामपुर : संस्करण : 1996

दलित निर्वाचित कविताएँ, इतिहास बोध प्रकाशन, इलाहाबाद : प्रथम संस्करण 2006।

डॉ. अम्बेडकर की कविताएँ, बोधिसत्व प्रकाशन रामपुर : प्रथम संस्करण : 1997

कालीचरण स्नेही : जय भारत जय भीम, नवभारत प्रकाशन, दिल्ली : प्रथम संस्करण 2011

कुमारेन्द्र पारसनाथ सिंह : इतिहास का संवाद : श्री कला प्रकाशन : सब्जीमण्डी, दिल्ली : प्रथम संस्करण 1979

कुमार प्रदीप : जनवादी रचनाओं का संग्रह नयी फसल, मानसी प्रिण्टर्स क्रान्ति चौक मुरादाबाद : संस्करण 1981

कुसुम वियोगी : व्यवस्था के विषधर, अपना प्रकाशन : दिल्ली : प्रथम संस्करण 1995

केदारनाथ अग्रवाल : फूल नहीं रंग बोलते हैं : परिमल प्रकाशन : इलाहाबाद, संस्करण 1965

कैलाश वाजपेयी : संक्रान्त राजधानी : भारतीय ज्ञानपीठ प्रकाशन, कलकत्ता : संस्करण 1964

गजानन माधव मुक्तिबोध : चांद का मुँह टेढ़ा : भारतीय ज्ञानपीठ प्रकाशन : नयी दिल्ली : चतुर्थ संस्करण : 1975।

गिरिजाकुमार माथुर : धूप के धान : भारतीय ज्ञानपीठ प्रकाशन : दिल्ली प्रथम संस्करण : 1955।

चन्द्रिका प्रसाद जिज्ञासु : शोषित पुकार : बहुजन कल्याण प्रकाशन : लखनऊ : आठवां संस्करण 1984

जगदीश गुप्त : शम्बूक : लोकभारती प्रकाशन : इलाहाबाद संस्करण : 2015

जयप्रकाश कर्दम : गूँगा नहीं था मैं : अतिश प्रकाशन : दिल्ली : प्रथम संस्करण 1997।

जयशंकर प्रसाद : आँसू : लोकभारती प्रकाशन : इलाहाबाद : संस्करण 2015 : कामायनी : कमल प्रकाशन : नयी दिल्ली : संस्करण 2015।

दुष्यन्त कुमार : एक कण्ठ विषपायी : लोकभारती प्रकाशन : इलाहाबाद, संस्करण-2013

देवी प्रसाद कुँवर (सम्पा.) : रामेश्वर शुक्ल अंचल समग्र : प्रथम खण्ड : हिन्दी प्रचारक संस्थान वाराणसी : संस्करण 1978

धीरेन्द्र वर्मा (सम्पा.) : भगवती चरण वर्मा रचनावली : खण्ड-10 एवं खण्ड-12 : राजकमल प्रकाशन, दिल्ली : संस्करण : 2008।

धूमिल : संसद से सड़क तक : राजकमल प्रकाशन : दिल्ली, प्रथम संस्करण 2013।

नन्द किशोर नवल (सम्पा.) : निराला रचनावली : भाग-1, राजकमल प्रकाशन : दिल्ली : प्रथम संस्करण 1983।

: निराला रचनावली भाग-2 : राजकमल प्रकाशन : नयी दिल्ली, पाँचवाँ संस्करण 2014

नरेन्द्र शर्मा : रक्त चन्दन, भारती भण्डार प्रकाशन : इलाहाबाद : संस्करण संवत 2006।

नरेशचन्द्र चतुर्वेदी (सम्पा.) : बालकृष्ण शर्मा 'नवीन' काव्य रचनावली खण्ड-4, : प्रकाशन संस्थान, दिल्ली, संस्करण 1997

: प्रतापनारायण मिश्र कवितावली : हिन्दी साहित्य सम्मेलन, प्रयाग, प्रथम संस्करण : 1987।

नरेश मेहता, : समिधा भाग-2, प्रार्थना पुरुष, लोकभारती प्रकाशन, इलाहाबाद, संस्करण 1997

समिधा भाग-2, शबरी, लोकभारती प्रकाशन इलाहाबाद, संस्करण-1997।

पद्मधर पाठक (सम्पा.) : श्रीधर पाठक ग्रन्थावलीः खण्ड-2 राजस्थानी ग्रन्थागार : प्रथम संस्करण 1996

प्रभाकरेश्वर प्रसाद उपाध्याय. दिनेश नारायण उपाध्याय (सम्पा.) : प्रेमघन सर्वस्व हिन्दी साहित्य सम्मेलन प्रयाग : संस्करण 1939।

प्रेमनारायण शुक्ल (सम्पा.) : सनेही रचनावली : हिन्दी साहित्य सम्मेलन प्रयाग : प्रथम संस्करण 1984

बालकृष्ण शर्मा नवीन : हम विषपायी जनम के : भारतीय ज्ञानपीठ प्रकाशन : दिल्ली : द्वितीय संस्करण : 1965

बिहारी लाल हरित : अछूतो का पैगम्बर : प्रकाशक : चौधरी किशन लाल व बुद्धराम, शाहदरा दिल्ली : प्रथम बार 1966

भगवती चरण वर्मा : आधुनिक कवि : हिन्दी साहित्य सम्मेलन : प्रयाग : प्रथम संस्करण 1996

भारत भूषण अग्रवाल : ओ प्रस्तुत मन : राजकमल प्रकाशन : दिल्ली, प्रथम संस्करण :1958

मलखान सिंह : सुनो ब्राह्मण : स्वराज प्रकाशन, दिल्ली : प्रथम संस्करण : 2015

माता प्रसाद : एकलव्य : सम्यक प्रकाशन : दिल्ली प्रथम संस्करण : 1982हिन्दी काव्य में दलित काव्यधारा : सम्यक प्रकाशन दिल्ली : संस्करण 2008

मैथिलीशरण गुप्त : हिन्दू : साहित्य सदन : झाँसी : प्रथम संस्करण 2002

भारत भारती : साहित्य सदन : झाँसी : तैंतालिसवाँ संस्करण 2007।

मोहनदास नैमिशराय : आग और आन्दोलन : भारतीय बौद्ध महासभा : अम्बेडकर भवन : नयी दिल्ली : संस्करण 2000

रजनी तिलक : पदचाप : सेण्टर फॉर अल्टरनेटिव दलित मीडिया : दिल्ली : प्रथम संस्करण : 2000।

राकेश गुप्त (सम्पा.) : सोहनलाल द्विवेदी ग्रन्थावली, ग्रन्थायन प्रकाशन अलीगढ़ : प्रथम संस्करण : 1986

रामकुमार वर्मा : कृत्तिका, चन्द्रलोक प्रकाशन : इलाहाबाद, संस्करण 1996 एकलव्य, साहित्य भवन पब्लिकेशन, प्रा. लि. इलाहाबाद, संस्करण 2000

रामधारी सिंह 'दिनकर' : रश्मिरथी, लोकभारती प्रकाशन : इलाहाबाद : संस्करण 2018।

रामनरेश त्रिपाठी : मिलन हिन्दी मन्दिर प्रकाशन : प्रयाग संस्करण : संवत् 2010

रामविलास शर्मा, : रूपरंग : विनोद पुस्तक मन्दिर : आगरा : प्रथम संस्करण : 1965

रूपचन्द : रूपचन्द भजनावली : दलित उद्धारक प्रचारक प्रकाशन : मुरादाबाद : प्रथम संस्करण 1956

रूप नारायण पाण्डेय : पराग (सरस कविताओं का संग्रह) : गंगा पुस्तकमाला कार्यालय : लखनऊ : प्रथम वृत्ति 1981

ललित शुक्ल : सियारामशरण गुप्त रचनावली खण्ड-1 : किताबघर : नयी दिल्ली : प्रथम संस्करण 1992

लक्ष्मीनारायण सुधाकर : उत्पीड़न की यात्रा : कंचन प्रकाशन : दिल्ली : संस्करण 1996

वीरेन्द्र जैन (सम्पा.) : सर्वेश्वरदयाल सक्सेना : ग्रन्थावली वाणी प्रकाशन : दिल्ली, प्रथम संस्करण 2004।

श्यौराजसिंह बेचैन : क्रौंच हूँ मैं : सहयोग प्रकाशन : दिल्ली : संस्करण 1995

नयी फसल और कुछ अन्य कविताएँ वाणी प्रकाशन : दिल्ली संस्करण 2014

शिवमंगल सिंह सुमन : हिल्लोल : आत्माराम एण्ड संस प्रकाशन : दिल्ली : संस्करण 1972

जीवन के गान : प्रदीप कार्यालय प्रकाशन, मुरादाबाद : संस्करण 194

प्रलय सृजन : मास्को अब भी दूर है : प्रदीप कार्यालय प्रकाशन मुरादाबाद, संस्करण 1944

विश्वास बढ़ता ही गया : आत्माराम ऐण्ड सन्स प्रकाशन दिल्ली : द्वितीय संस्करण 1967

शोभाकान्त मिश्र (सम्पा.) : चुनी हुई रचनाएँ : नागार्जुन : भाग-2 : वाणी प्रकाशन नयी दिल्ली : संस्करण :1985

स्वामी अछूतानन्द 'हरिहर' : आदिवंश का डंका : बहुजन कल्याण प्रकाशन : लखनऊ : ग्यारहवाँ संस्करण 1983

सी.वी. भारती : आक्रोश : लोक सूचक प्रकाशन फर्रूखाबाद : प्रथम संस्करण : 1996

सोहनपाल सुमनाक्षर : अन्धा समाज और बहरे लोग : भारतीय दलित साहित्य अकादमी : दिल्ली : प्रथम संस्करण 1984

सुभद्रा कुमारी चौहान : kavita kash org/k k : प्रभु-तुम मेरे मन की जानो

सुमित्रानन्दन पन्त : ग्राम्या : लोकभारती प्रकाशन इलाहाबाद : प्रथम संस्करण 1967

युगवाणी : भारती भण्डार : इलाहाबाद : तृतीय संस्करण 2004

चिदम्बरा : राजकमल प्रकाशन दिल्ली : संस्करण 1973

सूर्यकान्त त्रिपाठी निराला : नये पत्ते : निरूपमा प्रकाशन : प्रथम संस्करण 1965

सुलोचना रांगेय राघव : रांगेय राघव ग्रन्थावली खण्ड-9 : राजपाल एण्ड सन्स प्रकाशन, दिल्ली : प्रथम संस्करण 1982

सुशीला टाकभौरे : यह तुम भी जानो : स्वराज प्रकाशन दिल्ली : द्वितीय संस्करण 2013

: तुमने उसे कब पहचाना? : स्वराज प्रकाशन दिल्ली : द्वितीय संस्करण : 2013

हरकिशन सन्तोषी : वीणा के नूपुर : साहित्य अकादमी दिल्ली : प्रथम संस्करण 1991

हरिवंशराय बच्चन, : मधुशाला, राजपाल प्रकाशन, दिल्ली, संस्करण 2015

हेमन्त शर्मा (सम्पा.) : भारतेन्दु समग्र : प्रचारक ग्रन्थावली : वाराणसी : संस्करण : 1988

●●●